The Logic of Being an
Excellent Enterprise

优秀企业的逻辑

宋瑞卿 杨菊兰 ◇ 等著

企业管理出版社
ENTERPRISE MANAGEMENT PUBLISHING HOUSE

图书在版编目（CIP）数据

优秀企业的逻辑/宋瑞卿等著. -- 北京：企业管理出版社，2018.5
ISBN 978 – 7 – 5164 – 1716 – 4

Ⅰ.①优… Ⅱ.①宋… Ⅲ.①民营企业 – 制造工业 – 工业企业管理 – 管理模式 – 研究 – 山西 Ⅳ.①F426.4

中国版本图书馆 CIP 数据核字（2018）第 082679 号

书　　　名：	优秀企业的逻辑
作　　　者：	宋瑞卿　杨菊兰　卢美丽　范容慧　赵　文　薛继东
责任编辑：	徐金凤　黄　爽
书　　　号：	ISBN 978 – 7 – 5164 – 1716 – 4
出版发行：	企业管理出版社
地　　　址：	北京市海淀区紫竹院南路 17 号　　邮编：100048
网　　　址：	http://www.emph.cn
电　　　话：	编辑部（010）68701638　发行部（010）68701816
电子信箱：	qyglcbs@emph.cn
印　　　刷：	北京宝昌彩色印刷有限公司
经　　　销：	新华书店
规　　　格：	170 毫米 × 240 毫米　16 开本　23.5 印张　260 千字
版　　　次：	2018 年 5 月第 1 版　2018 年 5 月第 1 次印刷
定　　　价：	68.00 元

版权所有　翻印必究·印装有误　负责调换

前言：通往优秀的道路

一

毫无疑问，任何国家，经济的持续发展都是建立在大批优秀企业基础上的，经济的竞争力取决于企业的竞争力。各国经验表明：伴随着经济强盛的是企业的强盛，伴随着企业强盛的则是管理的强盛和新的管理理论的出现。一个国家不可能经济很强大，企业很弱小，或者企业很强大，管理很弱小，不能持续地向世界输出产品而没有管理理论。因此，总结本土企业的管理实践，为理论的产生提供素材，为其他企业在管理方面提供借鉴，指导更多企业稳步发展，就成了紧迫的任务。

在中国的企业构成中，国有企业因其特殊性很难被视为真正的企业范本，而外资企业因其种姓不同也很难与本土企业相提并论，只有土生土长的本土民营企业才具有作为范本的价值。然而恶劣的生存环境使得民营企业的成长极为艰难，在活下来的企业中，依靠管理而非其他因素立足的企业又非常罕见，这就使得对这些企业的研究变得弥足珍贵。

在中国，如果说华为、海尔、联想等企业算是成功企业的话，那它们的成功太独特了，它们就像是天上耀眼的明星，对大多数企业来说是那么的可望而不可即，他们的做法和经验对于一般企业来说也很难借鉴。相反，一些更具有某些地域或行业特征的，虽然不一定称得上优秀但却走在通往优秀的道路上的那些企业，它们的做法对一般企业来说可能更具有示范意义。研究并提升它们，更具有价值。

振东集团，正是这样的企业。

二

认识振东集团总裁李安平，纯粹是偶然。

山西中医学院新设立了两个专业（其中一个是市场营销专业），请求学校帮他们搞搞学科建设，我作为工商管理学院院长，被点将帮忙。就是在那次论证会上，我邂逅了李安平。经介绍方知他是山西首家创业板上市公司——振东制药的老总。而且，让我惊讶的是，他还是山西中医学院下设的医药管理学院的院长。

那段时间，我正在给 MBA 学生上课，正想找一个企业家给学生们讲讲，和李安平一沟通，他居然很爽快地答应了。难道是我那一天的发言打动了他？

接下来的那天下午，他如约而来。演讲的题目是"民营企业管理模式探析"。他的演讲非常精彩。很多东西，比如制度表格化、法定日、阳光费用、进二停一，等等，都非常独特，以前从来没有听说过。

我万分惊讶！他讲的那些东西，涉及基础管理、文化、战略、营销、社会责任等各个方面，不仅非常有特色，而且都是他本人的管理实践。我没有想到，在山西这样一个并不发达的省份，在长治县那么一个资源型小县，居然能有这么一个不挖煤、不炼铁的企业，不仅涉足的是高科技的制药行业，而且管理得那么好！

管理的基础在实践——德鲁克的话又一次在耳边响起。作为一个教管理的人，多年来一直睁大眼睛遍地寻找适合中国本土的最佳管理实践，没想到这么有价值的管理实践就发生在自己身边。这岂不是灯下黑？虽然这些东西目前还只是做法，还上升不到理论，但是把这些做法展现出来，为其他企业提供样板，让更多的中小企业学习、借鉴，同时也为理论提供一些素材，岂不是功德一件？

当我和他商量合作成立振东管理研究院，共同研究优秀的民营企业的管理实践和管理经验时，他爽快地答应了。无论我提出什么条件，无论我说做什么，他都只有两个字："行呀！"他的这种无条件信任，让我无比惊讶！因为，直到那时，我们一共也没有见过几次面。

三

搞了几十年的专业，对于有价值的东西，我还是很敏感的。

在随后的调研中，我越来越感觉到，这个土生土长的本土企业，在管理上却有着很多的独到之处，它的好多理念、经验和做法，都是原汁原味的，并且简单有效。这个看上去其貌不扬的人，这个个性十足，酷爱管理，热心公益的企业家，他在二十年的时间里，做了两个行业，而且每一个都做得风生水起。他的企业不是通用电气公司（GE），也不是谷歌；不是华为，也不是万科。它是振东，土生土长的振东！它不在天上，它就在我们身边，它不是可望而不可即的。它用成果向人们昭示：在山西，不挖煤，也有出路；小地方，也能做出好企业。它也许还算不上成功，也许还称不上优秀，但它已经走在通往优秀的道路上。比起大多数企业，它已经算是很好的了。它值得其他企业借鉴！

四

随着了解的不断深入，我们发现，这个企业还是有许多问题的，它也许真的还算不上优秀。那么，什么样的企业才算得上是优秀？优秀是绝对的还是相对的？这个世界存不存在绝对优秀的企业？优秀是阶段的还是永恒的？这个世界存不存在永远优秀的企业？这些问题，令人深思。

每个人都是上帝咬过的"苹果"。在这个世界上，没有哪一个人是完美的、绝对优秀的。那么，由这些不完美的人组成的企业，能是绝对优秀的吗？所以，优秀企业从来都是相对的，是比较出来的。

这个世界同样也不存在永远优秀的企业。人是有局限的。企业也是有局限的。每一个人、每一个企业都会打上时代的烙印。

一个企业一旦因某种环境产生，就很难改变。所以张瑞敏才会发出"每一个企业都是时代的企业"的感慨。

每一个人最后注定都是要死亡的。因此，有的人追求永生，有的人追求在生的时段里活出自己的精彩。

企业也是一样。所有的企业都朝着这两个目标：第一，在属于自己的时代里成为优秀企业；第二，超越时代。

我们把前者称为优秀，把后者称为卓越。

五

什么是优秀的企业？优秀的企业，有逻辑吗？

研究企业历史，我们发现，那些曾经优秀的企业或者那些直到现在依然优秀的企业都有一些共同的特征。这些特征有以下几点。

1. 超越利润的追求

毫无疑问，所有的商业组织都是以盈利为目的的。盈利性是上天赋予商业组织的最基本的特性。但令人吊诡的是，一门心思钻进钱眼儿里的企业却往往赚不到钱。这是为什么？

商业的基本逻辑，是为社会创造价值。我们所处的社会是由各种各样的组织构成的，社会分工赋予不同的组织以不同的使命，比如，军队的使命就是要保卫国家安全，学校的使命就是要培养人才，医院的使命就是要治病救人……而企业的使命就是要满足社会需要。为了让商业组织更好地为社会创造财富，上天以利润的形式，对那些好的商业组织以奖赏。可是现实中好多企业似乎忘记了这一点,有些企业甚至根本不知道这一点,忘记了只有为社会创造价值才能为自己创造价值,不知道"使用价值是价值的物质承担者",只想自己挣钱而不想为社会服务。这样的企业,能存活下去吗?

企业是社会的器官,它需要履行它的社会功能。事实上,任何组织都要履行它的社会功能,否则都会被社会强制删除。所以,那些优秀的企业,都很明白这一点。他们不是不关注利润,但和关注利润相比,他们更关注企业为社会创造价值的能力。因为他们深知,只要企业能源源不断地为社会创造价值,利润就会滚滚而来。所以优秀的企业都只追求利润之外的东西,而只把利润当成副产品。

2. 良好的管理,尤其是基础管理

当众多的企业都想通过为社会创造价值而获得利润时,竞争就出现了。能不能获取利润,不仅取决于你能否为社会创造价值,还取决于你创造价值的效率!怎么样才能获取效率?谁是专门解决效率问题的?答曰:管理!

改革开放以后,市场释放出来的巨大红利使得一批企业搭着经济增长的快车野蛮生长[①]起来,巨大的制度漏洞和权力租金使得很多企业不用去费心经营,只要搞好关系就可以获得巨大利益。但是,当经济度过了高速增长阶段进入平稳增长期后,当反腐使得政治日益清明的时候,企业旧有的挣钱方式失灵了,当企

[①] "野蛮生长",冯仑对企业成长的表述。这一点,任正非也是认可的。任正非在《北国之春》中认为华为"像一片树叶,有幸掉到了这个潮流的大船上……华为的成功,应该是机遇大于其素质与本领"。

业该去向管理要效益而不是向体制要效益、向权力要效益的时候，很多企业不会运作了！

历史和制度的局限，使得管理成为大多数中国企业的短板。很多企业，即使是业务非常好的企业，也因为管理跟不上使得它不能健康成长，最终只能沦落为个头很小、年龄很老的"小老人"。反观那些搞得好的企业，都是管理能够支撑业务发展，有些甚至是能够引领业务发展的企业。如果说管理的制约对西方企业不是很大的问题的话，那么对大多数中国企业来说就是很大问题了。尤其是基础管理，所谓制度、责任、流程，等等，我们都差得很远。

所以，优秀的企业，一定要有良好的管理。

3. 优秀的企业文化

企业的事业是人的事业。没有被文化熏陶过的人不能算是严格意义上的人。文化是企业的基因，企业的特色在于文化的特色。企业的竞争，归根结底还是人的竞争，是文化的竞争，文化是核心竞争力的源泉。

人身上兼具兽性、人性，还潜藏着部分神性，人的一生就是不断地往去兽性、长人性、向神性的层次提升的过程。甚至人类历史、所谓的文明史也是不断提升层次的过程。因此，社会才会越来越趋向文明。说好的企业是一所学校，不仅是因为这种企业能提升人的能力，更是因为它能够提升人的境界和层次；说好的企业家是牧师，就是因为他能够教化人，提升人。所以，好的企业都有自己的经营哲学，好的企业家最后几乎都成为哲学家。

企业是经济组织，是以盈利为目的的，它本身包含着强烈的追求经济利益的动机，这种动机很容易使身处其中的人沉沦在物欲里，它不像宗教、教育、艺术等组织更关注和追求人的精神境界，所以它更需要有好的文化来平衡。以价值观、使命、精神等文化元素所构成的企业文化，具有使企业超越自身来审视自己存在的社会意义和使命的作用，对提升企业、提升人、实现对物质的驾驭和超越大有益处。所以，优秀的企业一定拥有优秀的企业文化。

4. 与时俱进的创新

几乎所有优秀企业的文化基因里都有一种基因：创新！创新是企业超越时代的不二法门，那些曾经管理良好的企业，如诺基亚等，都是因为不能实现与时俱进的创新而西沉。

其实，创新也是管理的因素。一方面，创新需要管理；另一方面，管理也需要创新。然而，无论是对创新的管理还是对管理的创新，其结果都会使企业与众不同。那些讥讽海尔拿不出杰出的产品而只是在管理上折腾的人，是不了解创新的人。因为他们不知道：管理创新的难度，不亚于任何产品创新与技术创新。

做正确的事比正确地做事更重要。自从西蒙的决策理论出现以后，现代管理的重点已经不再局限于仅仅解决决策以后的效率问题，而是首先解决决策问题。一个企业究竟该做什么事情？如果是创新，该在哪些方面创新？进行什么样的变革与创新，才能使企业超越时代，和未来的变化保持一致？从这个意义上说，那些消亡的企业，也是管理没有搞好——至少可以说是创新管理、变革管理或者说是战略管理没搞好。

但是，要实现与时俱进的创新，又是何其的艰难？它岂是每个企业都能做到的？所以死亡是正常现象。就算老鹰重生，它也只能重生一次，不可能永无止境地重生下去，否则，就没有所谓新陈代谢的历史规律了。

六

优秀的企业是要合乎逻辑的。

从大的逻辑讲，优秀的企业必须处理好人与自然的关系，企业和社会的关系，等等；从小的逻辑讲，优秀的企业还必须处理好个人和组织的关系，管理和经营的关系，目的和手段的关系，眼前和长远的关系，物质和精神的关系……

尽管，验证管理好坏的，不是逻辑，是结果。但结果却已经用自己的好坏向我们证明了好的逻辑和坏的逻辑的巨大差异。它同时也告诉我们：不用等结果出来，看逻辑就会知道一个企业的结果会怎么样。

这个世界，没有什么是不符合逻辑的。

七

生活在这个时代的企业是幸运的，大时代，大变迁，充满了各种可能性。

生活在这个时代的企业又是不幸的，到处充满变数，到处充满不确定性，找不到方向。

然而，任何一个时代都有它的幸运与不幸。你努力，什么时代你都幸运；你颓废，什么时代你都不幸。

英雄有两种：时势造的英雄和造时势的英雄。

同样，企业也分两种：时代造就的企业和造就时代的企业。

人追求不朽！伟大的人物总是通过在现世拓展地理上的空间来实现在后世拓展时间上的空间。向死而生，生而有为，为而不朽。

企业是使人不朽的工具。即使那些不能跨越时代的企业，也会因为曾经在属于自己时代的辉煌而被人铭记，纵然消亡也依然不朽。

这才是企业优秀的原因。

宋瑞卿

2015 年 7 月于山西财经大学

再 版 序

感谢读者的厚爱！

虽然我们确实下了很大的功夫，但依然没有想到《优秀企业的逻辑》于2016年出版以后，只用了不到五个月的时间，首版5000册便销售一空。

2017年，从调研前的讨论，到6月的集中调研，从原定的8月底初稿，10月底终稿到12月底也交不了稿，事情的繁杂、任务的艰巨、修改工作量的巨大都无时无刻不在考验着我和团队的心性，到今天，终于可以告一段落了。

感谢团队的努力，感谢李安平总裁和振东集团的协助，感谢郭学军先生和企业管理出版社的各位同人，期待这一切，能换来读者的喜爱，能对更多的中小企业有所裨益，如此，再多的辛苦也都值了。

本书是团队成员共同努力的结果。在修改分工上，卢美丽博士负责第一章（振东基础管理）的修改；杨菊兰博士负责第二章、第五章（振东文化和振东社会责任）的修改；再版新加了第三章（振东人力资源开发）：振东人力资源，也是振东很有特色的部分，由薛继东博士执笔；范容慧博士负责第四章（振东战略）的修改；赵文博士负责第六章（振东企业家）的修改；最后由宋瑞卿和杨菊兰统稿。当然，主要的文字工作是由杨菊兰博士负责的。

在这里，我不能不感谢和赞扬我的团队，他（她）们都是资深的博士、副教授，是单位的中坚力量，虽不敢说个个都是学富五车、才高八斗，却也都是卓尔不群之人，他（她）们在修改过程中表现出的严谨、认真的态度，无私付出、自主协作的精神，都让我万分感动，在此表示真挚的感谢！

一个团队能在一起长期合作做一些事情，价值观相融、相互激励，在目前这个社会都是不可多得的。因此，我倍加珍惜我们这个团队，期待着能继续合作，发掘更多本土优秀企业的管理实践，为中国企业管理水平的提升贡献我们应有的力量。

宋瑞卿
2018年1月于山西财经大学

振东集团简介

1993年，李安平四处筹款、几经周折、白手起家的加油站在当年的国庆节开业，名为"长治县振东实业公司"。从东和村走出来的"60后"创业者李安平为公司取名"振东"，取"振兴东和"之意，一则赋予企业以振兴家乡的使命感，一则为企业的奋发图强注入责任意识。

从第一座加油站开业，发展到1998年，振东已拥有30余座加油站，销售额达到2.64亿元，成为当时全国名列前茅的民营石油连锁企业；1999年，振东加油站发展到47座，销售额达到6.64亿元；2000年，振东加油站已遍布山西、陕西、河南等省的主要交通干线，累计发展到50多座，形成了强大的石油销售网络；2001年8月，振东收购了位于山西省长治县的山西金晶药业有限公司，从商贸流通行业进入高科技制药行业。

正当李安平雄心勃勃规划着连锁经营加油站的宏大远景时，2000年，因国家政策原因，振东将29个加油站和两座油库转让给中石化。

经过20多年的发展，"长治县振东实业公司"现已发展成为涵盖中西制药、保健食品、健康护理用品、农业开发、文化旅游五大产业的"振东健康产业集团公司"。"振东"的内涵也从"振兴东和"发展成为"振兴东方"。旗下的振东制药股份有限公司成为山西省首家创业板上市公司，下辖振东、泰盛、安特、开元、康远五个药品公司，以及北京药物研究院、振东家庭健康护理用品公司、中药材开发公司、医药贸易公司等32个子公司。集团现有员工5000多人，其中拥有高级技术职称和博士、硕士学位的员工230多人，国家"千人计划"人才2人，山西省"百人计划"人才3人，国内外顶级医药科学家13名。集团2016年营业收入518041.31万元，净利润49721.82万元。

山西振东健康产业集团总部

目 录

第一章　简单的力量——振东基础管理

  一、发展之困，管理之惑 ·················· 3

  二、由乱到序——走向规范 ················ 7

  三、由序到治——简单使然 ················ 19

  四、有治有变——流水不腐 ················ 34

  五、至简之道 ························ 45

第二章　振兴东方的信念——振东文化

  引言：困惑这么多，何以解惑 ·············· 56

  一、奇葩异草——振东花苑撷英 ············· 58

  二、静水深流——文化浇灌人心 ············· 62

  三、源头活水——信念激励求索 ············· 98

  四、企业文化——经营连通管理 ············· 118

  五、登高临远，振东走向未来 ·············· 124

第三章　"炼人"之道——振东人力资源开发

  一、炼规范 ·························· 128

二、炼能力 …………………………………………… 139
二、炼灵魂 …………………………………………… 151
四、振东是一所学校 ………………………………… 168

第四章　行空的天马——振东战略
一、初次创业，试水石油行业 ……………………… 185
二、战略转型，中药产业显身手 …………………… 193
三、战略成型，谋划大健康产业 …………………… 217
四、新征程，追梦国际化 …………………………… 233

第五章　意在天下　心系苍生——振东社会责任
一、精耕的田园——榆柳荫后檐，桃李罗堂前 …… 247
二、练就的功夫——责己重以周，待人轻以约 …… 265
三、坚定的信念——衣沾不足惜，但使愿无违 …… 280
四、沉淀的真知——博观而约取，厚积而薄发 …… 287
五、希望的田野——天下本无涯，苍生牵我心 …… 295

第六章　企业优秀的基因——振东企业家
一、优秀企业——优秀企业家的产品 ……………… 297
二、优秀企业家——环境造人，南橘北枳 ………… 301
三、企业家特质——勤勉尽责，多能善断 ………… 313
四、结语 ……………………………………………… 349

参考文献 ………………………………………………… 352

第一章　简单的力量
——振东基础管理

管理就是把复杂的问题简单化，把混乱的事情规范化。

——杰克·韦尔奇

【案例】质量连着两条命

一天，李安平在与员工聊天时，听到几批产品的颜色不一致，但每项检验指标都符合规定。李安平马上拨通了质保部长的电话询问情况，质保部长说产品质量没有问题，是因为生产所用中药材的季节不同，所以几批产品的颜色略有差异，属正常现象。可李安平却不这样认为，他说："制造药品绝不能有差不多的思想，我看这批产品还是尽快销毁吧。"质保部长说："这可是价值180万元的合格药品啊！"李安平说："我们的产品就是要做到'零缺陷'，即使是细微的颜色差异也不能放过，因为质量连着两条命，一是患者，二是企业。"第二天，在药监部门的监督下，全员在场，看着成堆的药品，李安平说："这些是价值180万元的所谓'差不多'的合格药品，但是今天就是要把它们销毁，因为我们的理想是锻造精品振东，不是精品，即使合格也坚决不能出厂"。说完，他亲自点燃浇了汽油的药品。看着熊熊烈火，员工们觉得大火仿佛烧在自己心上。从此，振东人对"质量""精品"有了更深刻的认识，始终坚持如履薄冰的态度，以"丝缕求细、点滴求精"的质量理念，以"高标准、严要求、精细化、零缺陷"的工作标准来要求自己，确保了药品的质量，创造了中药注射剂单品销量冠军的传奇。

看到振东的这个案例，大多数的管理同人可能会说，这和海尔张瑞敏的砸冰箱案例一模一样啊！然而问起总裁李安平是否在模仿时，他却说："初中毕业、农村出身、厂址在山西长治县的我，当时哪里知道海尔有砸冰箱的故事啊！即使在石油销售期间，每一个管理模式都是我自己提出、倡导并推广的。"此外，他更为感慨的是："以前管理界的专家说，不做制造业，企业就不能真正明白管理的复杂和意义，中国的大多数企业家不懂管理。"他对此很不服气，直到进入制药行业，才明白原来在流通领域时摸索提炼出的管理工具还远远不够，必须在"干中错，错中学、学中干"的理念指引下，不断学习，持续总结。他终于认可"不经历制造企业管理的历练，真不能说懂得管理"。

中国的民营企业家大多在大胆尝试、误打误撞或机缘巧合中进入某一行业。多数企业都是在不断试错、自我总结的实践中摸索成长，对企业发展的规律既无探索的意识，也无进行系统梳理的习惯，更少有人去主动学习管理理论、寻求启示，导致企业竞争出现"你方唱罢我登场，各领风骚三五年"的尴尬局面。

在企业发展的关键点上，如何跨越由初创期走向成长期之间的忙乱？如何解决正规化过程中的文牍主义危机？如何在企业渐趋稳定时防范"僵尸症"？对每一个民企来说，都有着对这些问题的深切感知，期望找到适合自己的答案。

一、发展之困，管理之惑

（一）企业初长成：为何"剪不断、理还乱"

企业在创业和发展初期，创业者依靠他对组织前景的狂热而信念坚定，一批追随者组成的员工队伍也一样斗志昂扬、信心十足，组织成员和部门之间洋溢着和谐的团队气氛，大家毫无保留地投入和奉献，甚至不分彼此地忘我工作。一般来说，创业者都有集权和个性化的领导风格，员工在老板的感召下积极工作，员工之间的工作界限不是特别地分明，一个人有失误时，其他人会迅速弥补或衔接，工作表现出极大的灵活性或随意性。企业在这一阶段，一般采取业务导向和粗放式管理，但往往都维持着较高的工作效率和工作满意度。

渐渐地，经过前期的奋斗，公司的业务和收入基本稳定下来，公司进入了快速发展阶段。随着企业业务的拓展，产品更加丰富，员工越来越多，企业规模急剧膨胀。创业者常在纠结于一些具体问题或业务细节时，顾此失彼，原本依靠自己的激情、经验和能力完全可以使企业处于绝对的控制之中，此刻却觉得力不从心。员工开始出现相互抱怨、扯皮、推卸责任等现象，建立起来的隐性规则和默契因无法广泛传播而荡然无存。工作没有显性的标准，很多员工发现问题都不去解决，而是拖沓等待，事事都要老板拍板。但老板在协调过程中，因找不到可以依据的岗位职责，仅凭个人经验，同样的事情一理再理，甚至处理方式每次都不同，直到手忙脚乱、疲于应对。如此下去的结果是职责不明、流程不清，会上扯皮、会下吵架，想剪剪不断，欲理还是乱。人员、部门间的纠纷极大地影响了工作效率，乃至对时常发生的大大小小的质量事故、安全事故等觉得难以控制、力不从心，生存敲响警钟。老板极度困惑：此时的企业该怎么办？

因为职责权限不清、目标计划不明、规章制度不全、监督检查不力，导致扯皮推诿、执行力差、人手不够、忙于应付……这种种的乱象，正是大多数企业由初创期走向成长期必然经历的忙乱期。跨过了忙乱期，企业就能继续生存；跨不过去，就可能导致企业衰退甚至死亡。所以从无序走向有序，将忙乱化为从容，是企业成长必然经历的阶段。

（二）企业正规化：为何"种下的是龙种，收获的是跳蚤"

企业由初创期走向成长期，要从人治阶段进入法治阶段，通过流程和制度建设实现规范化管理。通过增进组织内各部门之间的协作和组织与外部环境的衔接，提高组织的协调性和管理的有效性，使企业由初创期以人治为特征的经验管理阶段进入成长期以法制为基础的正规化阶段，实现企业潜在效益的最大化。组织流程和制度如渠，员工行为如水。渠道怎么设，水就怎么流。要跨越企业发展的忙乱期，必须疏通渠道，进行工作流程和管理制度建设。

为此，企业投入极大的精力，或聘请专家，或借助咨询公司,也或者全员参与,终于制定了企业所需的所有制度。但此刻我们在企业里却常常听不到欢欣鼓舞的喜悦,反而经常听到这样的抱怨:制度太复杂,很难看得懂;制度与制度之间矛盾,做一件事情要去查阅不同的制度;制度得不到及时更新,管理措施已经变了,制度还是原来的;制度发布之后没人去看,大家对制度也不理解,操作的时候容易走样;制度写的是一套,执行是另外一套,制度成了一个空架子;公司的制度太多、太乱了,要用的时候不知道要看哪些……正如企业的一位老总困惑地说:"为了提升管理水平,强化规范管理,我们公司制定了很多管理制度,也聘请了在正规企业工作过的人来做管理。但我觉得企业还是很乱,文件制度一大堆,管理成本上升,但效益反而下降了,工资占销售额的比例从以前的6%上涨到了13%。这究竟是为什么?我们该怎么办?"

这就是企业正规化阶段的文牍主义危机,表现为制度一大堆,文件满天飞,人被陷入制度文件的汪洋大海中,找不着北。如何能有效益?解决不了文牍主义危机,企业就会在正规化阶段自己缠住了自己,后无退路,前无出路,甚至可能就此走向终结。

(三) 企业稳定期:为何"死水一潭,缺乏活力"

梳理和简化制度流程有助于化解文牍主义危机,使企业在正规化阶段得以稳定发展。企业已形成合理有序的流程,各项管理制度也比较完善,管理人员的管理技巧和能力不断提高。然而,当规范细致的制度和流程逐渐替代了经验管理,企业却发现,随

优秀企业的逻辑

之被替代掉的还有人的能动性，各级人员产生了只要按规定办事就能完成任务的心理，人的拼搏精神和创新意识逐渐沉睡，企业在自我循环的封闭小圈子中迅速"老化"。企业经由正规化进入了稳定期，却随之出现了"死水一潭，缺乏活力"。如何防范这种严重销蚀企业生机的"僵尸症"？

企业生命周期理论的创立者伊查克·爱迪思认为，企业的生命周期是一条像山峰轮廓的曲线，这条曲线可以延续几十年甚至上百年，而实际上很多企业没有走完这条完美的曲线就消失了，有的仅仅几年、十几年，还在成长期就消亡了。企业的成长与老化同生物体一样，主要通过灵活性与可控性两大因素之间的关系来表现；企业年轻时充满了灵活性，但控制力却不强；企业老化时，可控性增加了，但灵活性却减少了；灵活性与可控性达到平衡的时期，就是企业的盛年期。但盛年并非企业生命周期的顶峰，老化也并不是企业的必然命运，规模与时间也不是引起企业老化的原因，如果企业能够给自己不断注入新的活力，那么，企业就能永葆盛年的青春，甚至返老还童。

来自上述三个方面的问题，成为企业发展之困、管理之惑。如何基于企业发展的不同阶段，制定并不断修改和完善现有制度，跨越忙乱期？如何使各项规章制度为我所用，得心应手？如何突破为现有成绩而沾沾自喜、坐井观天的视野局限？如何保持企业长久发展、持续进步的旺盛生命力？如何使企业的灵活性和可控性达到平衡，让企业既有秩序又充满活力？

振东"由乱到序""由序到治""有治有变"的基础管理实践或者能为上述问题提供借鉴和启示，引领我们在感受企业成长

6

的同时，洞见管理的奥秘。

摩天大楼的建设需要稳固的地基和科学的结构，地基不牢、结构不妥，就难以向更高的高度发展，而且大楼建得越高，坍塌的风险也就越大。地基的处理是有秩序的，是必须符合建筑规范的。同样，企业的成长也需要稳固的基础和科学的管理体系。

基础管理是企业的基本功，也是衡量企业管理水平的重要标志。尤其对制造业来讲，无论企业发展到怎样的程度，基础管理始终是固企之基、强企之道、盈利之源，是企业创造效益最基本的能力，是企业核心竞争力的重要组成部分，更是公司在激烈的市场竞争中立于不败之地的重要保障。海尔之所以优秀，也是因为拥有"日事日毕、日清日高""大脚印工作法""不合格品决不流到下道工序"这类功底扎实的基础管理方法。

研究所有坍塌的中国企业"大厦"，无论是德隆、拓普、万德莱、农凯、南方高科、南方证券，还是宝港油脂和东洋空调，没有一家是因为发生了西方企业那种复杂的内部危机及难以克服的外界变因，导致失败的原因只有一个：内部基础管理薄弱，并最终引发多米诺骨牌效应。

二、由乱到序——走向规范

企业的基础管理首先必须建立起使企业由乱到序的规范，通过高效率、规范的管理活动，将企业的人、财、物、技术、信息等资源有效整合起来，使这些资源真正发挥出应有的作用和能量。建立起企业内部科学的管理体系、管理规范和游戏规则，方

优秀企业的逻辑

能确保企业走上稳定、持续发展的健康轨道。

（一）规范指引，质量先行

企业的基础管理首先表现为对于规范的执行，但坚决执行规范的过程中所表现的工作精神及持续超越规范要求的意识并不是每个企业都有的。

GMP 是英文 Good Manufacturing Practice 的缩写，中文含义是"药品生产质量管理规范"，是一套适用于制药、食品等行业的强制性标准，要求企业在原料、人员、设施设备、生产过程、包装运输、质量控制等方面按国家有关法规达到卫生质量要求，形成一套可操作的作业规范，帮助企业改善卫生环境，及时发现生产过程中存在的问题，加以改善。简要地说，GMP 要求制药、食品等生产企业具备良好的生产设备，合理的生产过程，完善的质量管理和严格的检测系统，确保最终产品质量（包括食品安全卫生）符合法规要求。

我国于 1992 年颁布 GMP，在 2001 年，国家药品监督管理局将制药企业完成 GMP 认证的时间确定为 2004 年 6 月 30 日，使之成为一项国家强制执行的规范，限期达不到要求的企业将被强制停产。

振东 2001 年 8 月收购金晶药业，正赶上国家药品监管局 GMP 认证管理新规出台，振东以 GMP 规范的要求为指引，强化学习，轮讲轮训，编写文件，完善提高，建立体系，于 2002 年 12 月 26 日一次性通过 GMP 认证。这是振东制药执行力的初次展示，是对质量的有力承诺，也是振东精神的体现。

第一章 简单的力量——振东基础管理

【案例】一次性通过 GMP 认证

2002年，振东转型制药领域，不懂该怎么做。在建设和投资期间，为了让不懂的员工快速提升，公司聘请了赵家太、王守伟、王瑞珍、向杰等一批行业精英，组成若干小组。赵家太全面负责，王守伟负责生产管理，王瑞珍负责技术质量，向杰负责软件编制。同时，公司分三个阶段进行强化学习。初期，要求每个精英带五个不懂制药行业的骨干员工，一个有经验的员工带两个新人；中期，组与组之间交叉组成新的小组，互找差距，相互修改；末期，让每位组长以上人员进行轮讲轮训，边培训边完善。通过大家的相互学习，互相帮助，全体员工提升很快。由于时间紧迫，各班组不分工种，不分昼夜，随叫随到，非常辛苦。但大家就像一家人，累了就相约去唱歌放松，有人过生日就举行宴会庆祝，每逢节假日就组织文娱活动。虽然认证期间很累很辛苦，但非常快乐，在大家不断沟通交流、鞭策学习的努力下，实现了振东制药当年投资，当年一次性通过 GMP 认证的奇迹。当时，制药企业没有一次性通过认证的先例，刚刚转产制药行业的振东，初试牛刀，旗开得胜。

之后，苦参规范化种植基地于 2009 年通过国家 GAP 认证，基地采用 SOP 标准作业流程进行管理，通过规模优势、质量优势和资源优势，使药材的有效成分含量均高出国家标准。

2012 年 6 月 9 日，振东制药成为山西省首家按照新版 GMP 认证标准通过国家中药饮片 GMP 认证的企业。

2012 年 10 月 30 日，振东制药小容量注射剂车间通过国家新版 GMP 认证现场检查，成为省内首家、全国第三家通过非最终

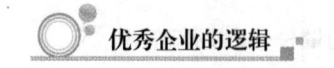

灭菌的中药注射剂国家新版 GMP 认证的生产企业。

2015 年，公司全线通过新版 GMP、GSP 认证。

2016 年 12 月 8 日至 9 日，经过国家质量认证中心专家严格的现场审核，振东五和健康科技公司蛋白制品顺利通过国际 HACCP 质量认证。国际 HACCP 质量认证，是振东五和继通过国家 GMP 认证和 QS 认证之后，取得的又一成绩。有助于公司强化质量管理、增强质量意识、稳定产品质量。

总之，在国家强制性规范的指引下，振东药品的质量规格及标准严格执行《中华人民共和国药典》的法定技术指标。药品生产依据国家药监局 GMP 标准实施，并且根据不同产品的生产特点，建立了相应的质量保证体系，设有质量保证部，配有专门的质控人员和质保人员，并制定了《质量管理制度》《企业 GMP 自检程序》《生产过程质量控制管理制度》《半成品、成品、水质取样管理制度》《成品放行审核程序》《质保部管理规程》《苦参质量标准》《苦参饮片质量标准》等多种质量保证制度和标准，公司执行的内控质量标准一般高于国家质量标准，形成了覆盖原材料采购、产品设计、生产、销售服务各环节的药品供、产、销一体化的、动态的"大质量管理观"。

（二）自律自创，建章立制

国家规范仅仅是企业运作最基本的要求，优秀的企业必然是在自律和创新中不断提高的。

企业的基础管理包括基础运作和基础保障两部分内容。基础运作是依据企业价值链体系分析各环节的流程运作和质量运行；

基础保障除了思想、组织、人才和信息的基本保障之外，还必须强调执行保障，即制度的建设。所以质量要求、流程梳理和制度保障就成为规范管理最基本的内容，也是基础管理达到规范化的具体表现。振东除了制定高于国家标准的质量标准外，在其他方面的自律自创也堪称典范。

1. 三色工作程序清单

企业运营效率的高低很大程度上取决于企业的资源要素能否在"空间上合理布局，在时间上合理排列"，实现有序运动。而一个人的工作效率的高低则很大程度上取决于其能否"在需要的时间做需要的事"，实现有序工作。三色工作程序清单就是振东为提高员工工作效率，避免"遗忘"，减少工作失误而发明的一个有效的管理工具。

【案例】工作程序的产生背景

振东石油凭借良好的信誉赢得了四面八方的顾客，来油站加油的车辆络绎不绝，经常排队等候。一次，总裁李安平到某油站视察，正赶上停电，看到焦急等待的司机们围着正在满头大汗启动发电机的站长，可站长多次打火却总也打不着。李安平上前细看，才发现备用的发电机锈迹斑斑，显然已很久没有使用。这使他陷入了深思：该站长是出了名的细心人，对工作一丝不苟，曾多次被评为公司模范，即使如此优秀的员工也有疏忽的时候，更何况别人呢！这显然暴露出我们工作中还有很多容易被遗漏的细节没有做到位。据此他认为，管理上出现各种各样的问题，主要是工作缺乏合理的程序，或者程序不严谨。无论多么优秀的人，都有人固有的弱点，就是在具体工作中可能遗漏或忘记。因此不能处处依靠“优秀的人”，而应该给每个员工一个“提示牌”，让每一个平凡的员工都不至于遗忘该做的工作和工作的方法，以实现工作零差错和高效率。三色工作程序清单就在总裁李安平发现问题、思考问题的过程中诞生了。

三色工作程序清单以胸卡的形式挂在每个振东人的胸前，它详细列出该员工所在岗位每天、每周、每月必须完成的工作。振东计划财务部经理的“工作程序清单”，如图 1－1 所示。

计财部计划经理工作程序

每日必做：

1. 早上10分钟鼓舞自己。增强自信。
2. 检查一次员工形象（服、卡、证等）。
3. 10分钟做一次早操式户外活动。
4. 打扫一次办公区的卫生情况。
5. 参加一次鼓舞式班前会。安排当日工作。
6. 对当天工作做一次计划细化。
7. 与分管领导沟通一次。
8. 熟悉一遍各子公司预算数据。【红字】
9. 了解一遍各子公司预算执行情况。【红字】
10. 核对一遍昨天合账登记情况。
11. 与各子公司预算负责人沟通一次。
12. 核对预、决算差异。【红字】
13. 参加一次差距式的班后会。
14. 写当天的工作日志和工作记录。
15. 计划一次明天的工作。
16. 审阅各子公司资金支出情况。【红字】
17. 看一篇新闻、文章和报纸。
18. 睡前20分钟找当天的工作差距。【蓝字】

每周必做：

1. 核对一次周费用预算差异。
2. 核对一次上周费用审核合账。
3. 了解并熟悉一家子公司的业务状况。【红字】
4. 征求一次同事或上级领导意见或建议。【红字】
5. 分析一次子公司的资金运作情况。【红字】
6. 参加一次轮讲轮训。
7. 与直接上级沟通一次。
8. 总结本周工作中的问题，并解决。【蓝字】
9. 对本周工作中存在的问题汇总分析。
10. 看一本财会杂志。【蓝字】

每月必做：

1. 参加一次月度经营管理工作会议。
2. 参加月度经营分析会议。
3. 参加计划会议。
4. 参加一次业务培训。【蓝字】
5. 下发次月各子公司计划。
6. 审核一次子公司预算执行情况。
7. 审核各子公司计划完成情况并考核。
8. 对考核数据口径进行核对、协调、沟通。
9. 对当月档案进行一次检查。
10. 找一个子司计划执行差距并督促改正。【红字】
11. 学习一次财务报表并熟悉业务。
12. 读一本经管方面的书刊、杂志。【蓝字】
13. 下子公司进行一次降本增效费用分析。
14. 自我找差距式总结一次。
15. 统计费用决策与各部门沟通、落实。【蓝字】
16. 参加一次管理培训会议、经理论坛。

日事日毕　　日清日高

计财部计划经理工作程序

17. 制订安排一次下月工作计划。
18. 参加一次子公司经营、成本分析会。
19. 向《账务内刊》投一次稿件。
20. 预、决算资料归档一次。

每季必做：

1. 参加一次有奖技能比赛活动。【蓝字】
2. 参加财务系统会、有奖文体比赛。
3. 组织一次征求员工意见和建议活动。
4. 整理一次预、决算数据。
5. 与预算部门负责人沟通一次。
6. 对预、决算的偏差进行分析。
7. 参加一次大型的学习交流活动。
8. 对预算、决算做的好的部门提出表扬。
9. 差距式总结一次本季工作。
10. 制订一份下季度的工作计划。【红字】

每半年必做：

1. 审查一次预、决算半年对比情况。【红字】
2. 协助部门员工进行半年度财产清查。
3. 进行一次盘点盈亏处理。
4. 进行一次岗位员工专业知识学习。
5. 提出一次预、决算标准的制定。
6. 外出放松一次，了解一下社会现象。【红字】
7. 参加观摩一次其他行业，拓宽思维。
8. 开展一次批评与自我批评活动。
9. 参加一次下级评议上级活动。（密报）
10. 对绩效考核方案征求意见、方案。
11. 对财务制度提一次建议，并上报。
12. 参加一次全员述职演讲评议活动。【红字】
13. 参与一次全体员工综合素质测评。【蓝字】
14. 写一份述职报告。
15. 差距式总结一次半年工作。
16. 写一份半年度预算执行。
17. 计划一次下半年工作。
18. 与家人朋友休闲放松一次。

每年必做：

1. 参加一个经营管理培训班。【红字】
2. 参加一次公司组织的旅游。
3. 配合进行一次公司财务审计。【蓝字】
4. 组织 次库房盘点和固定资产清查。
5. 核实一次全年计划、费用完成情况。【红字】
6. 进行一次应收账款全面核对。
7. 做一份年度预算分析。
8. 参加一次生产、销售年终经济分析会。
9. 组织一次公司预、决算工作。
10. 核实一次全年财务档案。
11. 完成一份年度工作述职书、并上报。【红字】
12. 参加一次评比先进活动、冬助日。
13. 召开一次本部门年终总结会。【蓝字】
14. 参加一次集团年终总结会。
15. 做一份下年度工作计划。
16. 参与一次银企联谊会。
17. 慰问一次相关业务部门领导。
18. 度一次假。

日事日毕　　日清日高

图 1－1　振东计划财务部经理工作程序清单

通过这张清单我们可以看到，它清晰、简洁、明了地罗列了该岗位每日必做的事、每周必做的事、每月必做的事，甚至每季必做的事、每半年必做的事、每年必做的事。各个岗位应该什么时候做什么和做到什么程度，一目了然，不需要管理者对日常事务啰唆督促。就如一个交响乐团，面前摆好乐谱，之后号手也好，小提琴手也好，每个人都知道何时应该做什么，用不着指挥告诉他。同时，清单上的工作项目用红、蓝、黑三色标明层次，其中黑色文字描述的是已经形成习惯的项目，蓝色文字则表示正在形成习惯的项目，而红色文字表示尚为陌生的、不习惯的工作项目。这就等于给每个员工制订了一个工作习惯养成计划，在企业培训体系的支持下，每位员工都要有意识地专注于学习和研究"尚不能完全适应的工作"，不断把"红色"工作转化为"蓝色"工作，把"蓝色"工作转化为"黑色"工作。

正如美国医生阿图·葛文德所著畅销书《清单革命》中的清单宣言："人类的错误可以分为两大类型。第一类是'无知之错'，第二类是'无能之错'。'无知之错'可以原谅，'无能之错'不可原谅。如果解决某类问题的最佳方法还没有找到，那么只要人们尽力了，无论结果如何，我们都能接受。但是如果人们明明知道该怎么做，但却没有做到，那么这类错误很难不让我们不暴跳如雷。""无论是在医疗行业，还是在其他领域，一些工作的复杂性远远超出了个人可以掌控的范围，即便是最能干的超级专家也难免会犯错。""清单革命立足于已有的经验，既能充分利用我们所掌握的知识，又能弥补人类不可避免的缺陷和不足。"

振东的三色工作程序清单，就是基于各岗位工作内容制订的一份工作计划和工作程序。有了这份清单，首先使员工将工作项目变成了习惯，避免了"遗忘"和"失误"，最大限度地提高了工作效率；其次，使员工能在工作中拾遗补阙，不断实现自我完善和提升，同时，还能减少管理者的工作量，将管理者从日常管理事务中解脱出来，把更多的精力用于处理更重要的工作事项。

2. 图表式管理流程

企业的流程一般分为工作流程和管理流程，振东在流程梳理的过程中将之融在一起，统称为管理流程，形成较有振东特色的基础管理方法。它以业务为主线，把部门工作的每个环节罗列出来，分类概括之后，按内在的逻辑顺序，以图表的形式，清晰、简洁地排列起来。根据各部门、各岗位的工作层次，把管理流程分解为一级、二级、三级以至四级，各级之间，层层相接，环环相扣，紧密无缝，浑然一体。这样，自己所在岗位的工作有哪些？它们的顺序是什么？管理流程上写得清清楚楚，员工对照流程去做，避免了顾此失彼，重复窝工，使工作更为顺畅。

【案例】管理流程产生背景

五和健康科技公司是振东的子公司之一，主营绿色健康功能食品。有一天，一位经销商打来电话，反映有一箱食品没有合格证，总裁李安平马上让质保部长调查此事。调查结果很快反馈给李安平：一位新员工虽然经过了岗前培训，但还是粗心大意，忘记装合格证，就直接把产品封了箱。经过此事，李安平对岗位管理有了新的想法，他提出将各岗位中重要的环节按图表的形式罗列出来，贴在墙上，使操作者一目了然。岗位流程在捋清所在岗位的操作顺序、提示岗位操作关键环节的同时，匹配了相应的编码，按编码号设计了表格，要求员工在工作的同时必须按表格项目逐一核对填写，避免员工疏忽某些细节。经过全员多年来的不断摸索、实践和修改补充，目前，振东管理流程日趋完善。

振东的流程梳理工作涉及行政系统、技术中心、生产部、营销部等14个部门，梳理后形成的各级流程共计114个。流程体系

第一章 简单的力量——振东基础管理

的构成按照由总到分、逐渐展开、逐层递进的方式顺序编排。如在制药股份有限公司的流程中，BS 为生产管理流程，BS4 为振东制药生产部管理流程，BS43 为生产部管理流程中的生产组织流程，BS431 为生产组织中的提取车间管理流程。振东制药生产部管理流程 BS4 的具体内容，如图 1-2 所示。

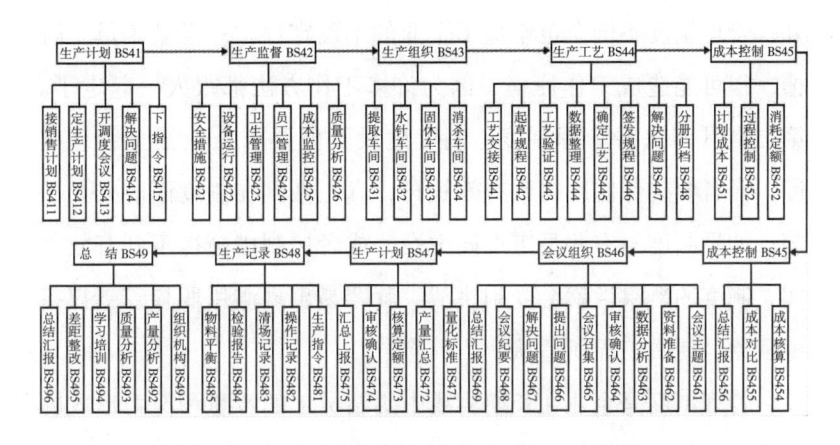

图 1-2 振东制药生产部管理流程 BS4

通过流程梳理，以图表的形式使繁杂的工作内容有序衔接，达到了如下效果：① 使隐形流程显性化，便于操作；② 使业务运作线路清晰，各岗位职责明确；③ 使部门与部门、岗位与岗位、活动与活动之间接口清晰；④ 使各项工作的操作人员形成共识，避免因工作重叠、遗漏而导致的推诿扯皮现象。

3. 分门别类的制度体系

制度管理是与经验管理相对的一种管理形式，强调的是事事有章可循的"法制"管理。

制度建设包括两个层面。第一是健全管理制度。不少企业人治现象严重，规章制度几乎是空白的，很多工作无章可循。也有一些企业虽然也制定了一些规章制度，但缺乏整体规划和统一管理，制度都是在出现具体问题后由各部门随机制定的，缺乏系统思维，因此经常出现一些制度相互矛盾或不能彼此衔接，导致制度不能完全发挥作用。企业达到一定规模后，如果缺乏制度保障，则难以规范全体员工的行为，无法充分发挥团队优势。此外，管理制度不健全也增加了企业的不确定性，一旦某个员工跳槽，很可能造成工作瘫痪，因为许多工作方法都跟人一起走了。第二是贯彻执行管理制度。制度建设不但要求企业健全管理制度，而且要确保制度得到有效执行，真正做到在制度面前人人平等。如果制度对有些员工形同虚设，或者控制措施得不到有效落实，制度的严肃性就会受到挑战，就容易出现滥用职权、越权指挥现象，使员工无所适从。

管理制度是企业在长期实践中集结员工的智慧和努力形成的一个统一的、系统的结构体系。振东自成立以来，便在工作中不断总结，将其提炼成能指导经营的五大类管理制度，即行政类、人事类、素质类、营销类、生产类。

行政类管理制度包括制度表格化、工作程序化、管理流程化、差距量化、阳光费用、主题管理、法定日、短信沟通、商学院制等。

人事类管理制度包括导师制、"2+2"培训、民主评议、带培制度、三百考核、下级评议上级、内部职称等。

素质类管理制度包括工作日志、特色称谓、批评与自我批评、主题论坛、案理编复、轮讲轮训等。

营销类管理制度包括三级营销管理、拜访营销、联谊营销、文化营销、学术营销、慈善营销、战役营销、置换分层等。

生产类管理制度包括规程三字经、招标议价、项目多维论证、三方管控等。

（三）言行举止，培养习惯

哲学家威廉·詹姆斯说："播下一种行为，收获一种习惯；播下一种习惯，收获一种性格；播下一种性格，收获一种人生。"

在企业管理中，改变员工的习惯是一个长期而艰辛的过程，这远比制定一些制度文件要困难得多。然而员工的行为习惯一旦养成，会在不知不觉中积小善，成大德；重细节，成大事。

振东非常重视从细节之处培养员工的行为习惯。

1. 规规矩矩靠右行——行走习惯的养成

走在城市的马路上，习惯于斑马线间的安全；在企业，斑马线也是安全生产的标识之一，但在车间之外的公司大马路上，看到斑马线却还是第一次。大多数企业在上下班的时候，人员集中进出，一般会将整个马路占满。但在振东，员工整整齐齐地靠右行走，在斑马线之内自然形成几列，与统一的着装相配，成为公司一道亮丽的风景。

在我们做访谈的日子里，员工经常领着我们穿行在通往各车间或办公区的马路上，即便路上没有车辆和其他行人，他们还是习惯性地领着我们沿斑马线行走。遇到拐弯的时候，习惯了自由行走的我们，稍不留意就走了斜线的捷径，但振东的员工总是规规矩矩地沿着斑马线绕行直角。我们不禁感慨，这种习惯是怎样养成的？

听到我们的感慨，振东人笑着说，这没什么，多年来大家一直是这么走的，甚至斑马线有或者没有，他们都会这样行走。一个员工给我们讲了一个故事：一年冬天，大雪厚厚地覆盖了路面，早晨员工们进入公司，穿行而过的马路上，留下的脚印不约而同地集中为一行，铲掉积雪，恰好是斑马线所在的位置。

这是怎样的一种坚持和习惯，于每一位振东人，经过熏陶和提高后的职业意识，又不自觉地融入工作、交际和为人处事中，融入员工行为习惯的养成中和企业的制度建设中。

2. 全员坚持记日志——思考习惯的培养

振东全体员工在下班前，都要认真填写工作日志，详细记录当天工作及落实情况，并撰写感想及体会。全员工作日志是振东一大特色，是提高员工素质、能力的一种学习手段。

工作日志的首页，书写着李安平的两个要求。第一，振东人必须牢记：知识与勤奋可以成就未来，投机与懒惰只会庸碌无为；要把工作当作学习，把学习当作工作。第二，振东人必须做到：认真地总结昨天！科学地安排今天！勇敢地创新明天！

工作日志的内容包括填写日期、工作记录、感想与体会、大事记以及每周、每月工作总结。在每页的底端空白处，写着振东的工作理念或管理要求，如"尽心尽职尽责，求细求实求快""干事业就要富有幻想、拥有野心、持以恒心"。工作日志中明确了对于日志的要求：逐日填写，字迹工整，内容翔实具体；上级对下级在例会前评审完毕；月会后经理收集上交总部；经理走到哪里评审就会到哪里；存档三年。

访谈中我们抽查了几本员工日志，管理人员的记录很翔实，有安排、有总结。但一线工人的工作每天重复单调，所以日志本中常常摘录一些名言警句、优美段落或者规章制度。工人们说，已经习惯这个小小的日志本了，或者记事，或者学习，或者积累。管理人员，尤其是一些高管，如振东制药运营总裁马士锋说，刚开始写日志时不想写，现在习惯了，一天没写，都觉得工作没干完。每天的记录养成振东人计划、思考和总结的习惯，与员工交流中能感觉到他们每个人对工作的思路，这与日积月累的记日志养成的思考习惯有关。

3. 视觉化情境教育——日常行为习惯的提示

在振东的办公室、餐厅、宿舍、草坪，所到之处看到的每一个物件上均有一些温馨提示：办公桌——伏案自省，成就未来；办公椅——在其位，谋其职；沙发——忍辱负重，宽厚待人；茶几——中规中矩，脚踏实地；餐厅的牙签盒——牙签平凡，作用非凡；餐巾纸盒——开源节流，尽在举止之中；草坪——萋萋青草，踏之何忍；每个照明开关上，都根据照明灯具的电量消耗，折算了节约的金额："60W/H，￥0.051""15W/H，￥0.009"……

每一个没有生命的物件，都被赋予了生命的价值；每一个目之所及的地方，都被这些正能量的话语点亮，谆谆教诲，无处不在。振东人就在这样的情境中，不知不觉，知道了伏案自省、恪尽职守，学会了宽厚待人、脚踏实地、开源节流；在潜移默化中，修正、完善着自己的工作习惯。

三、由序到治——简单使然

张居正言："天下大事，不难于立法，而难于法之必行；不难于言，而难于言之必效。"

通过制度建设和行为规范，完成了"由乱到序"的过程，企业进入正规化阶段。然而，当千头万绪的工作被各种各样的制度和流程收纳，当层出不穷的管理理念越来越多地将员工包围，如何避免"指令满天飞、文件一大堆""理念天上飘，行为摸不着"？如何使作为管理手段的制度和流程与实践有效对接，使管理理念与员工行为实现"知行合一"？

美国通用电气公司原总裁杰克·韦尔奇曾说："管理就是把复杂的问题简单化，把混乱的事情规范化。"在他的管理思想中有一条非常著名的论断，那就是"成功属于精简敏捷的组织"。

（一）简单的就是最好的：制度与流程的简化

迈克尔·波特认为："最简单的方法就是最好的方法。"振东就是在制度建设和流程梳理的基础上，将制度与流程简化，使复杂的制度易于理解、便于执行，将冗长的流程提纲挈领、抓住关键，以此提高执行力，实现有法必行、有言必效。

1. 制度表格化

在对销售市场进行总结时，我们常常对比销售额、增幅、排名情况，甚至增幅的对比可能有横向和纵向之分，此时，若用语言描述，大家对于其中的数据变化不会形成深刻的印象，以至于总结的效果大打折扣。此时若用表格的形式表达，清晰、直观、醒目，可以毫不费力地帮助大家理解数据的内涵、关系及趋势。表格的展示超越文字的魅力，简单、有效！不需要太多的语言反复说明，以行列的信息精准地确定了二维平面上传达的交点内容。那能否将表格表达的优势应用到制度管理之中呢？

【案例】制度表格化产生背景

2006年年初，李安平参加河北学术区年度总结会，省区经理王俊兵以表格形式进行汇报，形式新颖，数据一目了然，通过报表环比对比发现问题，效果非常好，给李安平留下了深刻印象。在返程飞机上，李安平分析了王俊兵设计的表格，发现有些地方不科学、不合理。通过规范表格的标题、布局、字体、空格、填报人、审核人等项目，以及在表格下方加"注"，包括由谁填写、审批要求、何时上报部门、如何存档、违规责任等内容，能够直观、具体地展现出工作的结果，使管理变得简单，使考核不再复杂。将制度化为表格，将烦琐的文字制度简单化，使员工随时了解工作制度，将无形的管理有形化。经试行，效果良好，因而，在全公司推广"制度表格化"，并将每月的15日定为公司的法定日——"表格规范日"。

制度表格化是李安平及其管理团队找到的使制度得到有效贯彻执行的最好方法。他们认为企业规章制度的有效执行，不仅取决于规章制度是否科学、合理、公正，更取决于制度是否简单易行。许多企业的制度有很深的历史沉淀和积累，条条款款确实不少，但能够有效执行的却不多。究其原因，固然与有令不行、执行不严、态度不认真有关，但制度太庞杂烦琐，人们根本记不住，因而也执行不了，监督不了，这是一个更重要的原因。振东集团在多年的管理工作中，和大多数企业一样，也已形成诸多纵横交错的规章制度，但通过对这些文本制度进行梳理，将大部分

优秀企业的逻辑

制度尽量用表格的形式表现出来，清晰直观，使得制度的执行简单、明确。

同时，对表格制作也提出明确的制度要求，在公司标识、标题、单位、日期、字体字号、表格内容及项目格分类设置、审批权限、表号、表注等方面都做了具体规定，如图1-3所示。

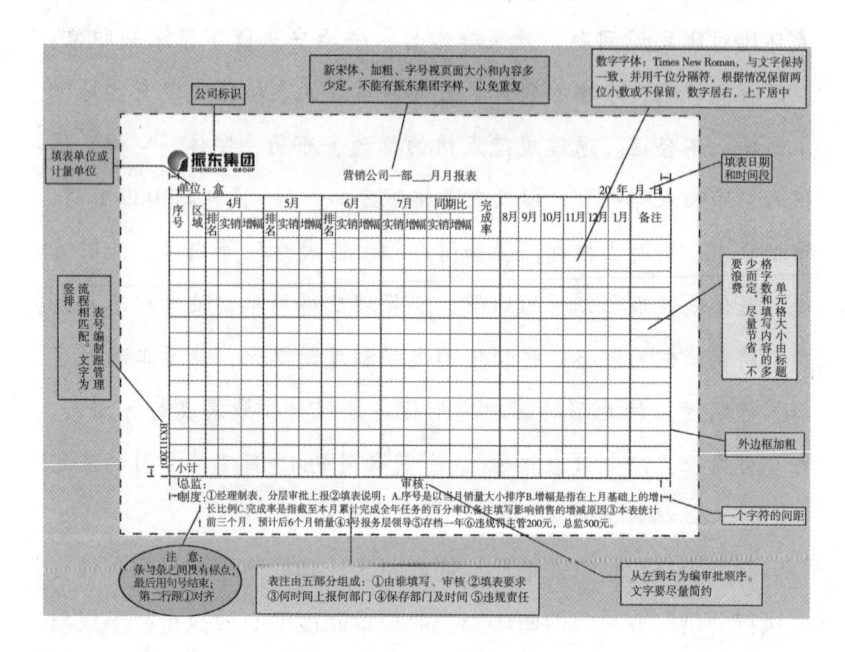

图1-3 振东制度表格化示例

如上图，为"营销公司一部＿＿月月报表"示例，除了表头、单位、日期、表格内容等一般表格的形式外，其特别之处在于左下侧的表号链接了与之相匹配的管理流程，文字为竖排，且表格下方有一个简短的标注，犹如一个简单的文本制度，对制度的执行做了基于表格填写的概要性说明。表格内容体现了5W1H的管理要素，即：Who（由谁填写、审核）、What（填表要求）、

When（何时上报及保存时间）、Where（上报何部门及保存部门）、Why（表号对应的管理流程）、How（违规责任）。

化繁为简，将复杂的规章制度简单化、具体化，以表格的形式表现出来，让人人能记住、能执行。

2. 法定日

经营一个企业，除了正常的业务工作千头万绪，还有各种业务工作之外的非管理事务也是千丝万缕，这种种的工作事项纠缠交织在一起，常常使身处其中的管理人员顾此失彼、疲于应付，甚至焦头烂额、无所适从。如何将这些杂乱如麻的事项条分缕析，整理清楚，使之既无遗漏，又有次序，按部就班，互不影响？

召开年度总结大会应该是每个企业必做的一项工作。年度总结大会涉及公司的所有骨干成员，在公司的日常业务工作程序中，要想把不同分工、不同工作地点的人在一个日子聚齐，不是一件容易的事，一般需要公司办公室人员多次协调才能将开会日期最终确定下来，而且即便这样，也不能保证到时都能出席。而振东的年度总结大会，涉及的人员除了公司骨干成员以外，还要邀请当地政府部门相关领导出席，政府各部门领导们工作繁忙，时间更难统一。怎么才能使大会的组织程序简化，在不影响公司正常工作的同时，使与会者悉数到场，宾主尽欢？

【案例】年终总结大会法定日的确定

振东自1993年创立以来，每年都要召开年终总结大会，需各产业沟通交流，同时邀请当地政府的一些领导参加，但领导时间不好安排，多种因素导致会议召开时间很难确定。经研究，公司决定将年终大会的时间按照公司"法定日"的做法固定下来,这样既不耽误日常工作,也方便与会者提前安排。最初的大会法定日定在腊月二十三,因为北方将这一天称为"小年",有"过了小年就是年"的说法。小年开完总结会,大家从一年繁忙的工作中轻松下来,一起去购物、准备年货、打扫卫生。2003年,振东跨入制药行业,全国各地的人才加盟了公司,年前召开总结会,对外地员工非常不便。考虑到年后无论是公司还是各政府单位,都较年前时间上宽松一些;加之从春节到元宵节期间,是我国民俗活动最丰富多彩的一段时间,当地的社火活动也形式多样。经研究,将年终总结会定在正月十三上午。总结会与春节期间的各种业务活动和民俗活动一连串举行——正月初七到正月十二员工培训,正月十三上午开年终总结大会,正月十三下午举行新春晚会,正月十四进行岗位竞聘,正月十五举办篝火晚会。

振东的"法定日",就是将企业诸多大事和要事及早安排,并加以固化,成为企业的例行作业。它的基本思路就是按时间主线梳理公司级阶段性的必做工作;按业务主线梳理各团队阶段性的必做工作;按各项工作的时间周期规律性,确定各项必做工作的完成时间,依据经营管理的周期性特点,将一些重要的管理项目在周、月、季、年不同阶段内以法定日的形式体现出来。振东在发展过程中已经形成的法定日,如表1-1所示。

第一章 简单的力量——振东基础管理

表1-1 公司法定日

周期	时间	内容	组织部门	责任人	参加人
周	周一	每周一理日	企管部	经理	全员
	周三	学习日	各团队	经理	全员
	周四	每周一案日	企管部	经理	主管以上
	周六	周例会	各团队	经理	全员
月	1日	考勤公示日	办公室	主任	全员
	5日	产、供、销调度日	制药生产	生产副总	相关人员
		技术日	技术中心	总监	相关人员
	第一个周六	经管培训日	人资部	总监	主管以上
	10日	决算日	计划部	总监	副总
	15日	表格规范日	企管部	经理	全员
	20日	自检日	各团队	经理	全员
	25日	内刊出版日	编辑部	责编	各刊委
	28日	民主评议日	人资部	经理	全员
		预算日	计划部	总经理	副总
		生产成本分析日	制药生产	副总	相关人员
	第三个周六	经理、员工论坛	人资部	坛主	全员
季	季初周六	资料规整日	办公室	主任	全员
	季末第三周	人事测评周	人资部	总监	全员
	季末25日	人事梳理日	人资部	总监	经理以上
	季末第三周周三	考试日	人资部	总监	全员
	季末周六	高管论坛	办公室	坛主	高管团队
年	三月	民主生活会	工会	主席	全员
	四月	PK月	企管部	经理	全员
	七月第一周	评议上级周	人资部	总监	全员
	七月十八日	职代会日	工会	主席	会员代表
	八月第三个周日	扶贫济困日	工会	主席	全员
	十月一日	文化活动日	办公室	主任	全员
	十一月第二周	评议上级周	人资部	总监	全员
	冬至	冬助日	工会	主席	全员
	六月、十一月	清兑月	计划部	总监	全员
	腊月二十三	敬老日	工会	主席	全员
	元月第一周	年度总结周	各团队	经理	全员
	十二月第三周	计划决定周	计划部	总裁	全员
	正月初八始	大型培训会	人资部	总监	全员
	正月十三	年总结大会	办公室	主任	全员
	正月十四	任务签订会	计划部	总裁	公司经理
	正月十五	激情联欢会	办公室	主任	全员

25

由表 1-1 可见，振东法定日的管理项目，涉及培训、考核、生产、管理、公益、文化等各个方面，组织部门明确，责任到人，全员参与，易于管理。通过法定日的实施，使管理者及员工明确预知各项必做的工作在何时何地、由何人负责完成，自己的职责是什么，活动的内容和目的是什么，以便提前安排、早做准备，避免工作之间的无序和冲突，减少沟通环节和沟通成本。时间就是命令，将需要人为协调的工作事项以时间统驭起来，简化了工作程序，提高了工作效率。

德鲁克在《卓有成效的管理者》一书中说："管理好的企业总是单调无味，没有任何激动人心的事件。那是因为凡是可能发生的危机早已被预见，并已将它们转化为例行作业了。"

（二）坚持胜于智慧：坚持做简单的事

荀子的《劝学》中有"骐骥一跃，不能十步；驽马十驾，功在不舍。锲而舍之，朽木不折；锲而不舍，金石可镂"。成功的秘诀不在于一蹴而就，而在于你是否能够持之以恒。世界上所有的伟大事业，都是由一系列微不足道的小事积累而成的。

其实，做成一件事并不难，难的是坚持；坚持一下也不难，难的是化整为零。企业经营需要决策智慧，但日常管理往往更需要将简单的事情反复做好，一天、两天、一年、两年，直到永远。坚持做简单的事，日积月累，用力少见功多，往往事半功倍。

1. 坚持全员自我管理：早计划、晚总结

企业通过组织设计将各项工作落实到岗位说明之后，如何保证有计划、有执行；有职责、有保障；有效果、有效率？在管理实践中，要使每个岗位的工作内容和工作质量达到预期标准，没有监督，必然漏洞百出；监督过多，则既会成本高昂，又会令人反感。如何解决？

振东的每个员工，每天早上都要细化一次当日工作，并将所拟定的当日工作计划以手机短信方式发给他的直接上级。而在一天的工作结束时，则要对当天的工作进行总结，工作成果的短信也要发给自己的直接上级。要求全员早计划8：00前完成，晚总结17：00后完成。下面是早计划和晚总结的两个范例。

早计划范例

①与王老师见面，争取拜访王院士。

目的：沟通交流，做好芪蛭项目。

② 与张老师见面。

目的：沟通交流、争取项目合作。

③ 联系沪中医药大学。

目的：落实督促芪蛭毒理研究总结情况。

④ 预约葛老师。

目的：提前预约保健食品功能监测，进一步为人及技术实力，物色保健食品核心专家人选。

⑤ 预约周主任见面。

目的：协商中风星蒌项目论证，决策是否申报事宜。

激励语：书是音符，谈话是歌，沟通是魔鬼。一切合作都建立在良好沟通的基础上，让我们时时用心、事事求知，不断总结、完善自我。【振东明花】

晚总结范例

① 与北京市建委许处沟通推进中关村土地房产过户工作。

结果：还需下周到北京协调。

② 与经坊村委协调专家楼占地的事情。

结果：顺利，效果好。

③ 召开工程公司、装修、工程部落实项目施工计划。要求下周拿出继建和新建工程施工方案。

结果：布置明晰，士气高，效果好。

差距：做各工程方案难度大，需请专家培训。

振东驱动员工完成工作的管理方法，可以凝练成"做计划、看结果、知未来"。这看上去很简单，但真正能够做到让每个员工每天都将之贯彻落实，每个员工的心思便会被牢牢地"拴"在工作上。"每天下班之后，就开始考虑明天的工作计划了"，且在计划中思考明天可能遇到的问题和障碍，寻求解决的办法。更重要的是，每天自己给自己制订的工作计划，都是要落实到位的，要在下班前向上级汇报清楚你今天全部工作的结果。这就让每个员工都没有机会"混"日子。

每天的工作计划和总结除了要向直接上级汇报之外，还要填写到工作日志中，形成日积月累的工作"记事"，一周下来，一个月下来，一个季度、半年、一年下来，每个员工做过多少事，做得怎样，都有清楚的记录，既不会埋没谁的成绩，也不给哪个人虚报冒功的机会，每个人的工作日志，就是自己的"功劳簿"，也是总结经验教训、管理好自己的最好教材。

2. 坚持全员在总结反思中训练思维：每周一案

通过"早计划、晚总结"的自我管理可以有效控制员工的态度和行为，增强员工的工作主动性和执行力。但如何使员工从工作中见微知著、反求诸己、互相学习、共同提高，锻炼思维能力，不断提升工作质量？

"每周一案"是振东管理制度的创新。每周四企管部都会通过公司短信平台将精心编制的案例发送给每一个振东人，案例回复要求全体员工积极参与、认真思考，发表自己的观点和看法。同时要求每位员工针对身边发生的案例编发至短信平台，以提升全员素质，提高员工写作能力，增强逻辑思维能力，杜绝管理偏差。下面为每周一案的案例编发和回复举例。

案例说明

新经理不熟悉岗位流程和下属员工特征，又较自负，安排人和事时常不科学，多出差错，每天忙乱且辛苦。下属提意见很生气，领导找差距很委屈，结果一再做错。无奈找总经理求教，总经理了解后说："放下身份，向下求教；用心沟通，勇于接受；事事总结，咬牙坚持即成。"新经理回来后把总经理的话做成各种警示牌贴挂各处，时时提醒，天天背诵，严格要求自己，逐渐成熟起来。年底被评为优秀员工。问：此案说明几个道理？请用心悟理回答。【振东信息】

案例回复一

①始终保持态度谦虚，不断学习，自找差距，勤于总结；②善于沟通，尤其是与下属沟通，了解下属，听取意见，接受意见，修正差距，完善管理；③厘清团队管理流程，清楚本岗位职能，其他岗位分工合理，从而提升团队工作绩效，实现团队管理目标。【振东义琴】

案例回复二

①进入一个新的团队首先要融入其中，才能更好地开展工作；②不要自我封闭，要多沟通，敢于放下身份和下属沟通，才能真正了解部门状况及提高部门工作质量；③要用心总结，发现问题，分析问题，接受问题，解决问题；④用明显标牌警示自己，提醒自己，通过努力终会成功。【振东永丽】

3. 坚持全员以哲理故事启迪智慧：每周一理

哲理故事，能让人增长知识、启迪智慧；感悟哲理，能让人茅塞顿开、明心见性。每周一，振东企管部将精选的哲理故事发给员工，要求员工把理解和感悟及时回复，与大家共享。

每周一理

有只小鹿为了止渴充饥，来到一处泉水旁。当它正尽情畅饮时，瞥见水中映出的自己的那对鹿角，展示出一种高雅脱俗的气质，它不禁顾影自怜，得意非凡。可是，当它看到自己纤细的四肢时，又不由得阵阵悲酸涌上心头。这时，狮子突然出现了，小鹿拼命奔跑起来，那纤细的四肢轻巧灵活，跑起来速度极快。眼看着就要把狮子甩开的时候，那对鹿角竟然钩住了丛林中的枝杈使小鹿无法动弹。进退不得之际，狮子终于追了上来。可怜的小鹿成了狮子的一顿美餐。可叹，小鹿本以为脆弱无用的四肢竟能帮助它挣脱狮子的追捕；但它引以为傲的鹿角却使自己走向死亡。从中你悟出了什么道理？【振东企管】

哲理回复一

尺有所短，寸有所长！鹿角虽美，却是逃命的桎梏；四肢虽细，却是摆脱危险的希望！任何事情都有其两面性，在一定的条件下可相互转化，不能因为"美"而沾沾自喜、得意忘形，也不能因为"丑"而妄自菲薄、自暴自弃。我们要变换思维、扬长避短，有全局观念，运筹帷幄，才能立于不败之地。【振东张锐】

哲理回复二

高雅脱俗的鹿角是鹿的优点和美丽所在，鹿却为此丢了自己的性命；纤细的双腿是它的缺憾之处，但却能救它性命。可见，在一定情况下，优势可能转为缺陷，弱势可能化为利好。凡事都要辩证看待，正反是相对而言的。正确认识这个道理有利于我们处理问题。【振东近荣】

正是这些简单的事，在日复一日的坚持中，或逼迫、或引导，造就了振东人积极进取、乐学善思的素养，企业才能在员工的自我提升中既有各司其职的工作秩序，也有员工主动思考的知行合一。

（三）阳光文化：让为人处世简单自然

人性都有阴暗面，而且同我们的本性相比，环境力量和群体动态对人的行为影响更大。企业中的道德问题主要不是源于本性邪恶的害群之马，而是源于那些有意无意中建立并维持着的一些不透明的显规则和潜规则，诱使成员产生投机心理。当企业的制度设计不能去诱发人积极向上的行为，而是诱发出因人的投机心理而被放大的人性阴暗面，那么，这样的管理必然导致企业内耗严重、效率低下，监督成本高；且员工也会身心俱疲，难以将精力集中到业务工作上。

社会学中有一个"金鱼缸法则"，描述的是："金鱼缸是玻璃做的，透明度很高，无论从哪个角度观察，里面的情况都一清二楚。"如果企业的制度设计都如金鱼缸一样透明，则人与人之间的关系就一清二楚了，简单了，直接了，人的阳光面就会展现，阴暗面也就自然收敛，甚至消失了。

振东的阳光文化即缘于此。

1. 阳光待人

振东在人员的招聘、竞聘、考核、民主评议、薪酬等方面都是阳光的、透明的。

以振东主管以上岗位竞聘流程为例，竞聘过程包括自愿报名、资格审查、竞聘演讲、评委点评、民主投票、综合考察等环节。报名竞聘者描述岗位认知、个人优劣势展示及成功竞聘后的施政设想等关键内容展示，各位评委从岗位职责、个人发展潜力等方面进行提问、评价，并及时公布竞聘结果。公开竞聘的活动，增强了大家的危机意识，提供了岗位交流和岗位职责认知的平台，同时也为员工提供了展示自我和职业发展的机会，为今后的人才培养和选拔提供了依据。能者上、庸者下，阳光化的人才选拔方式最大限度地排除了用人过程中的各种人为操作因素，在透明公开的竞争中充分激发起员工积极向上的工作热情。

绩效考核是人力资源管理的核心，但绩效考核的关键同样在于考核过程中的公开透明、公平公正。振东的绩效考核分为月考核、季考核。月考核包括民主评议和管理指标考核，员工指标来自各部门工作量化指标，副总、部门经理的指标由"带培＋授课＋差距量化＋制度完善＋表格完善＋部门工作"共同构成；季度考核的方法为"民主评议＋理论考试＋技能测试＋领导审评"。

考核中民主评议的方法是非常有特色的，评议内容包括八项，共计100分，其中：态度15分、责任15分、效率15分、沟通15分、学习10分、节约10分、纪律10分、礼仪10分。评议流程包括确定人员、发评议表、部门审评、收集汇总、小组审议、考勤核对、领导终评等环节，评议结果分A、B、C三种，A和C各占20%，不得增加，也不得减少，计算方法为四舍五入，根据打分结果按比例算出前几名为A，后几名为C。考核结果不但与工资挂钩，且同时在公司办公楼的电子通告窗口上阳光公示，督促每一位员工根据自己的差距，改进提高。

2. 阳光报销

振东的"费用阳光审批条例"中，明确了阳光费用项目及时间要求，并规定：集团各子公司各团队一把手负责成立本团队费用阳光小组，并任组长；费用开支人员在报销费用时，必须通过阳光审批，加盖阳光费用章后由费用阳光小组组长签字确认，否则财务不准报销。每到费用报销时间，要召开费用报销会。例如在周例会上，各团队进行上周工作总结、下周工作部署后，就开始对上周开销的费用进行阳光审核。此时，要报销费用的人要用PPT展示自己所有的费用开支，并逐项说明开支理由。对于不合理的开支，会受到小组成员的当场质疑，如果报销人不能做出合理的解释，发票会被当场销毁，所支出的款项由报销人自己"埋单"。

如此阳光、公开的会议审核形式，将弄虚作假消于无形。阳光费用章，表面上是一次费用核销的结束工序，实质上是费用控制责任的一次庄严履行，"廉洁公正、细析严审、合理准支、超标销毁",不仅是刻在章上、印在票上的提示语,更是照在每位员工心上的"明灯"。

经过阳光费用会议审核后,报销人到各子公司财务部稽核会计处进行费用审核,稽核会计对费用的合规性、发票的合法性、数据准确性进行审核签批。财务负责人、公司领导对各团队阳光审核之后的费用严格按公司制度进行会签,发现违规行为当场核实处罚。

实际上,透明化是解决公司内部弊端最简单的工具,只要强化制度的透明度,所有员工或管理者的言行都将暴露在阳光下,人的阴暗面便自动收藏或收敛。在阳光照耀下,为人处世变得简单自然,效率也就自然提高了。

四、有治有变——流水不腐

"治"是保证系统活动顺利进行的基础,"治"就是要严格地按照预定计划保持系统的有序运行,减少摩擦和内耗。达不到"治"的状态,系统的各个要素就可能各自为政,各行其是,系统运行出现混乱,甚至崩溃,企业目标自然难以实现。

但是,仅有"治"是不够的。作为开放的系统,企业所面临的外部环境和内部条件都在不断发生变化。企业基础管理体系若不及时根据内外变化的要求,适时进行调整,就可能被变化的环境所淘汰,或为改变的内部要素所不容,这就要求基础管理适应内外环境而"变"。只有"治",而没有"变",系统就会缺乏活力,最终僵化、腐朽。

正如物理学的熵增原理中所描述的，原来基于合理分工、职责明确而严密衔接起来的有序的系统结构，会随着系统在运转过程中各部分之间的摩擦而逐渐从有序走向无序，最终导致有序平衡结构的解体。

李安平说："创新从精神本质上来说，是要我们自我加压，以积极的态度对待学习，不断充实自己，从而具备创新的资本，拥有创新的能力。当你来到振东，融入振东时，你就要记住纵容自己就是毁灭自己，别让你的怠慢、弱点、安逸和需要毁灭了你的明天，因为我们是振东人！"

"执着追求卓越、勤学得以提升"是振东精神的重要组成部分。振东被业界誉为"高位起跳、日臻完善"的上市公司，有"治"有"变"的自逼机制功不可没。

（一）变在视野

有远大的目标、有广阔的视野，才有创新求变的原动力和可能性。振东的国际化目标和多样化的国内合作方式，是胸怀和视野的体现。

1. 胸怀大志，让中药走出国门

建设开放型企业，让中药走向国际是振东的远大目标。

为了研究中药的作用机理，为药品通过欧盟和美国认证铺路，2010年，振东与澳大利亚阿德莱德大学开始了多轮互访。2011年11月，李安平访问阿德莱德大学并与对方签署合作备忘录。2012年5月，振东制药与澳大利亚阿德莱德大学合作成立振东中—澳分子中医药学研究中心，成为首家中国药企在国外设立中医药研究机构的企业。2014年11月初,振东与国家中医科学院联合在美国国立癌症研究中心成立了"中医药治疗肿瘤"科研办公室,开展中医药治疗肿瘤的科学研究,力图实现中药机理研究的重大突破和中药制剂抗肿瘤研究的重大进展,同时也为更好地诠释中医药和推进中医药国际化奠定坚实基础。2014年11月底,振东与荷兰国家应用科学研究院 SU 生物医药公司签署了传统中药复方药欧盟注册合作协议,正式启动了六味地黄丸等产品在欧盟的注册程序,意味着复方中药正在首次推开欧盟的大门。2014年12月,振东与德国医药保健行业资讯服务商 Diapharm 公司就传统中药在欧洲的应用注册、欧盟认证等相关事宜进行了深入交流。2016年12月振东美国国际公司成立。

2. 放眼国内,充分利用优质资源

振东积极利用外部优势资源,与大专院校合作,输送多名高管外出至中欧商学院等高等院校进修,先后与北大、清华合办管理干部培训班,与中国人大合办 MBA 研修班,与北京中医药大学合办中药制药专业硕士研究生班等,与山西大学联合成立"振东制药研究生教育创新中心",与山西财经大学联合成立"振东管理研究院"。

3. 特色内训:走出去,请进来

振东制定了"2+2"互动培训模式。第一个"2"指每位振东员工都有接受培训的任务,一方面在公司内部接受本系统或其他系统领导、专家的培训;另一方面,每位振东员工都要定期走出企业,到外部接受公共管理领域或本行业专家的培训。第二个"2"指每位振东管理者都有培训他人的任务,一方面给本系统下属人员进行岗位专业技能或公用技能的培训；另一方面到培训中心给新员工做入职培训或到其他系统做一些工作需求方向的培训。

每月的第一个周六是公司法定的"经管培训日"，通过专家讲座、观看光碟等形式对全体管理人员就"观念、素质、技能"等方面进行培训，同时对本月的工作进行详细总结，对下月工作内容做出全面部署安排。

虽然振东地处晋东南的长治县，但国内医药行业和管理学界的很多顶级专家、学者，常在振东的讲坛上为员工输送知识，带去最前沿的信息。

（二）变在学习

没有持续不断的学习，创新求变无从实现。很少有民营企业像振东那样重视学习，去过振东的人感觉振东就像一座学校，每一个员工都是学生。

1. 好学的总裁

李安平说："知识与勤奋可以成就未来，投机与懒惰只会庸碌无为。要把工作当学习，把学习当工作。要时时用心，事事求知，才会天天进步。"

年少时因为穷困辍学的李安平始终热爱学习。条件允许后，李安平深知企业管理需要的不仅仅是个人魅力，更重要的是要有系统而专业的管理思想。他到北大的EMBA进行深度研修，在学习期间也结交到很多叱咤商海的领军人物。

在班里，他的同学有牛根生那样的商界大亨，但是他却凭着那股孜孜不倦、不耻下问的精神被推选为班长。他明白,"大牌"同学是一种隐形的资源,更是一笔潜藏的财富。每个人背后都有自己的成功之道,别人身上的长处或许就能恰到好处地补一己之短。与同学的彻夜长谈便成为李安平的家常便饭,有着谦逊治学态度的他更成为同学们效仿的对象。

李安平还有一个习惯,走到哪里书就带到哪里,只要有时间,他都要读书、学习。与他交谈的过程中,你会感受到他思想之深邃,他广泛涉猎政治、经济、文化、管理、营销等方面的知识,博览古今,满腹韬略,学识渊博,妙语连珠。

李安平曾说:"我的梦想是当老师,而不是当老板。"在李安平的人生经历中,没有当成老师是他的遗憾,但他实实在在又是一名老师,在振东辛勤教导、培训着他的员工。在员工眼里,李安平的角色至少有两个:一是总裁,二是老师。他认为只有跟员工在一起学习的时候才能及时发现自己存在的问题和漏洞。

2. 让员工更优秀

企业竞争越来越表现为员工素质的竞争,能否拥有一支数量充足、结构合理、素质优良的员工队伍,将成为决定企业未来发展成败的重要因素。因此,只有李安平自己学习是远远不够的,还要带动企业形成互动共享的学习氛围,建设一套学习体系。

振东的培训教材全部由李安平根据企业自身情况和国内外先进企业管理经验,自己编写,不断更新,足有几十万字。他的讲课风格生动有趣,语言朴实,案例翔实,极容易被员工接受。

李安平在员工培训中说:在振东不怕不会,就怕不学;不怕人笨,就怕人懒;不怕基础学历低,就怕没有上进心。因为振东本身就是一所带薪大学，培养 MBA 的殿堂，每个管理者必须是培训师。人人都要"把工作当学习，把学习当工作"，转变观念放开胆量"干中错、错中学、学中干"，使企业真正成为一个社会实践大学，一个学习型企业。

振东在工作中积累了许多管理模式，每一种模式的提出都因工作中某个问题点触发，之后经讨论形成解决措施，付诸实践后若具有普遍意义，就完善后经培训扩大使用范围，在更多的岗位或工作中普及推广。振东模式已成为振东人独有的管理工具。振东员工自豪地说："我们每个人都手握各种管理的工具（管理模式），不一定都用，也不一定天天用，但掌握了就可以做到灵活使用。"

振东从企业高管到普通员工，从一天一次的工作日志、一周一次的全员学习日、一月一次的经管培训日到员工论坛、经理论坛、高管论坛，无人无时不在学习，组织学习已成为振东员工工作和生活的一个部分。组织学习不仅为振东知识宝库创造、累积新知识，而且促进了振东知识使用、转移、整合、取得与储存，成为振东知识库所能发挥的吸收能力、动态能力与创新能力的重要支柱。

【案例】从轮讲轮训到轮讲轮评

"轮讲轮训"是振东的一项内培制度，每周三是公司法定的"轮讲轮训"日。在这一天，部门员工轮流坐庄，每个员工都有当老师的机会。

"轮讲轮训"的目的就是通过示讲、示教、示用等生动活泼的形式，通过找差距、讲案例、交流经验、互相学习、彼此借鉴，使好的工作方法、经验得到有效推广，并使存在的不足与问题得到相应的整改。

培训者选择培训议题，通过各种途径选择素材，查阅资料，请教同事和领导，列出培训提纲，编辑培训内容。培训者在讲授中围绕主题，积极主动，对照自己，剖析案例。受训者针对问题，畅所欲言，结合实际，找出差距。

2015年，李安平在一次山西财经大学振东管理大讲堂的讲座中，因看到讲座结束后主持人对讲座内容的点评，极大地升华了讲座本身，且使听讲者进一步加深了对讲座内容的印象。遂在原来的"轮讲轮训"基础上提出"轮讲轮评"模式，规定每次培训后必须有专人点评，使培训者与受训者加深记忆，使培训内容高度提升，并使培训者找到差距，增强自信。

【链接】振东管理大讲堂

振东管理大讲堂由山西财经大学与振东合作成立的山西财经大学振东管理研究院主办。自2013年4月19日首次开讲以来，秉持"探寻管理智慧、践行管理人生""服务学科、服务学生、服务社会、服务企业"的宗旨，邀请学界和企业界的知名专家学者做客，分享前沿知识，旨在提高山西财经大学的人才培养质量，实现"校企合作，协同创新"，更好地服务社会。振东管理大讲堂每月一讲，每讲150分钟。讲座嘉宾均为全国知名的学者和企业家。受众包括本科生、研究生、MBA学员、高校教师、企业界及社会各界人士。自开办以来，400人的会场，场场爆满，目前已成为山西省颇负盛名的管理讲座品牌。截至2017年年底，已举办讲座47期。每次的讲座除了主讲嘉宾的分享得到大家的高度认同外，主持人的精彩点评也成为大讲堂的一大亮点。

从"轮讲轮训"到"轮讲轮评"，不仅提高了培训人提炼、分析和总结问题的能力，加深了受训人对培训主题、层次和关键点的印象；更重要的是相对于可以提前准备的培训来说，点评人的点评基本是即兴的，其中的压力和考验可想而知。振东人就是在这些花样百出的锤炼中变得越来越优秀。

（三）变在活力

人都有惰性，人的惰性导致组织的惰性。一个人待在一个岗位久了，就容易疲惫和渐失生机，振东通过岗位竞聘、岗位轮换等制度努力促进和保持着员工的工作激情，李安平认为这些还远远不够。但如何持续保持员工活力？振东的"PK月""差距模式""民主生活会"等颇具特色的活动形式，都是激发员工活力的有益探索。

1. 激情主题月：PK模式

每年的五月是振东的"激情PK"主题月，一场没有硝烟的战役在全国打响。大家主动与比自己能力强的兄弟姐妹们结成PK对手，主动挑战，积极应战，你争我抢，全力争赢。在营销战线，大家比销售、比增量、比成本、比拓展；在生产一线，大家比质量、比细节、比损耗、比创新，还以知识竞赛等形式比学习、比知识；在机关，大家比沟通、比服务、比模式、比效率、比纪律。同时，PK方案中把所有的工作尽可能量化，用数据见高低，让事实定输赢。

优秀企业的逻辑

【案例】PK 月的确定

振东营销公司从 2003 年成立以来，销售量以每年 30% 的速度递增。从 2007 年起，销售量虽然依然在增长，但增长率出现下降。营销公司组织讨论，经分析：市场空间依然很大，但团队激情却在下降，有的人小富即安，有的人出现了职业倦怠，更有业务员因销售不佳失去了信心。为了调动全员的激情，提高工作积极性，营销公司决定举行"PK 月"专题活动。要求市场容量、人员数量、销售额相当的大区、省区、地区、员工结对子，进行 PK 活动，输的一方该月提成的一半给赢的一方作为奖励。通过这种方式，最大限度地激发了营销公司全员的斗志，学术代表运用各种销售手段，提升业务，一鼓作气，当年销售额猛增 36.7%，得到快速发展。

2. 拾遗补阙制：差距模式

企业制定的各种制度、规则、程序，目的是未雨绸缪、防患于未然。而及时发现问题、找出差距，解决问题纠正偏差，总结经验教训，虽是"事后诸葛亮"，但"亡羊补牢，犹未为晚"，可以为企业未来的活动提供借鉴。木桶原理告诉人们，一只木桶存水量的多少，不是取决于最长的那一块木板，而是取决于最短的那一块木板，"短板"是制约存水量的关键所在。任何一个过分薄弱的环节都有可能导致企业在竞争中处于不利位置，最终导致失败的恶果。那么如何找到短板并提升，打造企业的竞争力，实现企业的持久健康发展？振东人在管理实践中梳理总结出了应对管理短板的有效工具。

李安平说过，差距是前进的动力，不找差距就没有动力。世

第一章 简单的力量——振东基础管理

界上没有完美的人，差距与不足人人都有，但很多时候人们可能由于各种因素，不愿或不敢去面对和承认。差距面前，我们要有忧患意识，要有不进则退、小进也是退的认知；要坚信"只要精神不滑坡，办法总比困难多"的信念；要学会"找比自己强的比出差距，找比自己差的比出自信"。

2004年是振东的差距年。振东要求在每项活动结束后，必须现场找出差距。所有的工作总结，必须突出差距，淡化成绩。人人找自己的差距，事事找工作的差距，时时修正缺点，避免再犯。振东的差距年创造出了"差距模式"。

为了运用好差距模式，堵塞管理漏洞，形成人人都管事，事事有人管的良好氛围，振东在实践中总结出了差距量化制度。集团部门经理及以上管理干部均有差距量化指标，这是硬性指标。奖罚依据是公司的制度，目的是纠偏树正，追求进步。差距量化罚款指标以"次/日"核定，按月进行考核。月次数＝核定日次数当月实际出勤。比如某个管理者一个月的差距量化指标会有25个，基本上是每天一个。员工有任何违反公司规章制度的事，管理人员看到了，无论是否是本部门的人员，都可以对其进行处罚。差距量化执行情况纳入管理者当月管理绩效考核，占比10%。月度差距量化完成金额比例最高的前三名给予奖励，当月指标每缺一次处罚100元。

遇到问题如果没有差距量化指标，可能管理者就不愿意得罪人，对问题视而不见，管理就会下滑。因为有了考核指标，管理者就会主动管事。一般而言，挑别人的毛病，人们总会反感。但时间一长，就逐渐习以为常了。

差距量化奖励不设指标,按公司相关奖励制度执行。总的来说,有奖有罚,奖励比处罚多。从每位管理者的差距量化指标,到每项活动后的现场找差距,大家体会到了差距模式的魅力,也从差距管理中获益良多。差距找准了,拾遗补阙就变得有针对性和实操性。未雨绸缪的预防措施,卓有成效的纠正措施,细致周详的应急措施,将麻痹疏漏消于无形。

差距模式是振东应用最好的模式之一。差距模式的应用,形成人人都为自己找不足,为企业找差距,个个都能为自己改不足,为企业改差距的良好氛围,使员工和企业活力绽放。

3. 修身正己法:民主生活会

"民主生活会"源于中国共产党三大作风精髓,也是振东十几年实践经验的总结。民主生活会活动按照实事求是、公平公正的原则,通过自找差距、他批帮助、领导点评、个人总结、制定措施等环节,最终达到改错纠偏,共同提升的目的。振东"民主生活会"始于2006年,是面向公司全员开展的一项活动,贯穿于企业生产、管理、营销各个环节,结合每个部门和岗位实际,从"觉悟、责任、学习、培训、沟通、自律、执行、协作、廉洁、业务"等方面入手,让每个员工将工作和生活中的不良因素充分暴露,使每个人认识到自己的差距和不足,并根据自己的差距制定可行的修正措施,制成警示牌,在工作中时刻警醒自己,最终提升自己。

每年三月,春光明媚,万物复苏,处处一派欣欣向荣的景象,在这生机盎然、催人奋进的季节,每个振东人都将经历一场触及灵魂的思想洗礼,这就是振东的法定月"民主生活月"。

金无足赤，人无完人。一个人无论能力有多强，工作经验如何丰富，工作中总会有不尽如人意的地方，正视自己，请别人剖析自己，总结自己，才能避免在工作、生活中走弯路，提高效率，做到事半功倍。在振东，接受批评的人有宽阔的胸怀，豁达大度，虚心接受意见；而批评别人的人则出于公心，从工作出发，从公司的大局出发，敢于揭短亮丑，承担责任，做到原则问题不让步，非原则问题不纠缠，着眼于提高认识，共同进步。

承认差距是一种胸怀，找出差距是一种境界，缩小差距是一种本领。差距是压力、差距是动力、差距是潜力。知差而奋进，知耻而后勇。面对差距，振东人发扬永远不服输的拼搏精神和不甘人后的赶超精神，敢与强的比，敢向高的攀，敢同勇的争，敢与快的赛。

振东的民主生活会活动开展几年来，每个员工都充分认识到了"民主生活会"是一个暴露自身差距，修正自己缺点，提升自己素质与能力的最好途径。从一开始的不理解到理解，从不自觉到自觉，从抵触到主动参与，全员从思想上和行动上已经有了根本的转变。今天，每个人都认识到，如果没有参加"民主生活会"，就会感觉自己没有上进，没有提升，已经形成一种不甘人后、主动提升的良好氛围。这些年来，"民主生活会"已成为振东加强全员上下沟通，完善企业民主管理，增强企业活力的有效途径之一。

五、至简之道

企业如同建筑，巍峨雄伟的建筑物靠深埋在地下的地基支撑，基础工程的大部分深埋地下，默默无闻，却是建筑的根基。和建筑一样，正是那些经常被人忽视了的基础性因素造就了国际优秀企业的持久竞争力。丰田生产方式的核心就是持续改善，追求零缺陷、零浪费、零库存，把简单的事做到不简单，把基础管理做到极致。

分析振东基础管理的逻辑脉络，借鉴其具体的操作方法，可能对每个企业都会有所助益。

（一）培育土壤

基础管理是企业茁壮成长的根基，但基础管理要生长在企业自己的土壤上，才能根深叶茂。企业自己的土壤即企业的文化，而企业文化的培育不是朝夕之功。如何培育企业文化？价值观是文化的核心，人才和创新是文化建设的主要内容。

1. 培育适合自己的价值观

富有竞争力的企业文化首先表现为明显的个性特色。每一个企业的发展历史不同，企业创业者及管理团队的个性不同，不同阶段面临的竞争压力也不同，所以每个企业对环境做出反应的策略和处理内部冲突的方式都会有自己的特色。企业的价值观通过管理层的理念和行为示范，通过宣传、教育、培训以及文化娱乐等方式，逐渐影响和渗透着员工的思想和行为，为管理手段的萌生、实践、推广、生效铺垫起适宜的土壤。

俗话说，适合的就是最好的。振东基础管理的成效正是因其建立在适合自己的文化土壤上。振东的很多管理模式可以复制和推广，但有些制度却无法直接使用。李安平在讲到振东的管理方法时，总在强调：有些制度只有在振东才会起到应有的效果，离开了振东文化这块特别的土壤，大家必然诧异地摇头，并坚决地说"不可能"，但在振东，却有"变不可能为可能"的神奇力量！振东"民主生活会"上的揭丑露疤、"差距量化"执行中的互相监督、"阳光报销"过程中的当众撕票，这些不是每一个企业都能做到的，没有相匹配的文化土壤，应用起来可能会弄巧成拙，甚至适得其反。

2. 重视提高员工素质

文化的本质是"人化"，文化的功能是"化人"。以人为本就是以人为中心，尊重人，关心人，提高人的素质，满足人的需要，充分激发和调动人的积极性、主动性和创造性。

以人为本的理念尤其强调一定要真正落实对员工的培训和实现员工素质的根本提高。振东商学院的运作、"轮讲轮训"的持续实施以及一个又一个的"论坛"组织等都是其他企业，尤其是成长中的民营企业可以学习的人才培养的具体方法。2013年年底，振东组织全员开展了"素质革命"运动，李安平在启动大会上说，"素质革命"运动对提升全员素质，促进企业健康快速发展意义重大。同时强调全员务必积极参与，将"素质革命"落到实处，打破个人素质提升瓶颈，用"写"提炼智慧，用"讲"优化思维，用"算"厘清思路，实现自我提升。

一次次的锤炼，振东的员工随着企业发展也实现了自我的快速成长和能力素质的提升。员工在为企业工作的同时，也感谢振东所提供的自我发展平台，许多员工感慨：没有振东，就没有现在的我。

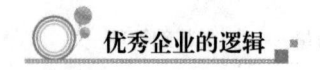

3. 以创新求变激活企业

创新就是活力，就是生命力。美国硅谷企业竞争十分激烈，以至于各公司都积极寻找自己的致命弱点，所有公司共同的生存之道是：拿出更好的产品来击败自己的原有产品。自己不逼自己，别人迟早会逼你；敢于对过去说告别，才有信心掀开新的一章。

振东的"自逼机制"通过不停地"自逼"、不断地"创新"，达到管理的有"治"有"变"。正是这种持续的创新求变，使公司基础管理的整体水平不断得到提高，企业才在变化中活力无限。

接受新的思想、学习新的方法、推行新的制度都必须有创新求变的文化土壤，只有员工对新的东西不排斥、肯接纳、能迅速认同，应用或施行新技术、新方法的速度才能更快，效果才能更好。

（二）突破难点

简单其实最不简单，简单中蕴含着一种简约和易执行的力量。简单是复杂的终极形态，当我们能从复杂走向简单的时候，企业就从平凡走向了优秀。

1. 深入本质，把握规律

任何复杂事物的背后往往都有一个简单的本质，之所以复杂，多是我们没有厘清节点脉络间的相互关系，或者自己主观地把简单本质包裹起来，使清晰而简单的本质变得复杂难解。在充满变数与博弈的市场中，我们的思维很容易被环境所影响，在复杂中挣扎，为复杂所迷惑，或者把原本复杂的事物变得更复杂，陷入为了解决一个问题而制造出多个问题的怪圈中。

只有深入本质，把握规律，才能建立解决问题、化难为易的逻辑框架。

企业是一个复杂的系统，基础管理工作涉及企业的人、财、物、信息等所有的要素，分析企业价值链的每一个环节，了解企业各职能部门的工作要点，把握各要素间的相互制约和彼此联系，同时，要以企业整体为统领，方能探得企业运行的基本规律。振东的流程梳理、制度汇总是企业集体智慧的结晶，倾注了员工大量的心血，一次次的分解、组合、完善，最终以简单的形式表现出了丰富的内容。

简单管理在形式上追求简单，在内涵上则要求深刻、丰富，要求对事物的规律有深刻的认识和把握，去伪存真，由此及彼，由表及里。实现简单管理，要求不简单的能力和知识水平；行动是简单的，但行动背后是高超的专业能力和水平。

2. 删繁就简，化难为易

振东的制度表格化、三色工作程序清单、三字经的提炼，都是在深入工作本质，把握运行规律之后，通过删繁就简，将执行过程化难为易的。

我们在企业管理中有时顾此失彼，有时阴差阳错，有时判断错误，多是因为事物的繁杂。就像我们很难在沙堆中准确地发现珍珠一样，我们被太多繁杂无用的沙子蒙蔽了双眼。如果我们能从复杂、精密就是优秀、卓越的迷思中走出来，把繁杂的事物过滤掉，关键要素就自然显现出来。这样一来就可以集中精力去抓管理中的核心部分，效率提高了，正确率也会随之提高。简化工作流程，简化不必要的规定，减掉不必要的会议，减掉多余或是不特别重要的层级——当真的能够这样简单时，其实就是非常不简单了。当一切变得简单后，我们会感受到轻盈、清晰带来的好处，也会感受到简单的力量。

在这个世界里，企业经营的困局不是选择的机会太少，恰恰是选择的机会太多，才使我们迷失。无论是经营还是管理，只有具有分析本质、化繁为简的能力，拨开纷繁复杂的迷雾，才能清晰地看清经营的面目与管理的真谛。

把事情变复杂很简单，把事情变简单却很复杂。因为简单是由繁至简的过程，简单必须先经过复杂的过程，就像读书一样，要先把书读厚，才能真正把书读薄。

3. 持续简单，真不简单

持续简单，一方面是指空间上的持续简单，另一方面是指时间上的持续简单。

振东管理在空间上的简单，涉及人（阳光待人）、财（阳光报销）、法（制度表格化）、时（法定日）、序（三色工作清单）等多个方面，但凡能简化的环节，一定精益求简、精益求精。

张瑞敏说"天天把简单的事情做好就是不简单"。振东的"阳光化"是简单的，需要魄力才能推广；"人人监督"是简单的，需要责任才能执行；"每周一案、一理"是简单的，需要员工的高素质才能将案理升华；"早计划、晚总结"以及"工作日志"都是简单的，需要管理者和员工的理念和毅力，才能避免流于形式。日复一日，年复一年，一以贯之地将一个个的简单坚持

第一章　简单的力量——振东基础管理

下来，这就是振东管理在时间上的持续简单！

能够持续地做到简单其实并不简单，简单的背后需要极其厚实的文化底蕴、全员一致的行为习惯以及科学合理的管理系统作支持。杰克·韦尔奇一直提倡简单管理，他总是轻松地说："越少的管理，就是越好的管理。"但是，作为一个世界级的超大企业组织，能够做到这样简单的管理并不容易。杰克·韦尔奇用了20年时间为通用电气打造出了组织中的"自然次序"，也就是一个基于文化、制度之上的、良性的、智能的、具有自我驱动力的组织，这个组织运行模式非常简单，然而，简单的背后却是真不简单的功夫。

（三）规范为王

传统意义上说，企业基础管理工作包括定额工作、计量工作、信息工作、标准化工作、规章制度和职工教育等内容，它们是最基本、最一般的管理工作。随着管理理念的发展以及对管理工作要求的进一步提高，基础管理的工作内容也在不断地充实和完善。如班组建设、现场管理、组织职能、安全管理等也逐渐纳入基础管理的范畴。也有学者认为，基础管理包括基础数据的管理、基本业务流程的管理、控制过程的管理、员工行为的管理等。不论哪种观点，企业的基础管理工作都将归结为对组织中人、财、物、信息、流程等要素的基本运作秩序的规范。

1. 重视总结，形成规范

纵观人类几千年文明发展历史，人类文明之所以能够发扬光大，是因为总有一批人一直在不断地回顾与总结。小到一个人，大到一个企业、一个国家，谁不善总结，谁就吃大亏；谁善于总结，谁就能不断进步。经历不去总结就成了经过，一个不善于总结的组织终究会被历史的洪流淹没；一个不善于总结的个体最终也会被社会和组织所抛弃。

　　李安平曾说自己善于总结，愿意把真正的好东西，总结好，优化好。

　　振东在十几年的创业历程中，从长治县第一个民企加油站到山西第一家创业板上市公司，从传统商贸流通企业到医药健康行业制造业企业，创造了一个又一个奇迹。振东曾经也有过低谷、有过曲折，走过弯路、绕过远路。可以说，振东的发展过程就是一个不断"总结—实践—再总结—再实践"的过程。振东永远在创业，永远在总结，永远在发展。在不断发展的过程中，振东开创了独具特色的总结模式。每天的班后差距式总结会，每天的工作日志，每周的周例会，每月的经管会，每季度总结会，每半年总结会以及每年正月的年度总结大会。公司每年年初都会制定一个发展主题，每年年底都会总结形成一个管理模式，并迅速成为企业健康快速发展的指针。公司每次大型活动结束后，做的第一件事就是开现场差距总结会，找出差距，修正措施，下次提升。可以说，振东时时在总结，处处在总结。每一次总结都是一次抽丝剥茧的系统思考；每一次总结都是一次推陈出新的思想升华。

　　总结不是结束，是新的开始。通过总结，才能将经验教训化为财富，一个个制度、一条条流程、一项项规矩，就在总结中应运而生，成为指引员工知行、保持企业有序运转的规范。

　　2. 心态阳光，执行规范

　　德鲁克指出：下一场深刻的管理革命将是对管理工作本身的

管理，即用规范化的方法、程序、科学的指标来管理工作本身。

如果说以制度化的形式形成规范迈出了基础管理的第一步，那么，这其实只是完成了企业有序运转的立法工作，要使规范真正起到引领思想、规范言行的作用，还需跨出第二步，即执行规范。执行规范，就是对管理工作本身的管理，管理人员如何对照规范、依据规范来管理员工的思想和行为，企业需要对此进行管理。

企业发展过程中会自然而然地形成各种错综复杂的人际关系网，在执行规范的过程中，管理人员往往会顾及员工的关系、面子、情感，或担心秉公执法得罪人，或顾虑多管闲事积怨多，瞻前顾后、畏首畏尾，使本来简单的事情变得复杂，明知是问题却姑息纵容，导致有法难效。

振东的阳光文化，倡导以阳光的心态待人，让人从复杂的思虑和迷幻的关系中走出来，简单思考，敞开心扉，对事不对人。做人阳光了，心胸才能坦诚，做事自然简单。

直击灵魂的民主生活会、直率开放的差距模式、公开透明的阳光报销、工作中兄弟姐妹的称谓、淡化上下级关系的导师制都使人在工作中逐渐抛除杂念，一心一意，以阳光心态履行职责，执行规范就变得自然而然。

3. 系统思考，规范有度

以规范形成秩序，是一项系统工程，不是头痛医头脚痛医脚的临时救急，而是需要预先筹划、系统思考、上下联动、有放有收，只有这样，才能使企业有序运行，员工知行可控。

（1）最高决策者率先行动。最高决策者要真正认识到管理规范化的必要性和重要性，并让全体员工看到其坚持管理规范化的决心。必要时，最高决策者应亲自参与主要方案的制定，并组织实施。

（2）企业规范化管理强调企业是一个有机整体，对企业进行管理的行为方式、方法，也就必须是成系统的，而不是支离破碎的。所以在组织实施过程中，必须有一支能力较强，且有全局意识的核心队伍。

（3）全面动员，全员参与。规范化管理是企业管理中最基础的管理工作，其工作涉及面广泛，工作量大，几乎涉及企业管理的各个方面，因此必须得到大家的充分理解和支持，依靠全员的力量，群策群力。

（4）避免规范化的陷阱，以智慧的方式寻求突破。企业规范化管理，制度化是基础，规范化的第一个标志就是制度化。但操作不当，企业可能马上进入另外一个极端，为了规范化而采取僵硬的标准进行制度化，禁止员工的各种行为，有时可能在禁止坏行为的同时也约束了好行为的出现，导致员工无所适从，企业走入误区，还没有规范化就进入官僚化。

借鉴振东基础管理由乱到序、由序到治、有治有变的逻辑路径和简单实用的工作方法，培育适合自身企业特色的文化土壤，以科学系统的思维方式把握本质，简单的力量就会呈现！

第二章 振兴东方的信念
——振东文化

水有源，故其流不穷；木有根，故其生不穷。

——［宋］胡宏

经营与管理，是企业赖以发展的两大主题。经营一个企业，也是经营一项事业，企业要往哪里走，遵循怎样的发展路线走向既定方向，是企业经营者思考的问题；管理一个企业，就如操持一个家庭，如何在现有框架内，将所有的资源调动起来，以一种最有效率的组合实现组织目标，是企业所有管理人员都需思考和不断实践的问题。优秀企业的发展，是经营与管理相得益彰的结果。然而，现实当中，大多数企业在两个层次上或者顾此失彼，或者各行其是，企业发展找不到清晰的逻辑与次序。

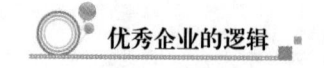

引言：困惑这么多，何以解惑

制度难以企及的困惑

为保证产品质量，公司制定了严格的质量管理制度。员工在操作中若发现物料质量有缺陷，可停工待料。那么，如果按照计件工资付酬，员工会主动去仓库催领合格物料；如果不能按件计酬，员工就会无限期地等待库房发货，甚至以库房没货为由借机偷懒。为了提高顾客服务水平，公司对员工是否向顾客提供超值服务进行考核，如规定对员工主动为顾客照顾小孩，主动与顾客沟通交流等行为给予奖励，但这样一来，员工就会为了完成考核指标或获得奖励，有时明知顾客反感仍去为其服务，甚至因此惹怒顾客……如何使员工表现出恰到好处的工作主动性？似乎并不仅仅是制度问题。

宽松是对是错的困惑

常常听说以人为本并深以为然。公司为中层管理人员规定了宽松的作息制度，不必恪守八小时工作制，为他们留有足够的业余时间，告诫并鼓励他们在八小时工作以外按照自己的职业规划提高业务技能。本来以为这样会提高他们对公司的认同感，并能够让他们在时间自由支配的宽松环境下获得职业成长，却不料，带来的是公司整体越来越涣散的工作状态和毫无长进的管理人员队伍。这才知道，以人为本，并不像传说中那么简单。

理想与现实如何取舍的困惑

有关公司长远发展的使命、愿景、战略规划常在头脑中萦

第二章 振兴东方的信念——振东文化

绕,期望做一个有理想、有追求的公司,但现实常常让人不得不搁置理想,毕竟,对于公司来说,赚钱才是最要紧的。理想与世俗,长远与短期,规划与应变,这样的悖论可能永远都无解。

为什么我们学习别人的经验制定的制度,执行的结果却不合初衷?为什么我们信奉的人性,在自律面前会偏离正轨?为什么利益当头时,我们就将理想束之高阁?

万紫千红当中,最吸引人的是那些以铺天盖地之势盛开在自己季节里的花朵,如春天的桃花、夏天的荷花、秋天的菊花、冬天的梅花。自然万物,殊途同归。生长在社会丛林里的企业,吸引顾客的也总是那些以蓬勃的热情在自己的行业里绽放出独特色彩的企业。蓬勃的热情来自对所在行业的兢兢业业和不懈探索,引人注目的色彩则源自内心的追求。

若没有持续的热情为了内心的追求而勤于探索,若没有强烈的信念执着于内心的追求而不耽于名利,企业所有的管理手段都只会是浅尝辄止,企业所有的经营理念和战略规划都只是纸上文章。肤浅的、断裂的、头痛医头脚痛医脚的管理,模糊的、游移的、没有信念支撑不走心的经营方向,使企业一天天走向平庸,累积的问题难以消化,新问题层出不穷,对不确定的外部环境疲于应对,只觉得制度难奏效,理念不中用,现实太无奈……那么,什么是优秀企业的经营与管理?是什么将企业的理想与现实紧紧系牢?贯穿在企业经营与管理中的逻辑路径又是怎样的?

一、奇葩异草——振东花苑撷英

（一）振东的奇人

1. 雷振宏：从下岗工人到振东中药材公司董事长的悲喜之路

2004年，29岁的下岗工人雷振宏来到振东，期望通过辛苦劳动换得一份谋生的职业。有过下岗的教训，雷振宏在入职培训期间，以积极主动能负责的工作态度赢得了振东人力资源部的青睐，被直接推荐为李安平的代培生。之后，雷振宏开始了自己悲喜交集的职业发展历程。从基层岗位开始，一年后他升任公司办公室主任，刚刚在办公室主任岗位上开始轻车熟路，以为工作走上了按部就班的正轨时，突然被调整进入生产车间。公司要求他半年内熟悉每个岗位的工作内容和车间整体的工作流程，喜欢读书也积极肯学的雷振宏硬着头皮攻下了这道自认为并不擅长的难题，并因此很快荣升为公司生产总监。到2008年的时候，在生产总监职位上又一次驾轻就熟的雷振宏正打算喘口气，歇一歇疲累的身心，却又接到了新的委任状，这一次是让生性内向的他去营销公司担任总监。如果说之前能够胜任生产总监是他凭借一腔热情努力钻研的结果，尽管当时也有难以胜任的顾虑，但不怎么与人交往的工作性质还是给予了自己足够的自信去干好工作。但这一次，很显然，这种与人交流开拓市场的工作无论如何不适合自己。既不能辜负领导的信任，又面对着摆在眼前实难承受的工作压力，无法改变领导意志的他只能满腹狐疑地一遍遍自问："为什么让我做销售？"处于极度矛盾焦躁状态中的雷振宏竟因此抑郁了，长时间封闭在自己的世界里难以自拔，没有了当年的主动性和积极性。李安平——他的导师，也是他的伯乐，从最基础的市场工作——包括要到哪个市场，如何与经理讲话，跟谁吃饭等开始，带着他认为聪明好学有潜力的雷振宏逐渐进入了又一个新的领域，事实给了雷振宏连自己也没想到的结果——在他的带领下，营销公司的市场业绩由原来的四五十万元上升到一千万元。他惊异地说，原来我也是可以做销售的。此后，对自己有了全新认识的雷振宏，逐渐相信，人的能力并不止于表面的性格。现在，雷振宏已是公司高管，担任振东中药材公司董事长。是怎样的环境，给予了雷振宏如此的"眷顾"？

2. 李仁虎：享受缴税荣耀的振东集团财务总监

李仁虎，振东集团财务总监，振东制药监事会主席，从振东创业伊始就一直负责公司财务的振东元老级人物，用他自己的话说："我和李总是从穿开裆裤时就一起玩耍的伙伴。"因为与李安平同姓，在振东，人们称他为"虎总"，名为虎总，人看起来却没有一点虎威，是一个笑眯眯的小老头。但在振东，有关用钱的生杀予夺全在虎总的一支虎笔。人人都知道，虎总的火眼金睛有着穿透迷雾的"神功"，这既是多年历练的结果，也是天生的本事。虎总能够在振东的成长发展历程中，始终担当着"管家"的重任，可能有来源于与李总是发小的忠诚度有关，但更重要的是其稳健、可靠、专一、认真的专业精神无人能及。然而，就是这样一个专业的"管家"，却对企业向政府缴税没有一点"筹划"的主动性，并自豪地宣称："振东从成立以来只有多交税早交税，从不拖欠政府的税款，更不会偷、漏税。"一个民营企业，这样

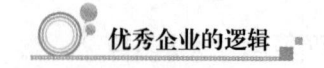

的"管家",哪里来的底气?

(二)振东的"闲事"

1. 企业里的授学位仪式

企业办大学不是新鲜事,但振东商学院却有着与众不同的做法,商学院运行模式为全员参与并接近全天候运行,按照业务类别分设院系和教研室,所有人员师生相称,上级是院长、副院长,管理层或年长者称老师,员工和新入职者是学生。在企业正常工作时间内,所有管理人员每月都有培训他人和接受他人培训的任务;同时,所有管理人员都是导师,按照"一对一""一对二""上带下""老带新"的代培原则,必须选择一名或两名培养对象以不少于两年为一个周期进行带培,并按月、按季、按年依据作业批阅情况、指导记录、学员对导师的评价和导师组对学员的答辩情况逐项计分,对导师进行考核,并根据考核结果和级别给予导师0~1000元不等的导师津贴。每个带培周期开始时举行开班仪式,结束时举行毕业典礼和授学位仪式。

在正常的业务工作之外,所有振东员工都有这样的"闲事"。

2. 企业的精准扶贫

振东有党委和工会,还设有"扶贫济困委员会",下设"扶贫办公室";不仅从成立的当年就开始服务家乡、捐助社会并逐渐制度化延续至今,而且,由积极参与民营企业扶贫开发项目"光彩事业"开始,逐步走上了"聚焦产业,精准扶贫"之路。

精准扶贫是国家于2013年提出并开始推行的由对特定区域

扶贫转向对特定群体扶贫的扶贫工作新思路。2016年3月，振东积极响应山西省委、省政府脱贫攻坚的行动号召，率先实施"精准扶贫、精准脱贫"工作。由公司中层以上管理人员担任包村责任人，深入平顺县贫困乡镇、村委以及包扶对象的家中和田间地头，进行调研对接、精准帮扶，制定了"一户一策，精准到户"帮扶措施。目前，已对平顺县12个乡镇、78个贫困村、6490户贫困户、16000多贫困人口进行了对接帮扶。

在企业发展的同时，振东始终都在做着政府和社会的这些"闲事"。

3. 没有逗号的"折腾"

在振东工作的和曾经工作过的人对振东都有一个共同的评价：爱折腾。

每季度一次的高管论坛，每月一次的经理论坛，两月一次的员工论坛、研究生论坛，不定期的专题论坛，坛主轮流担当，自行组织；每半年一次下级评议上级的民主评议，要求深挖痛批；每月一次的员工之间民主评议，要求互相"揭短"；每年四月的PK月，要求各部门自找对手，PK岗位技能、工作业绩；每月都有的轮讲轮训，轮讲轮评，需要在工作之余学习、备课、练习、思考；每天都要写的早计划、晚总结、工作日志；编发各种哲理故事、工作案例，及时跟进回复领导的案例感悟，写论文、写总结、写感想；各种各样的法定日，如每周一理日、每周一案日、每周一乐日、差距日、考试日等；还有不定时组织的诸如全员下岗、素质革命、篝火晚会、笑比赛等，不一而足……

（三）振东高管语录

——坚持比创新更好，决心比智慧重要。GMP认证，我们是为了规范而认证，不是为了认证而认证。

——中国有很多企业，员工没把企业当自家，老板没把员工当自己人。

——慈善是我放不下的，不做企业，也做慈善！2005年春节前，东和村450多个老人，打着彩旗，捧着手工做的花篮，来慰问我。我激动地告诉自己："我做得值！"

——李安平（振东集团总裁）

——事业靠的是人，不是靠一时一地的效益，效益可等待，人的成长不能等。

——逆向思维、反向培养、不惜代价做试验。干熟了调到新岗位，避免麻痹。

——管理不一定出效益，但一定出人才，带来痛苦的都是有利于员工个人的。

——董迷柱（振东集团执行总裁）

这些人，这些事，这些话，振东的土壤里长出来的"奇花异草"，旦夕之间的一条制度、一项政策、一份理念无法装点出来。没有根深蒂固的信念，没有掘地三尺的心力，培育不出这独特的花苑。

二、静水深流——文化浇灌人心

如果说，基础管理如疾风暴雨，形塑了振东员工规范的言

第二章 振兴东方的信念——振东文化

行；那么，文化则如静水深流，影响、渗透、引导着振东员工的思想和态度。在制度难以企及之处，人性败给惰性之时，文化的涓涓流水，日复一日地浇灌着人心，浇出了振东独有的颜色。古人云："没有规矩，不成方圆。"方来自制度之功，圆则需要文化之力。

组织文化领域权威学者埃德加·沙因将企业文化解构为表象、表达的价值和基本假设三个层次，认为一个企业的文化从根本上来说，是一种被组织成员视为理所当然的无意识的信念、理解、思维和感觉，是成员共同默认的某些假设，是一个企业的价值观和行为的终极根源。当这些隐性的假设被以语言文字解释出来，就成为文化的第二个层次——表达的价值，即我们通常可见的企业为自己总结的、设计的、标榜的使命、目标、价值观、经营理念等。当人们试图通过观察企业的一些有形的东西来感受和评析企业的文化时，那些外显的最易被观察的如组织结构、制度、流程、行为规范、视觉形象等就成为文化的第三个层次——表象。沙因指出，理论上，一个企业的文化是三个层次的统一，有什么样的假设，就会有什么样的解释或表述，也会表现出与之匹配的表象；反过来讲，通过观察一个企业的表象，可以对企业表达的价值有深刻理解，将二者结合起来，就有了对企业基本假设的判断和领悟。但沙因也强调，在现实当中，有相当多的企业表现出来的是三者的分离甚至矛盾。表达的价值与表象互不相干，甚至互相冲突，使得表象令人费解，默认的假设成为隐藏在表达的价值背后的潜规则。企业文化之所以能够起到如涓涓流水浇灌人心的润物细无声的作用，并通过组织成员人心的凝聚表现出企业独特的思维与行为，主要在于上述三个层次的统一以及企业文化本身的独特性。

从公司成立之日起不断培育、发展、优化、凝练而成的振东五大文化已渐成体系。阳光文化、诚信文化、亲和文化、简单文化、责任文化已构筑为一个人格化的空间模型：阳光为天，诚信为地，亲和为人，简单为路，责任为站。振东人上沐阳光正气，下以诚信为基，亲和相处、亲和待人，走简单之路，以责任为站，胸怀天下，走向远方。

（一）阳光为天

长时间不见阳光会发霉，甚至死亡，定期"暴晒"一下，把毒瘤蒸发掉，才能保持生命的健康。

——振东永丽

企业是由有着各种利益诉求的人结合而成的集体，集体所能释放出来的最大能量来自个体能量聚合而成的凝聚力，而最易销蚀凝聚力的就是个体对自我利益的无限追逐和保护。如果一个集体没有透明的满足员工利益诉求的机制，如果员工没有足够的对个人利益无限膨胀的他律和自律，那么，一个集体就会在利益的纠缠中失去凝聚力而成为一盘散沙。

被振东视为"天"的阳光文化即源于此。

1. 透明的激励机制

振东各级管理人员、科研技术人员和普通员工的薪酬福利和各种各样的津贴、奖金，都有明确的标准和规范，并对员工开放。日常工作中或针对员工工作结果、针对工作行为的奖惩，大多都有量化打分的方法和工具,尽可能去除主观因素,并对所有奖惩结果给予张榜公示。每一个员工的职业晋升通道,都以其工作能力、个人潜质和工作业绩为基准,不论资历、不论学历,只要是尽职尽责有潜力的员工,都有凭借个人努力由草根飞跃为精英的可能。技校毕业生马燕飞,由园林绿化工人成长为振东园林绿化公司高管;普通业务员宋艳杰成长为营销公司地区经理,本章开篇处提到的下岗工人雷振宏成长为振东子公司董事长。

透明的激励机制,为公司营造了公平竞争无暗箱的工作环境。

2. 制度化的事前控制机制

杜克大学心理和行为经济学教授丹艾瑞里在《不诚实的诚实真相》中这样描述:通常情况下,人们很容易被当下所引发的欲望、动机、习性等战胜,人类的行为常常受两种相反的动因影响,一方面,人天生有道德追求和道德约束,另一方面,人又总是有不择手段追求私利的冲动。当人们面临利益冲突时,环境合适,条件合适,几乎人人都会自欺欺人地犯罪。

对于这种人性顽疾,通过道德提醒、保证、签名、监督等措施都可以使之得到缓解或排除,但最好的办法是用制度形成事前约束的机制。

振东独创了阳光透明的防范机制,制定了《费用阳光审批条例》,将一切可能出现的机会主义倾向都置于阳光之下。例如,一位销售员要报销其本月的餐费和招待费,需在周例会结束前,通过多媒体讲解的形式对费用的名目和数额进行逐一解释说明,由振东阳光费用审批小组集体听取审核,确认之后签字认可,而不是直接交由财务或主管审批报销。在阳光透明的讲解和审核环境中，讲解者会觉得任何的投机取巧都直接关系到自身的声誉和威信，自然也就主动打消了自我的机会主义念头。腐败和投机在阳光环境下消于无形。

李安平说，"阳光费用制度"是振东独创的最优秀的管理制度。

由阳光费用制度推广而来的振东三级采购三段议价招标制，也是通过设立由公司高管、部门主管和专业技术人员组成的招标审批小组，在招标过程中进行三级成员三阶段议价谈判的制度设计，来防止采购招标中腐败和投机行为的范例。

防范胜于救灾，制度化的事前控制机制是对投机心理的提示和防范，相对于事后控制的惩戒机制，能使人在环境压力下自觉调整自己的行为，起到潜移默化的作用。

3. 突破人性弱点的自律机制

人都有天然的自我保护意识，在没有外界干扰的情况下，大多数人倾向于看到自己的长处、放大自己的闪光点并忽略自己的缺点；同时，人又都有追求进步、希望不断完善自己的愿望。现实当中，有些人具有较好的自律意识，能够有意识地客观认识自己，通过看别人对照自己、吸取别人的教训、向他人学习等方式修正、完善自己，但也有一些人甚至是大多数人却缺乏否定自己的主观意识，或者对自己的缺点即使有察觉也不愿主动承认，而且，即便是有些有自知之明的人，也往往在客观全面认识自我、评价自我当中在事实上隐蔽着自己所看不到的"阴面"。如何在一个人员构成参差不齐的组织中尽可能促进员工的进步、增加员工对自我差距的主观认识，尽可能通过自律不断进步？

振东借鉴毛泽东思想中批评与自我批评的思想和方法，建立了以"知无不言、言无不尽""言者无罪、闻者足戒""有则改之、无则加勉"为原则的下级评议上级制和员工之间的民主评议制。下级评议上级，每半年召开一次，会上首先由最高主管自批，之后由下级批，要求清晰具体地暴露问题，秉行三不原则：批评者不能拐弯抹角，更不能避重就轻，上级也不能因此在今后的工作中对下级打击报复。通过自批、他批、点评三步骤为管理人员客观认识自己，改进工作思路和方法，增进与下属之间的理解和信任搭建了桥梁。这种方式尽管在运行初期难以被大家理解和接受，李安平作为该制度的发起人，在最初实施时也对下级不留情面的批评既震惊也委屈乃至愤怒，难以释怀；有的高管竟因此在会上放声大哭；也有过高管拍案而起、愤而辞职。但坚持下来形成常规工作机制之后，每个人都在公开、平等的阳光环境下既接受别人的批评，也去批评他人，彼此之间的猜忌、抱怨、误会、嫌弃等种种情绪逐渐消散。以工作为中心，不再有那么多有关人与人之间的纠缠和负担；而且，有意识地对照别人的批评修正完善自己逐渐成了习惯。

目前，阳光文化在振东已被推广至方方面面：企务阳光、沟通阳光、服务阳光、合作阳光……阳光文化的内涵也得到了不断地丰富与扩展。

一个阳光照射通透明亮的环境，才是育人、用人的健康之地，以阳光文化为天，才有了振东人光明磊落的事业之路，一心一意走在事业路途上的振东人渐渐将自我利益放在了阳光下，放在了自律与他律的笼子里。

（二）诚信为地

为什么是诚信为地？李安平的逻辑很简单，也很朴素，商业就是赚钱的买卖，但一定不能为了钱丢了良心，把良心放在最前面去做商业，这是个底线。

1. 良心为大，不贪不欺

在加油站一年利润只有四五万元时，因为员工工作中的疏漏误将柴油当作汽油加给了顾客，振东主动沿路张贴告示为顾客换油并赔偿维修费和车辆损失费，花费14万元；对那些没有联系上的司机心怀歉疚。

振东的一个经销商老罗为人老实厚道不计较，一个入职不久的年轻出纳欺负老罗老实，故意在开票时给老罗开高价，还认为是为公司赚了钱。李安平知道后，疾言厉色地批评了出纳，让其为老罗退了钱。

此类案例，不胜枚举，本书的其他篇目也有涉及，这里不再赘述。

2. 诚信为要，锻造精品

在振东，有一句大家耳熟能详的口号——锻造精品振东，重振晋商雄风。李安平认为，"晋商"是一个拥有几百年历史的文化品牌，晋商的本质是文化。认为明清晋商是靠着聪明才智和诚信品格经营出来的品牌，我们今天的晋商扬名在外却靠的是资源。所以，从未也从不愿涉足煤炭行业的振东，始终将诚信作为传承晋商精神、重振晋商雄风的企业品牌。

民营企业一般来说本小利薄，在其创业之初就会形成成本第一、精打细算的管理理念，但"精品振东"却坚持质量第一、成本第二。认为企业无论大小，质量是其未来发展的根本，失去了质量的屏障，成本优势不值一提。明清晋商之所以称雄商界五百年，诚信经营、质量为本是关键。只有内诚于心，方能外信于人。在谈到2013年年初发生在山西长治某公司的苯胺泄漏事件时，李安平自信地说："在振东，这样的事件是绝对不可能发生的。"

诚信本质上来说是一种为人处世的品格，李安平说："各种社会关系的建立和持久靠的是人品，不是靠什么聪明才智。"

与顾客、与合作者、与各种社会人群交往，良心第一，诚信为地。

（三）亲和为人

有人说过，企业是员工的家。也有人说，不能把企业当作家。企业是否会被员工当作家，不在于企业怎么说，而在于企业如何做。人心都是柔软的，人都有感性的一面，企业是一个群体，是一个放大了的家庭，这个家庭需要所有成员团结一心，向着一个共同的目标努力。在家庭中每个成员在为目标努力的同时，也都在为自己的价值寻求回报，有家长的体恤，有兄弟姐妹的关爱，才会使家庭成员有如归的感觉，家庭才会和谐、才能进步。

1. 兄弟姐妹不生分

一个企业，因为其成长历史的不同，有的是来自天南海北的陌生人到了一个共同的环境，有的是从小厮混在一起的伙伴共同创办了企业。无论是哪种情形，随着企业走向正规化，因为工作关系，大家之间会逐渐形成上、下级之间因等级隔阂而产生的距离感，即使是小时候的玩伴，随着年龄增长和工作内容、工作层次的不同，也会产生如鲁迅与闰土之间那种不再是少年时亲密无间的关系，而代之以复杂难言有隔阂的上、下级关系。同事之间则是由工作职责和日常业务来往而产生的淡淡之交相安无事的关系，有时还会因竞争而产生各怀心事、互不认可等较深的芥蒂。然而，一个企业的发展，无论是上、下级关系还是同事之间的关系，合作永远大于竞争。李安平深知，等级森严、冷漠无人情味的企业终究无法走向长远，尽可能地消除人际隔膜，让企业成为一个家，才是做企业的正道。

【链接】振东企管部李耀光的描述

初到振东，当我还为一个领导的称谓（部长或经理）而纠结时，一个同事提醒我：在振东称呼兄弟姐妹就行，亲切、不生分。一段时间后，真的感觉没有阶级，没有差别，有了亲如一家的体验。振东人永远是笑脸相迎，在亲切的称呼中、轻松的沟通中，完成了工作的对接、思想的碰撞……

在振东，互相之间的文字交流都称"振东某某"，没有什么职位称呼，都称某哥、某弟、某姐、某妹。简单的称呼，拉近了距离，融合了感情。

当然，称谓只是口头上的，兄弟姐妹是否情深更需表现在行为上。上下级之间、员工彼此之间不能因为工作关系淡漠了情感，企业是个家，有温情、有亲情、有纯情才是正常的。

第二章 振兴东方的信念——振东文化

【案例】兄弟姐妹不生分

在主营业务还是加油站时期,一次李安平带着水果到油站慰问员工,大家看到老板,谁也不敢吃桌上的水果。为了让大家放松,李安平说:"咱们比赛唱歌吧,每人唱一首,我先唱。"但他唱完了,仍然无人敢开口。李安平就说:"那我给大家学个狗叫吧,你们听听像不像。"一遍遍连续地学狗叫,边学边问像不像,终于把大家逗乐了。在李安平的带动下,学狗叫的、学猫叫的、唱歌的,气氛终于热闹起来了。李安平说:"咱们出来工作都不容易,加油站就是你们的家,我就是你们的大哥哥,我也是穷人家孩子出身,我们就是兄弟姐妹一家人啊。有困难了,咱们一起想办法,大哥能帮的一定帮你们。"

一位加油站女工因哥哥结婚的彩礼钱不够而犯难,李安平当即派人送去一万元。重庆学术区员工因为9岁的女儿不幸身患白血病而伤心绝望,李安平率先捐款五万元。有人说:"这个员工因为孩子得了这个病恐怕以后也无法正常工作了,给她捐这么多款值不值啊?"李安平说:"如果她是你的亲妹妹,你会这么想吗?她是我振东兄弟姐妹的一员!"振东的兄弟姐妹们不但通过公司捐款22.5万元,通过个人渠道直接捐款的也不计其数。

您听说过"笑比赛"吗?振东有一年举办了全员参加的"笑比赛"。什么是"嘲笑"?什么是"狞笑"?什么是"讥笑"?什么是"偷笑"?什么是"冷笑"?什么是"仰天大笑"?什么是"皮笑肉不笑"?不管您能否区分出这些"笑",大家比赛中挤眉弄眼的各种笑,保证能让您跟着他们一起"开怀大笑"。

去掉职位,去掉身份,有情有义,普普通通,疯疯癫癫,振东人就在这样的气氛中亲和起来。

2. 尊亲尽孝"敬孝金"

员工是企业这个家庭的成员,他们有什么困难,有什么烦恼,企业能够为他们分担的,尽量帮他们分担。随着公司规模越来越大,市场也越来越广,从事销售工作的员工常年奔波在外,无暇顾及他们身在家乡的亲人。2007年6月11日,公司做出决定:每年拿出200万元设立"敬孝金",为奔波于全国市场的振东兄弟姐妹尽孝。2012年1月起,公司又决定,扩大"敬孝金"的发放范围,凡与父母不在同一地市生活的振东兄弟姐妹都能享受每月150元的"敬孝金",公司每月都会按时将"敬孝金"发放到每位兄弟姐妹的父母手中。2016年,振东每月平均有1252名员工的父母享受到"敬孝金"。

几年来,"敬孝金"作为公司的一项法定制度,为广大兄弟姐妹及其父母亲送去关爱,温暖着每个人的心。

【链接】张大爷的心声

58岁的张大爷是平顺县虹梯关乡一位朴实的农民,他的大儿子2008年加入振东后,一直在公司四川地区从事营销工作。从2008年2月到现在,张大爷每个月都会收到振东发放的"敬孝金"。他满怀深情地讲述着第一次收到振东"敬孝金"时的情景。

"2008年1月30号,农历小年那天,我正在打扫院子,就看到一个邮递员来到我家门口,叫我的名字,说有我的汇款单。我开始还搞不清楚,谁会给我寄钱啊,儿子以前也给家里寄钱,可每次都提前打电话告诉我。我拿到汇款单后,就问邮递员谁寄来的。邮递员指着汇款单上的字,说是振东公司寄来的钱,叫什么

'敬孝金'。我就更糊涂了，不是儿子寄来的，振东公司为啥给咱钱？下午我就拿着汇款单给儿子打了个电话，儿子才告诉我，原来这是振东公司专门为在振东工作的儿女发放的孝敬父母的钱，所以叫'敬孝金'。当时，心里真的很温暖，很感动，人家这么大的公司，除了给员工发工资，还给我们这些父母发钱，真是头一次听说，人家想得真是周到。后来，我每个月都会收到这么一份钱，有时候邻居看到了，都很羡慕，都夸我儿子进了一个好企业。我心里也美滋滋的，为儿子（能在振东工作）感到自豪。每次和儿子打电话，都是让他好好干，振东对咱有情，咱就应该给人家干好工作，报答振东公司领导对我们做父母的这份细心和责任。"

振东的兄弟姐妹们在"企业对我们的父母尽孝，我们如何对企业尽心、尽力、尽责"的大讨论中，由衷地表示，一定要尽忠、尽责，用一颗感恩的心回报振东，以优异的业绩回报公司。

3. 缓解急难"互助金"

振东作为制药企业，如何帮助本企业员工分担医疗急难，除了对患大病的员工及其亲属进行临时捐助外，期望有一个长期性的保障机制。2015年年初，振东设立了"员工医疗互助基金"，并制定了《振东集团医疗互助基金管理办法（试行）》。凡入职半年以上的集团正式员工，如本人因大病治疗年度累计个人自付医疗费超过5000元者均可申请。根据基金积累情况，互助委员会也正在研究考虑扩大救助范围至直系亲属。2015年，基金共资助员工4人，支出8.1万元；2016年共资助员工10人，支出17.2万元。

4. 特殊人群细呵护

每个季度，振东工会都会对困难职工或家庭进行调查摸底，每逢重大节日和公司的"冬助日"①，会对孕妇、哺乳期员工等特殊人群和特殊困难员工进行慰问。每年年底，会为员工的父母发放保暖衣裤、保健品等。对因大病、灾害等造成家庭困难的职工及时给予救助，对困难职工子女上学给予援助。公司规定，只要是公司员工的子女考上大学，不分贫富，一律奖励3000元，对家庭困难职工的子女，公司会一直资助至完成学业。每年春节前，工会主席、副主席、工会办主任都会亲赴困难职工家庭进行慰问。

每逢妇女节、母亲节、中秋节等重要节假日，李安平都会提前亲自编发祝福短信发送给所有员工。员工婚嫁和生日时都会收到公司的祝福短信和礼物，以及领导的诚挚问候。员工的亲人出丧，公司都会安排专人慰问。

2011年，李安平被中华全国工商业联合会、中华全国总工会授予"全国关爱员工优秀民营企业家"称号。

5. 业余生活多滋味

为调剂员工紧张的工作，追求工作生活平衡，振东丰富多彩的业余文化娱乐活动数不胜数。振东每年都会按法定日形式组织的规模盛大的"阳光振东迎新春联欢会"、元宵节"激情振东焰火篝火晚会"，早已成为长治县乃至周边地区老百姓年年期待的

---

① 振东法定日之一，每年冬至这一天，公司为本地孤儿、残疾人、孤寡老人和特困家庭等弱势人群送温暖、献爱心，为他们发放救助金并派专人挨家挨户送去大米、白面、食用油、衣物、现金等过冬所需物品。

两场"大戏",还有诸如三八特色活动、五一趣味赛、十一双庆活动、中秋篝火晚会等各种各样的文体娱乐活动,调剂出员工有滋有味的业余生活。

6. 亲和为人播扬爱

每年8月份的第四个周日是振东的"扶贫济困日",资助那些因家庭困难而上不起学的大、中、小学生,让他们顺利入学。每年冬至是振东的"冬助日",为困难群众送去关怀。每年腊月二十三是振东的"敬老日",为家乡老人带去敬意和祝福。如何将这些行为化为员工对企业、对社会的亲和之心,振东有意识地将这些活动与对员工的伦理教育联系起来,每一次的帮扶活动,都是一次感人至深的情境教育,一年一度各种各样的帮扶行为,影响、熏陶和教育着员工,尤其是那些新入职的年轻人,爱的温情,感染着员工、激励着员工,亲和为人。

(四)简单为路

人之所以复杂,是因为想得太多,顾虑重重、瞻前顾后、患得患失,还没有开始做事,就把自己捆绑了起来。要把事情办好,首先得敞开心扉,解除捆绑,简单为路。

【案例】李安平的简单观

某年,一位领导来振东调研,振东的事业亟须领导的支持,李安平趁着介绍企业的机会,一讲就是一两个小时,在振东当时简陋的接待室里,这位领导硬是坐在小板凳上听完了李安平激情四射的演讲。会不会因为自己的莽撞被领导认为不恭敬?会不会因为讲得太多让领导厌烦?会不会因为准备不够充分有讲错的或者领导不喜欢听的地方？李安平说："想说的抓住机会就说，不想那么多。"

振东刚刚起步时，石油市场前景广阔，如何迅速占领市场？加油站选在哪里？李安平说："大车放空挡的地方，高速路拐弯的地方，就是这儿了！"

2003年非典时期，人们都躲着医院，各药企的销售员也不敢涉足医院。李安平说："这就是机会，很简单。"名不见经传的振东，凭着李安平和销售员的"胆大心细"（敢进医院谓之"胆大"，用本行专业知识做好防护是谓"心细"）一举使"岩舒"成为治疗非典的全国八种专业用药之一，并被列入国家863火炬计划，成为振东制药的拳头产品。李安平说："振东就要这样的作风，细、实、快，这就是简单。"

随着企业的发展，李安平的简单观已外化为振东人待人行事的原则，成为振东人不断完善自己的文化标杆。

1. 简则易达

◆ 决策及时

决策所谓的理性原则，往往追求对决策信息的充分掌握和分析，但现实中的决策却常常面临信息不全、时间紧迫的外在压力，所以，对管理者来说，最大的挑战并不是对已有信息分析不全，而是面对模糊环境在决策点上难下定论。

成功的管理者大多具有果断决策的魄力，他们并不一定追求决策的最优，却非常看重决策的时效。及时做出决策，可能并不一定需要多么缜密的思考、多么精确的判断、多么超人的智力，却需要在一瞬间使决策成理。

第二章 振兴东方的信念——振东文化

振东的观点是，决策没有理论上说得那么复杂，简单即是原则。

【案例】振东转产决策

2000年，由于中石油、中石化两大集团控制石油资源，振东公司进货渠道严重受损，发展形势极为困难，经公司董事会研究决定资产重组，把振东29座加油站和2座油库转让给了中石化。手里有了一定的资金，从股东、管理层到员工的心里有了各自的想法，不少股东有了船到码头车靠岸的感觉，分钱走人的思想在整个公司内部甚嚣尘上，而员工则面临下岗失业的危险。此时，作为公司的领头人，李安平忧心忡忡，现在分钱走人，振东千余名兄弟姐妹怎么办？如果不分钱，投资陌生行业造成失误又怎么面对股东？李安平经过三次股东和高层会议后，终于认识到，其实是想法太多，思维太复杂了，当初涉足石油行业的时候也是一窍不通，经过短短的几年时间，获得了很大的收益，难道转投其他行业就不能成功吗？

2000年7月18日，在长治市国税大厦，李安平组织了二次创业全员誓师大会，他说，家乡的父老乡亲仍然生活在贫困当中，决不能让员工下岗失业，时不我待，我们要抛开矛盾，简单思维，抓住机遇，勇往直前，为振东二次创业奋力拼搏。

誓师大会结束后，李安平迅速成立了三个项目考察小组，分赴全国积极开发考察项目。2001年，李安平果断决策，一举收购濒临破产的金晶制药公司，并于2002年10月顺利通过了GMP认证。每每谈到当时的情景，许多元老们都激动地说，是简单思维让复杂的问题迎刃而解，幸亏李总思维超前，决断果断，否则就

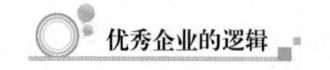

有可能延误战机，给振东的发展造成不可估量的损失。

◆ 目标专一

专注本职成专家，这是振东的箴言。一个人的想法多，却往往办法少。为什么分工理论奠定了经济学理论殿堂的基石，就是因为分工所带来的简单和专一。目标专一，才能思路清晰。将复杂的问题化解为简单专一的目标，才容易找到解决问题的线索和途径。

振东的思路是，尽可能为员工确定专一的工作目标，使之深入思考，成为本岗位的专家。振东的管理体系中，总监和经理层有很多是"80后"年轻人，他们不一定有多少工作经验，却个个专业，对自己负责的本职工作有思路、有见解，这与公司在简单文化下对他们的专一训练和要求密不可分。通过工作程序化和业务流程化，振东把每个岗位的工作职责和工作流程与其他岗位的衔接关系，都说清了、理顺了、指明了，谁干这个岗位都不会出现性质上的差错。而且当一个人接手了一个新岗位后，不会因为短期内对工作内容摸不清而造成损失，而是可以立即进入状态，在明确工作目标且能够保证工作中的关键环节不会出差错的前提下，可使员工有精力、有空间去思考工作中的深层次问题。简化了工作内容，促进了深度思考，专注本职成专家，简则易达。本章开篇处介绍的雷振宏频繁变动的职业历程以及集团执行总裁董迷柱有关振东用人"不惜代价做试验"的言论，都是以通过简化工作内容，使新人履职可以立即接手且不会出现大的纰漏作为支撑的，这样，"不惜代价做试验"才不是莽夫的无知自毙，而是底气十足的宣言。

第二章 振兴东方的信念——振东文化

◆ 沟通直接

直截了当的沟通是最简单的沟通方式。不是"有话则长，无话则短"，而是"有话则短，无话则不说"。两点之间直线最短。事情能否简单解决，关键不在于事情的难易，而在于解决问题的人是否能够用最简单的方法。管理工作的两大内容：一为决策，一为沟通。有效沟通的要求就是要尽量简化沟通内容，尽量缩短信息传递的链条。简明扼要的信息内容、层次分明的信息结构、直截了当的沟通方式，更容易提高沟通的效率。所以，按照上述原则，将复杂的沟通内容简化，是达成沟通目标的捷径。

振东的理念是，简单沟通，抓住要领；直接沟通，减少绕圈。振东的会议不多，却有每天一早一晚的班前班后会。班前会安排工作、提示汇报工作要点；班后会做差距总结。有言则发，无话则不说，每个人最多一两句话，说清为止，没有冗长的指示，没有为说而说的汇报，简简单单、清清楚楚、利利索索，简单的沟通，效率最高。

2. 简则易行

◆ 工作程序化

每天、每月、每年，自己的岗位工作有哪些例行事项，有哪些关键事项，有哪些重要的不可出任何纰漏的事项，一份岗位职责无法细化到如此程度。自己给自己写一份工作计划又是一件麻烦的事，而且受个人经验、能力和工作难易繁简的影响，自己做出来的工作计划难免因人而异，质量参差不齐，做不好还可能挂一漏万，以此指导工作导致重大失误，工作绩效难以保证；同时，自己做自己的工作计划，也容易流于形式，失去事前控制的机会。振东将每个岗位的工作在工作分析的基础上，将其主要程序节点列成清单，并依重要程度、难易程度和熟悉程度用三色标明，做成与员工岗位匹配的工作胸牌，工作中佩戴胸牌，就有了清单式的工作计划，颜色鲜明的工作提示，就是一份正式的工作指令，一项事前控制的措施，为员工有计划、不遗漏、高效完成任务提供了清晰明了的指导。程序化三色工作清单相对于大而化之的岗位职责要求，对员工的指导性更明确，更易于执行。

◆ 业务流程化

在做好自己本职工作的同时，如何保证与相关岗位工作的无缝对接？振东将公司的所有业务整理为简单的流程图，是谓"业务流程化"，员工只需要按照流程将与自己工作有关联的上、下游连接妥帖，岗位与岗位之间的工作衔接就完成了。简单的流程图相对于复杂的工作说明书，更易被员工接受，也不容易出错和遗漏，简便则易行。

3. 简则易记

◆ 制度表格化

当公司越来越大，对管理的要求越来越细时，规章制度就会越来越多，理论上来说，公司就会出现所谓的"文牍主义危机"，制度细致入微，文件满天乱飞，员工对这些多如牛毛的制度和规章难以驾驭，有法难效。

振东的制度表格化就是将管理制度用表格来落实，把冗长的制度文字精练到表格中去，只要在工作中按规定填写表格，就等于在按照制度要求规范自己的行为。制度变为表格，将记不住、看不过来的制度变得易记、易看。

第二章 振兴东方的信念——振东文化

◆ 活动法定化

管理人员的工作内容除了其职责范围内的例行事项之外，一般都会涉及一些事务性的或与岗位工作有关联的例外事项，要使这些活动事项既能够有序完成，又不耽误或干扰管理人员的例行工作，振东独创了活动法定化的管理方式，在业务工作之外将各种活动、事项以法定日、法定周、每周一理、每周一案等方式，有机地组织到企业的管理体系中来并使之与业务工作无交叉、无冲突，使所有这些看似繁杂的例外活动和事项犹如春种秋收一样成为"例行公事"，由自然而成习惯，省却了安排、协调、组织的成本和时间。每到一个法定时间，活动的组织者和参与者已提前做好准备，无须事先标注备忘录、无须当时发通知、无须考虑与其他工作的冲突，时间就是通知，所有例外活动的组织在无形中达到了与业务工作同步推行而秩序井然的效果。

古时官员判案有"刑名案件，有律按律，无律按例"的原则，振东的活动法定化，就是在制度之外，为各种活动设置了"例"，将纷繁复杂的活动简化为易记的时间。

◆ 规程三字经

为使各种规程落到实处，真正指导员工的工作，振东专门组织员工编写了朗朗上口、字句整齐的"规程三字经"，将复杂的专业工作以轻松易记的三字一句的形式变成了工作口诀，简则易记。

李安平说振东文化的核心是简单，最难实现的还是简单。简单是一种能力，是一种修炼，更是一种境界。走简单之路，振东人就是在这样的修炼中渐入佳境的。

（五）责任为站

无论是企业，还是企业中的个人，都为着各自的目标努力向前，终点可能遥不可及，但一步步向前，每一个让人驻足给养的驿站都如航程中的灯塔，为你导航，给你能量，让终点不再遥远。

承担社会角色的每个人都有自己心中的理想，有的人志存高远，有的人务实随性，但在实现理想、走向目标的路途中，人与人之间最大的差距可能来自坚持与专注的程度，有的人始终如一地执着，有的人时有时无地热情，有的人有始无终地懒散，是什么导致了如此显著的差距？激励理论认为，内在需要是引发行为的根本原因，来自自我内心的兴趣、责任感和成就需求是能动性的最大驱动力。李安平创办企业来自"振东——振兴东和（李安平的家乡名为东和村），振兴东方"的内在责任感，不是为了满足外在的物质需求，因此，成立至今，振东一直是一个热情如火的企业，在不同时期，以始终如一的责任感和不同的责任目标，指引和驱策着企业走向未来。社会学理论认为，人的行为由其嵌入其中的社会环境建构而来。有这样的企业环境，便会孕育和培养出这样的员工，振东员工的责任心也在企业的责任感召和责任教育下，形成了与企业责任相对应的员工责任层次，如图2-1所示。以责任指引企业，用责任培育员工，振东和振东人走在责任为站的事业路途上。

第二章 振兴东方的信念——振东文化

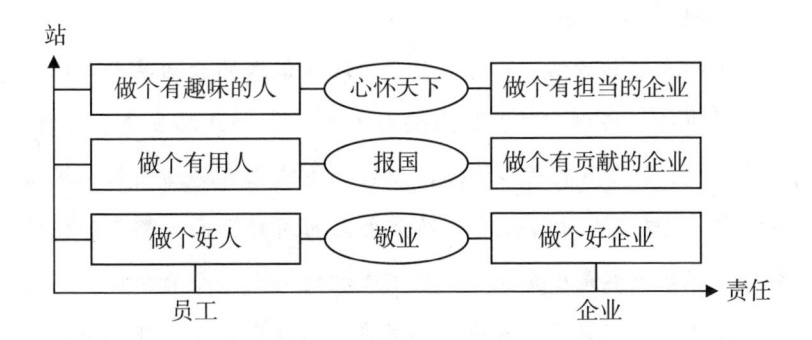

```
站
↑
┌─────────────┐    ╭──────╮    ┌──────────────┐
│ 做个有趣味的人 │──│心怀天下│──│ 做个有担当的企业 │
└─────────────┘    ╰──────╯    └──────────────┘
┌─────────────┐    ╭──────╮    ┌──────────────┐
│  做个有用人   │──│ 报国 │──│ 做个有贡献的企业 │
└─────────────┘    ╰──────╯    └──────────────┘
┌─────────────┐    ╭──────╮    ┌──────────────┐
│   做个好人    │──│ 敬业 │──│   做个好企业    │
└─────────────┘    ╰──────╯    └──────────────┘
      员工                          企业          → 责任
```

图 2-1 振东文化"责任为站"示意

1. 以责任指引企业

◆ 做个好企业

办一家企业,首要的责任就是办好企业。如何办好企业?有的企业刚成立时因为看中了市场迅速获利,但三年五载之后,市场风向一变,企业就销声匿迹了;有的企业在小企业阶段人少事简,定几条制度把事情理顺就认为管理成功了,逐渐做大之后,就千头万绪找不着北了;有的则是安于做一个赚钱的小企业,平时拉拉关系跑跑市场,把产品卖掉就行,但游戏规则一变,拉好的关系塌了,投机来的市场没了,就开始到处痛斥环境黑暗,世态炎凉……

振东把做个好企业当作责任。责任在肩,就有压力;有压力,就得有干劲;不靠天、不图快、更不相信靠不住的关系,要干就凭真本事,埋下头、洒下汗、动脑子、想办法、没有机会创造机会、百折不回自强不息。振东集团执行总裁董迷柱说:振东的企业精神就是创业时期就已形成的"争、拼、闯"精神,这种精神来自办好企业的责任感。

优秀企业的逻辑

【案例】争、拼、闯二三事

刚刚开起加油站，民营小企业，地处偏远的长治县，如何迅速打开市场，占领市场？振东要与大型国有加油站去争、去拼。李安平说："买不起新加油站，但我们要给已有加油站装上汉白玉栏杆。"这在当时的长治县乃至全国的同行里面，都是奢侈的装修。振东虽然是小企业，但我们要把它办成一个好企业，不能粗制滥造，不能只为养家糊口；振东虽然现在是小企业，但要让它成为大企业！

1998年金融危机时期，国有石油公司都面临市场萧条的危机，某国有石化公司要求企业中层去卖油，但国有企业过惯了轻松日子，谁也不愿干这种苦差事。振东不怕困难，派人去接管了该石化公司的卖油业务，借着这个机会在当地打开了知名度。危机过后，所有公司都开始正常卖油了，但振东的知名度已牢牢吸引住顾客，当年多赚了200多万元。

为使刚刚转轨制药的振东尽快走上正轨，振东制药一期工程冬季反季节施工，难度大、困难多，且多数人都是门外汉，但就是凭着一股"争、拼、闯"的干劲，流血流汗，创造了当年施工，当年完成GMP认证的传奇。

在进入加油站这个行业开始做企业之前，李安平做过乡镇企业的厂长，但厂长的经历带给他的经验到了这个陌生的行业后几乎归了零，创业的激情和对未来的无限向往很快被民营小加油站无人问津的现实取代，从零开始，做个好企业，首先要让它能赚钱。李安平和他的伙伴们夙兴夜寐，琢磨着怎么能吸引人。字斟句酌仔细排版印刷，做好了一份非常满意的宣传单，一有司机过来，立即双手奉上，但司机看都不看一眼直接就丢弃了，怎么办？在宣传单的背面印上个佛像，司机一来就送佛像。在中国民间，讲究佛像不能随意乱放，而且还要恭恭敬敬请进来，不能随随便便拿回来。既然被"请"来了，怎敢能随便丢弃啊？"请"来了佛，没事时总会看看上面的字，时间长了，司机们记住了这个送佛像的振东。从长治本地招来的加油站服务员习惯了用长治方言跟客人交流，外地人经常听不懂，没法交流如何留住顾客？更重要的是方言传递出的乡土味总会让人嫌弃，企业形象怎么会好？又如何去做大企业？在20世纪90年代初的长治县，振东聘请专业人员教服务员说普通话练言行举止，小小的地方加油站很快有了一支用语规范举止文明的服务队伍，振东加油站为司机们留下了好印象。渐渐地，来加油的司机越来越多了，好不容易有了越来越多的顾客，但一排队一些司机等不及就走了，怎么能加快加油速度？振东想出了给服务员脚下安装"风火轮"的办法，振东成立了"女子轮滑服务组"，翩翩美女踩着"风火轮"穿梭在司机们眼前，长途行驶的枯燥乏味似乎因为在这里加油有了些许生趣，而且因为服务员跑得快，加油也不用排长队了。诸如此类的办法都为初创期的企业打开销路带来了奇效，这些看起来有趣的办法，都是振东的创业者们冥思苦想的结果。当然，这些办法只是一些促销的招数，真正让振东在创业之后走上正轨、逐步正规化，成为一个优秀企业的，是在各种成功和困难中始终没有懈怠、没有沉没，而是通过不懈进取、不屈不挠、苛求自我的精神实现管理上的突破和提升。

发展两年、停顿一年的"进二停一"发展模式，让公司在发展中既有争分夺秒，也有静思反省，每隔两年停下来把积累的问题细细琢磨，从根本上解决。被很多初来乍到者咋舌吐槽的"民主评议制""轮讲轮训/轮评制""三三模式""每周一理""全员下岗""素质革命"等一个又一个的"不务正业"，让地处长治县没有"引凤"优势的公司始终没有人才接续的问题。谁不想安安静静坐享其成？谁不想慈眉善目普度众生？谁不想闲情逸致春花秋月？但责任在肩，唯有横刀立马、呕心沥血、见贤思齐、将勤补拙。

◆ 做个有贡献的企业

如果说做个好企业的标准是能赚钱，那么对于振东来说，这只是责任的第一站，第二站是在赚钱的同时，能够对家乡、对社会、对国家有贡献。李安平说："振东发展不好，我的责任；长治发展不好，我有责任；山西发展不好，我有负罪感。"振东从成立的当年开始就为家乡的老年人送米送面从未间断，成立的第二年为家乡修了路，第三年为家乡建了学校，成立至今扶贫济困不计其数。

【案例】振东人的家乡情

2007年5月，李安平携一众兄弟姐妹赴杭州开会，大家与杭州人共唱《杭州市歌》，触景生情，情难自禁，长治——我们的家乡，上党盆地尽朝晖，古今兴旺好地方。遂欣然而作《长治市歌》。

由李安平倡议、由振东牵头成立的晋药产业技术创新战略联盟，旨在通过山西制药企业与科研院所的联合，集聚整合创新资源，促进山西药企整体创新水平的提升。尽管振东与参加联盟的

第二章　振兴东方的信念——振东文化

药企一样，都有基于联盟资源共享、智慧集聚有利于本企业创新发展的考虑。"但在联盟会议上，李总关注最多的并不是振东能获得多少，而是山西药企整体的发展，与参与会议的大多数药企只从自己企业利益出发的联盟思路不同。"一起参与会议的振东集团财务总监李仁虎说。

在中国体制转轨和经济转型发展过程中，企业对政府在管理和服务方面一直有诸多的不满意，对于很多民企来说，与政府的关系走向两个极端：有的是热衷于与政府"深度"交往，信奉背靠大树好乘凉；有的则是对政府敬而远之，对政府向企业征收或摊派的各种税费埋怨排斥。振东对此却有自己的观点，企业正常经营，没必要与政府刻意"相好"，需要政府支持的时候，要靠自己的实力说服政府；但给政府交税那是为国家作贡献，办企业就要为国家作贡献，那是企业的责任。所以振东成立二十多年，只有多交税、早交税，从未有过拖欠，更不会逃税。本章开篇处讲到的振东奇人、集团财务总监李仁虎，虽有税务筹划的专业才能，却从未"筹划"过，正是来自振东的这份责任感。

【案例】振东的爱国情结

1993年振东成立，在当时地面还没选好的情况下，就要在10月1日国庆节这一天开业，李安平的愿望就是与国同庆，办这个企业为国家作贡献。

振东集团办公大楼最显眼的位置常年挂着五星红旗，振东员工的工作装是接近中山装的"中华立领"……

◆ 做个有担当的企业

社会文明的进程既需要有人安于本业、勤恳耕耘、丰衣足

87

食,也需要有人福国利民、引领潮流、开疆拓土。乔布斯说,活着就是为了改变世界。做个有担当的企业,是振东责任的第三个层次。振东发展二十多年,虽然还未能成为行业领先者,但李安平总是自信地说:"振东一定能成为最好的。"

(1) 福国利民的担当

图 2-2 振东集团办公楼内景

图 2-3 振东员工冬装制服

在中国经济持续发展的同时,仍有一些地区处在贫困当中,"产业扶贫"是振东的战略项目之一。从 2003 年成立道地药材公司到 2013 年启动在国家级贫困县平顺县投资"50 万亩中药材产业化基地",到目前,平顺 10 万亩连翘野生抚育及产地加工一体化基地建设项目已开始建设,已发展党参、柴胡、黄芩、酸枣、山桃等种植 8 万亩,野生抚育连翘、山桃等 42 万亩,并建成了 6 万平方米的仓储、加工车间。同时,振东先后在浑源、武乡、沁县等地也建立了现代化的中药材种植基地。目前,振东中药材种植已拓展到 37 个县的 379 个乡村。同时,中药材种植向省外扩展到了新疆、贵州、山东、江西等地,惠及 10 多万农户,为当地农户脱贫和经济发展注入了动力。李安平说:"投资种植中药材,来源于从源头上控制药品质量的考虑,时至今日,投出去的资金能否赚回来?什么时候能赚回来?在我看到农户因为种植中药材逐渐过上了好生活之时,我已经不再想那么多了……"

家乡一位老乡因为种植的土豆无法运出去销售,经人介绍,无奈求助李安平。李安平在帮忙运出之后,知道这不是这个老乡一家人的问题,家乡几乎家家户户都种经济作物,卖不掉,终究是广种薄收。他便在公司董事会上讨论此事,决策投资200万元在长治市建了农贸市场和恒温库,当地农作物因此有了一个正规的交易市场,随着影响力越来越大,也吸引来周边的农户和商户及一些外地客商前来买卖,农户们因此有了致富的途径,也带动了当地的经济发展。

振东年投入800多万元的商学院员工培训模式,在为企业培养人才的同时,也有很多人离开振东去其他单位发展。李安平对此的评价为:"他们离开振东去其他单位,也是在为社会作贡献,振东的投入一样值得!"

(2)引领潮流的担当

2012年,振东牵头成立山西晋药产业技术创新战略联盟,以国家中医科学院为首,将山西省医药企业、高等院校、研究单位整合起来,建立了行业技术共享研发平台。

2013年,振东与云南白药、宛西制药、步长制药、天士力制药等全国知名药企联合发起成立了全国中药材基地共建共享联盟。

2014年,振东联合山西中医学院、石家庄以岭药业等21家相关单位牵头成立了环太行山连翘产业协同创新联盟。

2015年，振东与山西省中医学院、山西农业大学、山西省中医药研究院、山西省农业厅果业站联合发起成立山西省中药材行业协会；充分发挥平台功能，统一规划产业发展，提升药材产品质量，建立价格保障机制，全面整合优势资源，深入促进交流合作，主导引领行业发展。

2016年，北京长治企业商会成立，李安平当选为首任会长，为京晋两地企业之间的合作发展和互通有无提供了新的服务平台。

（3）开疆拓土的担当

振东的主导产品是中药制剂，而中药与西药相比，因施治机制不同在国际上始终得不到认同，振东致力于中药国际化的决心矢志不渝。李安平说："振东之所以要以中药冲击国际市场，主要有两方面的原因。一方面，很多西方的医生已经开始研究我国传统医学，国际市场的需求代表了中医药的市场需求。另一方面，中医药走向国际，也是每一个中医药人的责任，把先人留给我们的瑰宝，让更多人了解，惠泽全人类，这是中国人的责任。"

2008年，振东与美国国家癌症研究中心合作，开展中医药治疗肿瘤的科研。

2012年，振东与澳大利亚阿德莱德大学合作成立振东"中—澳分子中医药学研究中心"。

2015年，振东成功和中医科学院联合组织了国际中医药治疗肿瘤联合研究联盟大会。

2016年11月，由振东制药主办的"中医药国际化合作论坛"

第二章 振兴东方的信念——振东文化

在北京召开,探讨中医药走向世界的策略和路径。目前,振东已陆续启动了"岩舒""比卡""培美""逍遥丸"等12个品种的美国、欧盟认证和国际注册。

2. 用责任培育员工

初到振东,就对振东员工对工作认真负责不推诿的职场精神印象深刻。振东员工大多数都是30岁左右的年轻人,有些是刚入职场不久,但他们表现出的对待工作的热情、成熟、稳重,与很多企业里的年轻员工对工作虚与委蛇、以把工作干完而不是干好为目标的工作状态很不同,尤其是当一些工作还不是其日常工作的常规内容时,振东员工认真负责的工作习惯,令人对企业刮目相看。

一个家庭,父母辛勤持家、乐善好施、舍己为人,孩子往往也会刻苦勤学、尊老爱幼、有情有义;一个企业,领导克己奉公、古道热肠、胸怀远大,员工一般也能恪尽职守、助人为乐、不贪小利。当然,家庭中的上行下效更多地来自榜样的力量,而在企业当中,除了榜样的感染力之外,更重要的是机制的引导、制度的约束和持续的思想教育。振东员工认真负责的工作习惯即源于此,是企业以责任为明灯的文化对员工影响培育的结果;企业以责任为站的文化,对应着员工以责任为站的知行。

◆ 做个好人

干好本职工作是成为合格振东人的首要责任,这就是好人的标准。如何做好本职工作?振东有一系列的员工指引和行为规范。每个岗位有三色工作清单指引清楚,只要按照上面的去做,谁都不会出大的差错。想要在此基础上有所提升,早计划、晚总结、工作日志每日必写,哪里有收获,哪里有疏漏,哪里有反省,帮你自查自纠。不愿意在工作之外再写这些?直接领导每日都查,不写一次都有对应的惩罚措施。想挑战自己?公司为你配有导师,有问题随时帮你排忧解难。想混日子?差距量化制度,让监督和控制如影随形。想只出勤不出力消极懈怠?晋升、加薪、处罚、降级乃至解职随时随地发生在你身边,不进则退,没什么多余的空间……

【链接】振东高管感悟

早计划、晚总结,我刚开始时经常觉得没时间没必要写,但院长逐字给你看,写了一年后,觉得自己有了很大提高。现在一天没写,就觉得工作没干完。

——振东制药运营总裁马士锋

【案例】100把铁壶引发的争议

某一年的年会,公司某采购专员采购了100把铁壶,按照正常程序询价比价购入使用,一切妥当。后来某天,有好事者发现市场上同类同等级铁壶价格明显低于采购价,公司遂开会讨论如何问责采购专员,很多人认为市场上日用消费品一天一个价,且不同品牌不同的营销策略,价格也实难比较,主张不必问责。但最后形成的会议结论为:虽然可能有多种原因,不一定是采购专员的主观故意,但价格确实高于市场价,至少可认为是采购专员不够负责,决定给予其降级处理。

机制的引导、制度的约束,振东人的恪守职责就在这样的熔炉里锤炼出来。

可是,人有随机应变的智慧,再设计巧妙的机制,再执行严厉的制度,都无法覆盖人的所有行为,投机取巧、跑冒滴漏、欺

第二章 振兴东方的信念——振东文化

上瞒下、偷懒耍滑在任何环境里都不可能靠机制和制度完全消除。机制和制度只能诱导和约束人的行为，却无法从根本上改变人的思想。因此，让员工在机制引导和制度约束下不能不负责不敢不负责只是员工责任的第一站，要使员工成为主动负责的人，教育、帮助和感召才是最重要的，这就是员工责任的第二站——做个有用人。

◆ 做个有用人

一个人，只有首先能养家才能生存。谋得一份工作，就为养家提供了条件，但要真正对家负责，最关键的是要能基于这份工作为企业作贡献、为国家作贡献、为社会作贡献，做个有用人。

振东的新员工入职，岗前培训的内容里都有关于企业自强不息成长发展的历程与扶危济困做慈善公益的部分，让他们一进入振东，就受到这些熏陶和感染。入职前三年，一年一度的扶贫济困日活动必须参加，公司组织的下乡扶贫、调查、看望弱势人群的活动新员工也要参加。境由心造，受到视觉冲击和心灵震撼的年轻人，会因此珍惜工作，感念机会，发自内心地以助人为乐。正如李安平所说："那些尽己所能回馈社会、帮助别人的人，能加倍体会到人生的幸福感和成就感。"

【链接】振东员工感悟

2017年8月2日到3日，我随集团工会人员对今年即将升入大学的贫困毕业生进行实况调查。这是令我终生难忘的日子，因为两天时间我真正看到了社会的另一个角落，真正读懂了这个词语——贫穷，同时感受到了振东的伟大，我来到振东已经6年多了，每年的"扶贫济困日"我都经历一次心灵洗礼。

优秀企业的逻辑

……

走访了 26 户，符合我们资助标准的有 13 户，每家的情况不一样，有的是失去了父亲，有的是父母重病，还有的是家里两个大学生。每一次的调查和资助都让我感悟至深：作为一名振东人，我一定要爱岗敬业，做好本职工作，尽自己最大的能力为公司创造更多的效益，帮助更多的人。

——振东商业常亮

2017 年 7 月 30 日到 31 日，我代表公司参加集团的下乡活动，两天的走访贫困大学生让我看到了太多社会上的弱者，家庭的贫困并没有打倒寒窗学子对梦想的追求。救助对象中最高分以 577 分被中国电子科技大学录取，但恰恰他的家庭却是最贫困的，高考结束就外出打工，家里院内一片杂草丛生，父亲早年因病去世，母亲患精神病，没有任何经济来源。两天的经历深深触动了我的内心，对我来说，不仅仅是收获了赠人玫瑰、手留余香的快乐，更是对我心灵的一次洗礼。作为一名振东人，我们一定要热爱振东，热爱岗位，立足本职多奉献，尽自己的能力不断把公司做大做强，为企业创造更多的效益，用更多的实际行动帮助那些需要帮助的人，向社会播撒更多爱的阳光！

——长治振东刘冠

对可能成为有用之才的员工，公司会全力鼓励和帮助其突破自己，挑战自己，委以重任。李安平给员工的寄语里说："不是因为会了才去做，而是因为做了才能会。"本章开篇处提到的振东奇人雷振宏，最初并不是胸怀大志有理想的人，也不是能力超群有多大刷子的人，只有一腔爱学肯干的主动态度，鼓励、帮助

第二章 振兴东方的信念——振东文化

加逼迫,才有了今天自信满满、干练精明、出将入相的雷总。培根有一句话:"深窥自己的心,而后发觉一切的奇迹在你自己。"但如果没有这样的环境,奇迹的发生是不是会等得久一些?

当然,并不是所有可能的有用之才都会百发百中地被造就出来,可能误将顽石当作了璞玉,可能辛勤培育的汗水付之东流,但用振东执行总裁董迷柱的话来说,振东是"逆向思维、反向培养、不惜代价做试验"。越是自己认为不会做的、不擅长的,越要让你挑战自我,当你干熟了、练会了,快要麻痹的时候,新的挑战让你无暇打盹。百分之百地开发人的潜能,造就有用人。

然而,每个人都会有或多或少的惰性,谁都希望干好工作,成就自己,服务社会,但当真正处在职场当中,意志常被懒虫战胜,努力总会被各种借口拖延。怎么能让人始终都处于负责尽责有用当中?轮讲轮训、轮讲轮评让每个人不学习难以自处,"三三模式"——走进去、走出去、走下去,三块时间每月各占三分之一——督促管理人员深钻业务、了解市场、体察下情;写不完的稿件,做不完的总结,编不完的案例,回复不完的哲理感想,一个接一个的论坛峰会,时不时地一场运动、一次革命,所有这些,折腾的是平常人,造就的是有用人。

【链接】振东高管感悟

在振东这么多年,会做了,会写了,会说了,自己能感受到了职业天花板时自己的突破,思维由发散到系统化了,由原来只会正向思维到了也会反向思维,由封闭思维到了开放式思维。

——振东商学院常务副院长李志华

安特被收购后,按照集团要求轮讲轮训,我自己先给大家讲

优秀企业的逻辑

《药典》,没想到,讲着讲着,我从一个只会卖药的变成了《药典》的专家,GMP认证时,我对《药典》比专家还熟悉。

——振东安特制药总经理胡利峰

振东培养有用人,不是只对企业有用,还要有大的责任感,国家有难时,要能为国分忧。李安平自豪地说:"汶川地震后,有个曾经在振东工作过的员工给我打电话,说想捐款,但不想捐给红十字会,想捐给振东。这就是我振东文化的作用!"

◆ 做个有趣味的人

到了振东,恪尽职守是员工责任的第一层次;不断提高业务能力服务企业贡献社会是员工责任的第二层次;要成为优秀的振东人,还要放眼天下,做个有趣味的人,这是员工责任的第三层次。

【链接】有趣味的振东人

有礼有节振东人。"进入洁净区,失去自由。"这是振东人的口头禅。开会前,一切需要的程序预先演练调试,可能发生的意外情况,做好预案;会议当中,仪容态度、会议秩序、例外事件的发生和处理,记载明确;会议结束,小凳子擦起来,椅子归位,垃圾收走;会议过后,失误、差错和意外,分析原因,明确责任,各就各位。

朴素谨慎振东人。振东所有高管人员的办公室,除了办公桌椅只有书籍文件,干净整洁,不事奢华、不慕富贵。刚刚收购了新企业,不允许任何人有以大吃小的优越感,为避免触碰到被收购企业员工的自尊心,一般会维持原有人事现状,让新公司中层以上人员来集团接受培训,而不会派员工去为他们培训。去新公司培训时,只能说合作,不能提"收购""兼并"。第一年,一个

第二章 振兴东方的信念——振东文化

月培训一次;第二年,两个月培训一次;第三年,三个月培训一次。

天天向上振东人。李志华,年纪不大,却已是公司的元老,二十多岁时从农技专业中专毕业来到振东,先从李安平的秘书做起,做的时间最长的职位是振东集团人力资源管理总监,目前是振东商学院常务副院长。走进她的办公室,满眼的考证用书、大部头的人力资源管理著作教材,对于全国各地有关人力资源管理的会议信息、论坛通知、知名学者、最新著作、最前沿的观点,有着如饥似渴的热情和信手拈来的熟稔,对于我们这些在大学里教书和做科研的人来说,相形之下,自愧弗如。

风雅有趣振东人。

七律 贺上市

雷振宏

迎春吐蕊梅溢香,激情飞扬越岭南。
鹏城今日重锤敲,上市欢歌彻云天。
欢欣如意创业板,劲牛之势描曲线。
首率晋药领风骚,百亿振东大发展。

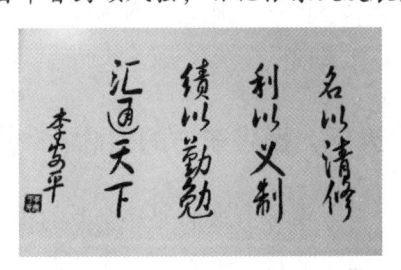

图 2-4 李安平书法作品

以责任引领企业,用责任培育员工,振东和振东人沿着敬

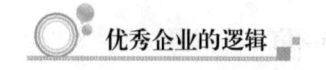

业、报国、心怀天下的事业轨迹走向未来。

阳光为天，诚信为地，亲和为人，简单为路，责任为站，五大文化的涓涓流水浇灌出振东人有方有圆的品格。制度难以企及之处，文化的浸润滋养作用培育着员工自律的种子；惰性侵蚀意志之时，文化的滴水穿石之功催生着员工自强的生机。在五大文化构筑起的空间里，员工的向心力、凝聚力、生命力汇成振东事业发展的强大动力。

寻根溯源，当我们的企业理念常常陷于虚无，为什么振东的五大文化可以根深叶茂、连绵不绝？是什么孕育和滋养着五大文化？当我们让理想为现实让路时，振东为什么始终走在理想的路上，且时时斗志昂扬？

三、源头活水——信念激励求索

理想信念是行动的内在驱动力，坚如磐石的信仰往往生出百折不回的勇气和机敏过人的智慧，以理想信念为基点，执着于事业回报所指向的终极目标，才有了五大文化的坚守与进步，振东才能在理想路上一往无前。

（一）家国天下，振兴东方的信念

最能表现一个企业精神追求的就是企业的核心理念体系，而使命与价值观是构成企业核心理念体系的主体。企业使命表达了企业的追求，回答了企业要做什么的问题，核心价值观表达了企业的精神特质，回答了企业是谁的问题。振东使命——服务社

第二章 振兴东方的信念——振东文化

会、奉献人民、开发产业、富强国家与振东价值观——与民同富、与家同兴、与国同强表达了振东所确立的以服务为民、以产业报国的事业追求和以家国兴旺为己任的精神特质。

振东的核心理念体系简单、朴实，直白地表述了支持企业发展的原动力在于通过产业这一载体的发展来实现企业为国、为民、为家、为人的理想追求。立足于企业应有的逐利本质之上，民、家、国在其价值序列中与企业价值处于同等位置。

彼得斯和沃特曼在《追求卓越》一书中指出："我们研究的所有优秀公司都很清楚它们主张什么，并认真建立且形成了公司的价值准则。事实上，如果一个公司缺乏明确的价值准则或价值观念不正确，我们很怀疑它是否有可能获得经营上的成功。"

经营一个企业除了实现其赚钱的目标之外，卓越企业大多有对赚钱背后的经营意义的思考和定位。《基业长青》中引用惠普公司原 CEO 约翰杨的话："我们清楚地表明，利润虽然重要，却不是惠普存在的原因。公司是为了更基本的原因而存在的。"享誉世界的百年制药企业默克制药在其《内部管理方针》中说："我们做的是保存和改善生命的事业，所有的行动，都必须以能否圆满实现这个目标为衡量标准。"华为创始人任正非说过："对公司来讲，长期要研究的是如何活下去，寻找我们活下去的理由和活下去的价值。"

在《基业长青》中，作者通过对一流企业在利润与理想之间的认识和做法的总结分析后指出：高瞻远瞩的公司追求利润，可是他们也追求更广泛、更有意义的理想。利润是生存的必要条件，而且是达成更重要目的的手段，但是对很多高瞻远瞩的公司而言，利润不是目的，利润就像人体需要的氧气、食物、水和血液一样，这些东西不是生命的目的，尽管没有它们，就没有生命。

【链接】振东创业史小记

李安平出生在山西省太行山区长治县东和村，幼时因家境贫寒、生活艰苦，不得不早早辍学，正如创业之前的慈善大王卡内基一样，李安平也有着朴素的有朝一日改变贫穷的梦想。1993年，31岁的李安平向他的亲朋好友四处游说筹措了30万元，兴建了一座加油站，开始了他的事业梦，加油站被命名为"振东"，意为振兴东和村，这个朴实的追求，随着事业的发展，逐渐形成为"富强祖国、振兴东方"的宏大愿望。

李安平说："我的理想就是用管理报国。所以我就是要通过振东实现振兴家乡，振兴东方，屹立世界的理想。"

1. 兴家

为尽快改变家乡贫穷落后面貌，1993年国庆日成立的振东，从1994年开始，先后投资350万元为家乡修建柏油马路、村中心主要街道，并对家乡大小街巷进行硬化、绿化、美化，改变了祖祖辈辈出门就是泥土路的历史；投资60万元解决东和村电网改造，使全村800余户3500余人受益；投资130万元为家乡打深井并完成了自来水安装工程，使千户农民解决了祖祖辈辈饮用又苦又涩浅表水的历史问题；投资310万元为家乡兴建了老年活动中心和养老院；投资200万元建起了乡卫生院。1995年，投资120余万元兴建了现代化的振东中学，解决了东和乡700多名学子的上学问题。2005年，投资100多万元兴建了现代化的"振东希望小学",并坚持每年出资20万元用于对振东中学、振东希望小学模范教师和优秀学生的奖励和教学设施的改善。每年"六一"儿童节,公司还为当地学校和各网点学校赠送图书、学习用具。面向家乡弱势人群的一年一度以法定日形式长期实施至今的"扶贫济困日""冬助日""敬老日"活动,已成为振东回报家乡的常规工作。

振东所在的长治县古称"黎都",素有"华夏农耕文明之源、中国民间文化艺术之乡、三晋和谐秀美之城"的称誉。诞生于这块风光秀丽、气候适宜的大地上的振东对这块土地钟爱呵护有加。十年前,正当煤炭行业进入新一轮的景气周期的时候,振东却不像大多数山西企业一样,选择具有资源优势的煤炭产业,而是选择了对环境影响相对较小,并能带动本地旅游和种植农业发展的医药健康产业。在公司成立之后,将环保问题作为公司生产经营工作的前提,坚持污染预防,减少污染排放,努力保护生态环境。始于零利润帮扶农户的中药材种植产业目前已发展成为覆盖周边贫困县并向全国延伸"精准扶贫"战略规划。

所有这些兴家的愿望和行为支撑并激励着振东在创业之后不敢停歇、高歌向前。

2. 强国

振东强烈的爱国情怀表现为推崇中国传统儒商的"实业报国"理想,期望通过致力于企业发展来回报国家。

振东具有令人称奇的大多数民营企业所不具备的爱国情怀,2010年我国驻南斯拉夫大使馆事件,前几年的中菲摩擦、钓鱼岛事件、近几年的"一带一路"建设等无一不被振东看作与企业息

优秀企业的逻辑

息相关的大事。振东认为，国家不能富强，就会被强权压制和欺凌。国家富强，不仅仅是政府的事，每一个国民都有责任。作为企业，爱国就要为国家富强承担责任——首先要办好企业，但办好企业不是为个人财富的增长、企业财富的增长，而是指向国家富强的终极目标。所以，振东不是只要有钱赚就去做，而是要选择能使国家富强的产业，来实现"实业兴国""实业报国"。

振东致力于在以中药注射剂为核心产品的中医药健康产业领域走科技创新的企业发展之路，就是要通过提升中药产品在国际上的竞争力来为国家富强做自己能做的事。

2008年，南方遭遇雪灾时，公司员工捐款53万元。汶川大地震发生后，李安平带领十名员工在第一时间包专机向灾区送去价值1060万元的药品和127万元员工捐款，员工志愿献血30万毫升，成为山西第一支进入灾区进行救援的队伍，并现场参与搜救。同时，公司为长治医学院87名四川籍学生捐款58万元，并给予长治医学院来自地震重灾区的11名学生每人每年8000元的资助，直至毕业。2010年青海玉树发生地震后，公司组织车队千里奔赴灾区送去价值508万元的一线救急药品和员工捐款91.6万元。

中药作为中华文化中重要的组成部分，使之融入世界文明，为人类社会发展做出贡献，理应成为振东的使命。"民族的才是世界的"，2012年6月，振东投资建设了国际神农中医药文化博览园，致力于让中草药知识、中医药文化和中药从规范化种植、炮制、萃取到精制、成型的全过程被社会大众所了解。从2008年振东开始与美国国家癌症治疗中心合作研发中药抗癌产品开始，推进中医药国际化，振东已在路上。

3. 关爱天下

振东耗资极高的人才培养系统，常被商界中人质疑："如果企业花费很多培养出来的人才跳槽了，企业岂不是为他人做了嫁衣？"事实上这也是很多民企不愿在人才培养上多下功夫、多花成本的顾虑所在。对此，李安平常以一句简单的话回复："为社会培养人有什么不好？一样值得。"

振东认为，企业既要为社会生产产品，也应为社会培养人才。当一个企业培养出来的人才为社会做出贡献时，其实也是企业在为社会作贡献，这与企业通过产品为社会作贡献没什么不同。

抛开了企业竞争的狭隘思想，而将企业置于一个社会角色之下而不过多地计较得失，这就是振东。

（二）传统文化，修齐治平的情怀

李安平因为家境不好没有接受过正规的学校教育，但正是这样的经历使他一方面养成了自学勤学、终身学习的习惯；另一方面，也使他在没有过多的考试约束环境下得以相对自由地发展自己的志趣。中国传统文化成为李安平从中汲取养分的思想沃土，这些思想影响和造就了振东充满理想主义和浪漫主义情怀的企业价值观和企业文化体系。

1. 修身齐家治国平天下的理想追求

国学经典《礼记·大学》中的名段——古之欲明明德于天下者，先治其国；欲治其国者，先齐其家；欲齐其家者，先修其身；欲修其身者，先正其心；……心正而后身修，身修而后家齐，家齐而后国治，国治而后天下平。清晰地展现了古人或者说古代读书人对于自我成就的理想追求。

修身、齐家、治国、平天下，由李安平所缔造的振东正是源于这样的理想追求，才形成了超越于财富、超越于利润，甚至超越于企业经营逻辑的价值追求，才能在企业经营范畴内做出异乎寻常的慈善义举，超大力度地承担企业社会责任且持续无休，才能以源源不断的管理创新使企业日新月异，使家乡人民致富，为晋商正名，心系国家富强和社会公平正义而令业界侧目。

根植于这样的思想沃土，才生长出了振东"与民同富、与家同兴、与国同强"的价值观，也正是在这样的思想沃土滋养下，才使振东的价值观落地生根，开花结果，结出了企业实实在在的行为。

2. 产业报国的强烈责任感

我国近现代民族工商业的发展无论是官办还是民办企业，最初的发起人或创办者很多都带有较强的救国报国责任感，如盛宣怀、张之洞、张謇、卢作孚以及改革开放之后的倪润峰、张瑞敏等，这些源自古已有之的报国精神的企业家责任意识，深深影响着李安平，成为鞭策振东实践其家国天下理想的精神动力。

爱国报国不是虚空的概念，也不是喊在嘴上的口号，是要通过实践产生价值，通过自觉努力和辛勤付出来为国家做出贡献。实践的途径有很多，振东选择的是兴办产业的途径。兴办产业、造福家乡、报效祖国的责任感，使振东在二十年的企业发展历程中始终孜孜不倦将企业作为报国的事业而勤勉努力，不是追求财富的增长，而是追求事业的长久和以此为途径的国家强盛。

第二章 振兴东方的信念——振东文化

强烈的责任感才能为理想和梦想的放飞插上翅膀，信念坚定，则无论山重水复，蜀道艰难，都不会停歇，不会停止思考和决断，不会停止努力和学习，不会停止向前飞跃。振东二十几年已经取得的业绩和在此过程中从不间断的管理创新和自我加压，就是源于这始终悬置心头的责任感。

3. 悲悯天下的人文情怀

《周易》讲："观乎人文，以化成天下。""文明以止，人文也。"人文情怀是古代先哲所推崇的精神教化目标。以文化人，区别于人的自然演化，强调通过对人的伦理礼仪教化使天下安定和谐。被誉为"现代新儒家"的民国著名哲学家冯友兰总结人生的四个境界为：自然境界、功利境界、道德境界和天地境界。天地境界乃人间大爱，也就是悲天悯人的大爱。

振东的扶危济困，振东从上到下表现出的对社会弱势群体的关爱，富而持节稳健低调的德行，不流俗不媚上名以清修的行事原则，心系国家前途命运为社会育才的道德品格，都源于中国文化源远流长传承至今的悲悯天下的人文情怀。

（三）晋商精神，责己律己的动力

走进振东办公区，首先看到的是照壁上李安平手书的"名以清修、利以义制、绩以勤勉、汇通天下——新晋商理念"的书法，与李安平交谈，时时处处流露出的是其对今日晋商形象的叹惋和对昔日晋商形象的推崇。传承和光大昔日晋商的荣光与辉煌，塑造新时期的晋商新形象，振东一方面希望传承晋商诚信守义的价值观念和开拓进取的创新精神；另一方面，也希望通过企业的勤勉努力和健康发展来扭转山西企业形象在人们心中已经形成的恶劣印象，重塑新晋商"以天下为己任"的新形象。

李安平认为明清晋商成功的两大原因。一为经营中的诚信品格，二为商业实践中的聪明才智。将明清晋商的成功经验用于振东，致力于重振晋商雄风，振东不是照搬其做法，而是对其商业思想中的精神元素进行提炼与升华，形成了振东作为新晋商的晋商精神，李安平将其概括为"名以清修、利以义制、绩以勤勉、汇通天下"的"新晋商理念"，并付诸实践，内含于振东五大文化当中，化为责己律己的动力。

1. 名以清修——修己为人的原则

名以清修——清心修炼方可提升自我，清正做人方可得到认可。

——李安平

改革开放之后，山西有许多企业依托本土的资源优势并伴随着对环境的掠夺性破坏而发展起来。在快速积累起财富后，一些人的炫富行为与煤矿安全事故频发所形成的鲜明对照使山西企业形象在近几年屡遭社会诟病。二十世纪八九十年代以煤炭起家的"山西煤老板"几乎已成为一个专用名词，给山西人、山西老板、山西企业以及晋商都带来了很大的负面影响。

李安平认为，明清晋商的成功不是依靠资源，而是依靠勤劳苦干和聪明才智建起了具有真正核心能力的品牌。所以，振东作为山西企业，从成立之初就不愿依赖资源，不愿涉足煤炭行业，期望在其他领域清心修炼、清正做人，传承与光大晋商精神，塑造新时期的晋商形象和晋商文化品牌。

第二章 振兴东方的信念——振东文化

振东筹建时,首先面临行业选择的战略问题。李安平偶然一次乘车发现在某一长达几十公里的路段上没有一座加油站,在当时对石油相关领域几乎毫无知识储备和信息积累的情况下,他决定开办加油站——为将山西的产品运往外地,将外地的产品运来山西提供便利,并将公司名称确定为"振东"——意为"振兴东和"。从此开始了对如何经营好加油站的从无到有的探索,阳光文化、诚信文化、责任文化就在此探索过程中逐渐显现。

2001年因国家政策原因不得不转产时,振东依然没有选择消耗当地资源且污染严重却被山西企业普遍看好的煤炭行业,而选择了重组盘活长治当地的金晶药业,进入自己并不熟悉且风险很大的医药行业。与选择加油站时一样的是,制药行业也是自己从未接触过的领域;而不一样的却是,制药行业是需要细致入微的精细制造业,没有对其中的风险、难度的充分估计和对战胜这些风险、克服这些困难的足够的心理准备,振东接下金晶药业,无异于自毁前程。况且,当时的振东早已度过了谋生阶段,怀揣着经营加油站所获得的厚实的荷包,选择冒险,令当时的很多元老和专家疑虑重重。

但李安平却有自己的想法,振东刚刚开启的事业需要接续下去,不进入煤炭领域却进入复杂的制药行业,恰恰证明振东不依靠资源而依靠能力。然而,经营企业不是过家家的游戏,不是靠一时的逞强,而需要实实在在的功夫,对企业经营管理深有体会的李安平当然深谙其中的凶险和困难。既然敢于接下金晶药业,振东要做的就是清心修炼、苦心钻研、清正做人、不走捷径——勤勤恳恳下功夫,踏踏实实做好药。

李安平和他的团队开始了连续几个月的突击学习和钻研,学习与医药行业相关的国家法律法规和专业知识,李安平本人甚至因看书过度而致双眼无泪。濒临倒闭的金晶药业要成为"精品振东"的全新载体,只有从一开始就按照最严格规范的制药企业的高标准精益求精打好基础才是正道。因此,振东在2001年8月收购金晶药业后,2002年就对金晶药业进行了GMP改造,并于当年一次性通过国家GMP认证,脱胎换骨成为"精品振东"的核心产业。因此,李安平说:别人做认证是为了证书,振东做认证就是为了规范。

振东从创立到发展至今,财富随着企业的发展不断增长,但李安平始终怀着"淡泊宁静"的财富观,从未被财富的光环遮住发展的去路。无论何时,对员工、对客户、甚至对一切可能与企业毫无利益关系的旁人,坚信"财散人聚"。同时,企业也谨记"成由勤俭,败由奢",不事奢华、不慕富贵、不贪享受、俭以养德。

李安平虽是老板,却清廉随和,看不惯挥霍浪费,常说:"若把这个钱省下,能帮助多少贫困孩子。"

名以清修——化为企业实践,使诞生于振东石油时代的阳光文化、诚信文化、责任文化进一步延伸、发展和升华;使诞生于企业转型之际的简单文化,逐渐在制造业的企业管理中持续发酵。

2. 利以义制——人际交往的准则

利以义制——以义取财,以义服人,义字为先才能取之有道。

——李安平

第二章 振兴东方的信念——振东文化

汉代儒士董仲舒有语:"天之生人也,使人生义与利。利以养其体,义以养其心。"利是企业赖以生存的根本,义是企业持续发展的源泉。秉承晋商精神的振东崇尚儒家义利观,始终秉信赚钱不是衡量企业发展的标准,而是企业在实实在在的努力后理应达到的结果。李安平认为,晋商的成功主要来源于其信义为本的儒商思想在实践中的成功——持节守义,义字为先。做生意就是做人缘,卖产品就是卖口碑。振东的产品质量、薪酬水平、员工关爱、供销政策、政企关系、与邻为善等各个方面都有口皆碑,给顾客、员工、经销商、供应商、政府和家乡人民留下了守信、仁义的印象。

振东是一个企业,企业是以盈利为目的的经济组织。然而,振东的企业行为常常带有极强的感情色彩:多年来,振东用于社会公益事业的投入累计超过亿元,受助人数达到上万人次;公司在员工培训中的投入年均七八百万元;公司对关系国家前途命运的政治事件积极声援,对全国各地的各种自然灾害和危机事件解囊相助。当然,积极履行社会责任,这是未来所有企业都必须做到的,但振东的做法,并不是源于其在这方面的超前或先知,也不是出于企业忍痛让出暂时利益以期获取长期利益的考虑,而是企业价值观——与民同富、与家同兴、与国同强在实践中的自然流露,是企业价值观与晋商的诚信精神相融合而产生的共鸣在实践中的回响。

老子言:"天地所以能长且久者,以其不自生,故能长生。是以圣人后其身而身先;外其身而身存。非以其无私邪?故能成其私。"

利以义制——诠释了振东的诚信文化，诠释了源自晋商儒商思想的振东诚信文化。

3. 绩以勤勉——企业管理的理念

绩以勤勉——业绩源于勤奋，自勉自励方得成就大业。

——李安平

如果说"利以义制"更多地表现为振东处理人际关系的准则，那么，振东在企业管理中的独特思维与行为则是对"绩以勤勉"的诠释。李安平始终认为明清晋商的成功除了源于以诚信为本的儒商文化之外，更重要的是他们的聪明才智超凡脱俗。晋商在五百年的商界辉煌中所创立的商业模式、经营方略、管理方式至今为商界中人所叹服和景仰。这些成绩是由他们在殚精竭虑、日思夜想企业经营管理的探索中勤勉积累总结而来。振东的各种各样的"折腾"，思考总结而形成的独具特色、行之有效的管理模式和思维方式，正是对"绩以勤勉"的注解。

企业之所以在管理水平上分出高下，并不完全在于管理者的智商和水平，而更多在于其是否用心、是否投入。一个企业管理得法，很多人会认为是管理者智商超群、举重若轻。其实谁都没有神话中的灵光乍现，没有眉头一皱、计上心来的超凡绝技，管理的真知灼见蕴藏在人投入其中、潜心思虑、细心琢磨、厚积薄发的过程中。李安平所表现出来的在管理思维上的天赋异禀，可能有先天秉性中的成分，但客观地讲，其实更多的是源于其对企业管理的长期勤勉钻研所形成的职业化思维。所以，振东的管理理念用最简单的语言来表述就是：管理没有什么花架子，只要实处着手、勤学善思、用心留意，总是能找到好的管理思路和办法。

第二章 振兴东方的信念——振东文化

"管理难不难？其实不难"，李安平说："管理就是面对形形色色的问题，找到解决问题的办法。"我们问道："在振东的五大文化中，哪一个是核心？"李安平说："简单文化。"蕴含着深刻管理思想的"简单"二字，包含着"管理就是将复杂的事情简单化"的真知灼见。在振东，简单文化所辐射出来的管理光芒已远远不止是工作程序化、业务流程化、制度表格化、活动法定化等方法，而已经成为一种管理的思维模式，任何一件与管理有关的事件或做法，都源于寻求找到最简单的解决思路和办法这样的思维。超常的学习机制、各种各样的"运动"和"活动"，都是在这种简单思维模式下，为使复杂的管理问题找到最简单的破解之法而对员工所做的知识和心态上的必要储备。

我们也问道："五大文化推行中最难做的是哪一个？"李安平回答的仍然是"简单"。管理不难，却为何最难的是"简单"？其实其中的道理也很简单，就是厚积薄发的辩证法，只有"勤勉"——不懈地学习、钻研、琢磨，才会将看起来很难的管理工作理出头绪，厘清思路，找到方法，在需要艰苦努力的勤勉中获得看起来简单的结果。

绩以勤勉——简单文化在振东开花结果的根。

4. 汇通天下——精英主义的追求

汇通天下——汇集天下财富，产品通达五洲，福祉于民，强盛国家。

——李安平

晋商一纸汇票通达天下，成就了票号在中国商界的传奇。振东虽与票号无关，却钟情于晋商的这种精神，将汇通天下——以服务和产品汇通天下作为企业的追求。"精品振东"追求的是产品的高标准、员工的高素质和企业的大格局。不是偏居一隅追求财富的膨胀和现期的安乐，而是将企业置于"天下"这一无限的大市场环境下，通过锻造能够与大市场对话、与最强大的竞争者竞争的振东品牌，来超越对物质财富的追求，为社会民众谋福祉，为中华民族的繁荣昌盛作贡献。

"精品振东"的追求与《基业长青》中高瞻远瞩的百年企业大多具有的"精英主义"相类似。与知名大企业相比，振东还算不上大企业；与百年企业相比，振东还只是二十几岁的青少年；与驰骋国际市场的跨国公司相比，振东还只是中国一个不大的城市中的新秀企业。但汇通天下的企业追求，使振东具有一流企业的管理思维。

◆ 搜索国内外优质资源

振东在经营管理理念方面与其他许多中国民企最大的不同之处也许就在于振东具有不安分、不满足、不唯利的特点。在中国的民营企业界，振东虽没有多大的名气，没有多么令人目眩的财富，却在低调稳健的行事风格中流露出企业纵览天下的雄心和气魄。

2011年1月，振东制药股份有限公司在创业板上市；2012年5月，振东与澳大利亚阿德莱德大学和山西中医学院三方合作组建了第一个以我国中药企业冠名、设在西方综合大学的国际化研究机构——振东中－澳分子中医学研究中心；振东以北京研究院、太原工程中心为平台开展的系列创新药物的研发和生产，与美国艾格科技公司的脂质技术平台、中国军事医学科学院的缓控

第二章 振兴东方的信念——振东文化

释技术平台的项目合作，与中国药科大学、中国中医科学院中药所、天津中医药大学、南京中医药大学、山西中医学院、山西省中医药研究所、山西财经大学等合作的科研和管理创新项目等，都展示了振东努力搜索国内外资源，致力于将最优质的资源引进振东，使振东能够在中医药产品现代化、企业经营国际化的视野下突破地域限制，放眼全球。

◆ 志在全球医药健康市场

在西医西药占据着绝对话语权的全球医药产品市场上，中国的中医药品及其相关产品在全球市场上的地位微乎其微。中医药作为中国历史文化遗留中的珍贵资源，其市场价值和对人类健康事业的价值亟待开发。身为医药行业中的企业，振东以自我担当的责任感和企业发展的使命感，致力于以优质可靠的中医药产品和现代化制造技术传承、发展中医文化和中药价值。

因为中药产品的药效对药材的产地、种植时间等要求很高，针对近年来中药产品普遍因药材品质缺陷而导致的药效下降问题，振东在近年来所确立的"以农业开发为基础，以制药为龙头"的大健康产业发展战略，将药材种植作为药品品质保障的源头，期望通过从根本上保证药品的品质来建立起中药产品走出国门的基础，以中药精品来获取国际市场对中药产品的信赖和认可。

此外，振东致力于在大健康产业链中形成产品系列的振东五和食品公司和振东家庭健康护理用品公司也正在筹备上市，以中药产品防病治病、以健康产品养生保健的中医药健康护理理念，正伴随着振东志在全球医药健康产品市场的发展而逐渐成形，指

113

导企业向着现代化、全球化、精英型企业方向发展。

◆ 锻造一流员工队伍

管理理论将管理区分为人本管理与官僚控制两种相反的管理导向，并将人本管理作为管理的发展趋势，而在管理实践当中，两种截然不同的管理导向却都有在不同企业中的适用性。一流企业并不强调人本与否，而讲求在制度机制的设计中是否能够最恰当地召唤人性，激发出人性中勤劳智慧和真善美的光辉，而无论这些制度或机制是引导性的还是强制性的。这是所有一流企业对员工的共同要求或者说是人力资源管理的基本标准。

振东的制度和机制设计遵循这样的设计思路和思维逻辑：每个人都有极强的可塑性和价值潜能，因此要按照"疏通"员工创造性智慧与"堵住"员工怠惰情绪和不良习惯二者并重的思维来塑造员工。即使按照企业目前的条件，振东无法招聘到一流的员工，但要尽可能培养和塑造出一流或接近一流的员工。一流的员工才可能生产出一流的产品，才可能打造出胸怀天下的企业。

（1）制度约束

人都在主观意识上期望成为一流员工，但要成为一流员工，需有强大的毅力和极强的自律，否则，人天性中的弱点会消弭毅力、削减自律，所以，如何塑造一流员工，振东不是盲目信仰"人本自由"，而是制度先行。

振东的基础管理堪称民营企业管理的典范，从计划到流程到执行，几乎每一个可控管理事项都已形成制度化的规范，每个员工、每道工序、每项工作都有章可循、井然有序。员工一上班，有胸牌上的三色工作流程清单对岗位工作做出计划和提示，工作的质量和进度有制度表格一目了然、掌控齐全，工作中的疑问和感悟有工作日志记录、思索和整理，工作的结果下班后向上级汇报得到反馈，日常行止和例外事项有斑马线、行为规范、法定日来保障执行，避免疏漏。

没有考核，便没有约束，但振东对员工的考核更严一筹。每个人每月的工作实绩，都要经民主评议程序之后确定出A、B、C三个档次，张榜公布，并与薪酬发放挂钩，这也许是最简单却也是最有效的制度约束机制。

振东的培训制度，前文已有详述，员工接受培训和培训他人既是公司给予员工的职业成长福利，也是一种制度和约束。员工在这种福利加制度的培训模式约束下，逐渐在培训和被培训中形成了对工作态度、工作方式和道德修养等方面的深刻理解和认识。

（2）环境影响

人是社会人，环境约束人、环境塑造人，要塑造一流员工，制度逼迫只是第一层次，环境教育也是有效的办法。

去过振东的人，可能都对其遍布各个角落的标语、提示、劝诫印象至深。振东对员工的视觉化情景教育可以说达到了极致。大到厂区宣传栏、办公室、会议室，小到椅子上、厕所里、开关旁都有各种各样的劝诫式标贴，甚至男、女厕所的都不一样，这种全面覆盖的超级视觉化情景教育方式，于不知不觉间潜移默化地影响、规范着员工的心态和行为。

振东的培训内容中，有相当一部分是有关企业文化、社会责任和职业道德等方面的内容。这些专题培训有意识地将员工的思想和行为引向企业所推崇的方向，在引导员工形成符合追求勤劳智慧和真善美的价值导向、思维方式和行为习惯方面，起到了引导和激发的作用。

振东在业务工作之外，有各种形式多样的仪式和活动。例如公司例行的高管论坛、经理论坛、员工论坛以及研究生论坛等，这些论坛在增进员工互相之间的了解与沟通合作的同时，通过论坛的组织和启智益思的讨论，锻炼和培养了员工独立处理问题的能力，提升了员工的综合素质。此外，公司为倡导爱国主义而举行的"9·18"集体集会活动；为引导员工培养爱心，企业系统组织的扶贫济困活动；为增进员工自豪感举办的大型司庆活动；为引导员工价值导向举行的大型表彰奖励活动等，都以令人鼓舞的仪式化形式，强化着员工的思想和行为。

振东利用短信平台、微信订阅号、内刊等多种媒介形式，传递和共享正能量信息，员工在分享信息和传递信息的同时，这些真知灼见会或多或少被员工理解、接受、领悟和认同，影响着员工的做人行事原则。

人一方面会受利益的威慑和引导而表现出利益导向下的行为，另一方面，人还会受到情感的引导而表现出自发的行为。振东对员工的关爱，对社会的关爱，从正面为塑造企业的一流员工起到了示范性的真情感化作用。

第二章 振兴东方的信念——振东文化

图2-5 振东电开关　　图2-6 振东厂区药文化装饰小景

汇通天下，培育了企业的精英主义追求。振东之所以崇尚和形成了阳光文化、责任文化、亲和文化，以开放的胸襟谋求发展的大格局而不是小利益，与此有着深厚的渊源关系。

没有信念作为根本，任何思想的实践都可能会失之肤浅或举步维艰。振兴东方的信念，擎起企业不懈探索的热情和励精图治的精神，振东才会在不断地尝试—总结—推行—修正—完善—推广的实践过程中实现拨冗理繁，制度先行；才会在持续地学习—进步—实践—学习—进步—实践周而复始的正反馈过程中达到以文化人，思想引领。这就是优秀企业的经营与管理。振兴东方的信念，孕育、滋养、丰富和光大着五大文化的理念与实践，将企业的理想与现实紧紧系牢。

"山不在高，有仙则名。水不在深，有龙则灵"。振东文化生于振东、长于振东，不是因为企业理想多么不同凡响，不是因为五大文化多么超凡卓绝，而是在自己的土地上耕耘出自己的花苑才绽放出最独到的颜色。"深处种菱浅种稻，不深不浅种荷花"。对于行业不同、历史不同、性格不同的所有企业来说，种什么"花"不重要，如何找到这样的规律才最重要。那么，什么是贯穿在企业经营管理中的普遍逻辑？

四、企业文化——经营连通管理

（一）信念—自强—人文的经营逻辑

1. 超越利润、信念是根

荣格说："一切文化最终都会沉淀为人格。"企业文化最终也会沉淀为企业人格，即企业与社会环境相互作用表现出的一种与别的企业不同的独特的行为模式、思维模式和整体企业情绪反应的特征。振东之所以成就今天的业绩，是因为振东和其他优秀企业一样，具备良好的企业文化素养。这种文化素养体现为对超越利润的信念的坚守，这是企业经营的根本。

超越利润的家国天下信念，修身、兴业、报国、富天下的事业层次，是支持企业永续发展的根本。振东的"与民同富、与家同兴、与国同强""锻造精品振东、重振晋商雄风"；海尔的"海尔——中国造、敬业报国、追求卓越"；华为的"爱祖国、爱人民、爱公司"。这些优秀企业的宏大目标，是造就企业非凡未来的源泉。

企业关注的时间和空间要比一般人大很多。人类的环保、核竞赛、恐怖主义、外空探索、资源危机，人们的精神走向和伦理前景都应在企业的关注之列。从总体意义上了解自己生存和工作的意义，用自己的努力来推动社会进步，这是企业进步的终极力量。

2. 自逼自强、求索无限

在变化与速度的时代，活力、创新才是企业发展的关键词。

老子曰："物或损之而益，或益之而损。"老子又曰："物壮则老，是谓不道，不道早已。"振东自逼自强的求索，就是在企业平静的发展历程中通过时时处处的自我加压、自我完善给予企业日新月异的生命力，搅动平静，活力绽放。

◆ 搅动平静，浪里淘沙

一潭静水，常常蕴积起底层厚厚的泥沙；一汪流水，却清澈而干净，经营企业，与此类似。过于稳定的发展，往往会在平静中孕育惰性、滋生痹症。历史上每一个盛世之后都会有大的动荡，甚至改朝换代，也同此理。所以，一些看似劳民伤财的"折腾"，正是振东搅动平静，浪里淘沙，保持公司活力的"损益"之法。这些做法，使公司时时保持着清醒的头脑，时时保持着鲜活的生机，时时为自己可能出现的问题敲响警钟。所谓"户枢不蠹、流水不腐"，也是这个道理。

◆ 搅动平静，沉淀是金

振东从1996年开始，每年根据企业的中心问题设立一个主题，围绕主题开展工作，并不断总结提炼，在年底将此工作方式总结为管理模式，持续推行。例如，2009年确立为成本年，年底总结为"控化管理模式"；2010年为提升年，年底总结为"跨越管理模式"；2011年为标准年，年底总结为"规范管理模式"；2012年为优化年，年底总结为"创先管理模式"；2016年为突破年，年底总结为"层级管理模式"。这种做法被奉为振东管理工作的"碰、摸、理、顺、放"模式。

如果说，"折腾"是企业在搅动平静中浪里淘沙，为企业未来发展捡去淤塞流水的泥沙。那么，在年复一年企业稳定发展的过程中，振东年年不同的主题和模式，则是在搅动平静中寻求沉淀的金。

李安平说："创新精神从实质意义上是要我们自我加压，以积极的态度对待学习，不断地充实自己，从而具备创新的资本，拥有创新的能力。当你来到振东，融入振东时，你就要记住纵容自己就是毁灭自己，别让你的怠慢、弱点、安逸和需要毁灭了你的明天！"

3. 以文化人、经营之道

企业文化是人的文化，企业文化通过将企业的使命、愿景和价值观与员工的追求和价值观趋于统一来形成企业与员工志同道合、齐心协力朝着目标努力的组织凝聚力。商道即人道，以文化人，是经营企业的必经之路。

人是理性的，也是感性的，当企业文化与员工的利益诉求和情感诉求趋于一致时，员工会有自发的积极性。人是趋利的，也是有精神追求的，当企业的理想和追求符合员工心中的精神指向时，员工会产生强烈的归属感而以企业为重，责己自律。人的品性、风格、习惯，既有先天成分，也受后天环境的影响，当员工受到企业文化的潜移默化和人为引导时，员工的品性风格习惯会得到改造或重塑，员工会表现出与企业期望一致的品格和风格。人既有时代特征，也受历史文化的影响，一个民族的历史文化会通过家庭教育、社会教化和人的自我学习而使这个民族的人在时代变迁中不失民族文化的共同特征，当企业文化与本民族的经典文化殊途同归时，文化所产生的精神感召力能使员工与企业在精神上共鸣，行为上和谐。人既有个性化的精神追求，也有从众性的价值观倾向，当企业文化符合真善美的人类社会共同的文明取向时，更容易得到员工的信赖和认可，企业文化所产生的精神效力也更深远。

振东五大文化以其与员工利益的契合、对员工精神追求的召唤、对员工良知正德的引导、与员工心中传统文化的共鸣以及与普世价值观的吻合而深入人心，为企业发展注入了软实力，成为企业竞争优势的来源。

（二）树人—引知—致行的管理路径

1. 育人树人、事上磨炼

企业管理以追求效率为目标，在庞杂的工作事项填满了所有空间和时间的境况下，如何"用力少、建功多"？中国传统古训讲：欲速则不达。"头痛医头脚痛医脚"的管理方式只会穷于应付、顾此失彼。用今天的流行语讲，找到抓手是关键。振东的抓手，是举重若轻的树人之道。

十年树木、百年树人。对于一个企业来说，树人似乎是漫长而见不到回报的，然而，当我们在振东看到一个不谙世事的年轻人很快就能独立处理很多的例外事项时，一个基层工人几年内成为独当一面的"大将"时，一个刚刚博士毕业的医药专业"书呆子"能够对知名药企的研发现状如数家珍时，一个个原来只知道卖药的销售员成长为"三剑客""五大将""八大金刚"（振东对其骨干人员的内部俗称）时，一个生长在山西省长治县的普通企业人才济济、生机勃勃、速度和效率游刃有余的局面令人瞠目。他们是如何做到的？

心学大师王阳明说:"静处体悟,事上磨炼。"振东的"不惜代价做试验",是其育人树人最为过人之处。雷振宏在每一次换岗之后对工作的认真思考和体悟以及被逼无奈投入工作的事上磨炼,都是对李安平所谓"不是因为会了才去做,而是因为做了才能会"哲理的诠释。当然,放在企业的正式岗位上让员工去学习和磨炼,而且还不是个别现象,而是普遍原则,这对企业来说,"不惜代价"可能会产生企业难以承担的"代价",会让我们怀疑这种"磨炼"的可能性和持久性。对此,振东有自己的宝典:规范化的岗位工作程序是对"试验"的保障,有了每个岗位的程序化清单,无论谁在这个岗位上,基本职责范围内的事不会耽误,这是"事上磨炼"树人的基础。

人是企业的第一资源,因此,育人树人是企业管理的第一要务。如何在企业经营理念指引下实现人在企业的成长和成才,以牢固的基础管理为支撑的事上磨炼是最直接的途径。

2. 知是行始、育知用能

事上磨炼是育人树人的直接途径,但王阳明所说的"静处体悟"若只有基于"试验"岗位的认真摸索和总结,终究根基不牢,难以实现最有效的树人。"知是行之始,行是知之成",知识和思想的积累和储备,既是人在岗位上不断得到能力提升的源泉,又是选拔后备人员进行重点培养的依据。

振东高强度的培训模式和各种看似与业务工作不相干的强制性要求,如早计划晚总结、写工作日志、写哲理感悟、写论文杂文等,正是育知用能的实践。通过这些密集的培训和要求,潜移默化地影响着员工的知识积累和思想提升——此为育知;各级管理人员通过对员工业务能力和在日志感悟等中流露出的想法、态度和认知能力等的考察和评估，可以对员工未来的发展潜能有更加深入细致的了解，为准确判断和筛选未来的能人提供充足的信息——此为用能。所有在振东工作过的人，无论他们现在是否还在振东，无论他们曾经对这些看似无用的培训和要求多么抵触过、反对过，甚至因此忍无可忍离职远走，但让他们客观地评价振东的这些做法对他们个人的影响时，几乎每个人都给予了高度认可。

育知用能与事上磨炼，为企业源源不断地选拔、培养和打造出高素质、高能力的员工队伍，成就着企业卓有成效的管理。

3. 知易行难，控制有道

思想是行为的主宰，但知易行难，要使人在具备足够的知识和思想的基础上，表现出与之匹配的行为习惯，必要的控制不可或缺。前文提及，管理控制有两种导向，官僚控制与人本控制。事实上，在优秀企业的实践中，两种方式在同一个企业中并不是必然地表现为二择一的导向性，而是兼而有之，企业之间的差别仅在于两种方式的匹配和融合程度。

官僚控制一般指制度约束，人本控制通常指文化引导，前者为硬性强制，后者为柔性约束。振东对员工例行工作、例外工作、学习提高乃至日常行止的各种强制性约束层出不穷，这为企业形成各司其职、紧张有序的组织状态和员工形成良好的职业素养和精神风貌提供了必要的制度保障，但振东员工表现出的从工作中找差距的行为习惯、效率高不拖沓的行为习惯、主动性强规范有序的行为习惯、员工之间互帮互助的行为习惯却是制度与文化共同作用的结果。由文化引导所形成的自我控制与来自制度约束的官僚控制互相交织融合，塑造了员工既有他律又有自律的工作习惯。

引用管理大师德鲁克的话："自我控制意味着更强的激励——要做得最好而非敷衍了事的愿望，它意味着更高的成就目标和更广阔的眼界。"

企业文化，发端于企业经营的理想信念，在自逼自强、以文化人的实现路径上，将培育并塑造企业赖以发展最重要的资源——人，作为引擎，使企业以效率为保障、不懈求索，不忘初心、走向未来，将经营与管理合为一体。

五、登高临远，振东走向未来

"水有源，故其流不穷；木有根，故其生不穷。"文化是企业发展的源头，文化是企业生命的根本，未来的企业发展需要文化的提升和发展。

（一）新高度，新视野

"登高而招，臂非加长也，而见者远；顺风而呼，声非加疾也，而闻者彰"。站在新的高度上，振东应以其不断寻找差距的理念和方法，使企业走向更加人本、更加专业、更加开放的企业远景。

更加人本——反思当前文化中，严格的制度与人性的宽松需求之间的矛盾和平衡；更加专业——反思当前文化中，领导角色与员工角色的平衡，使员工充分参与到企业的决策中来，虚心听取员工的真切呼声，追求企业的"器良技熟"、员工的"胆壮心齐"；更加开放——反思当前文化中，以国家为界限与以人类健康为使命之间的平衡，追求未来在更高远的层次上的人类大爱与企业大道。

（二）谋未来、谋专业

家国天下的理想主义情怀，使振东鹤立于商界的名利场，高扬的理想信念也使振东充满了执着向上的活力。企业的性质决定了企业行为的边界，未来的企业将是社会的企业，民众的企业，职业的企业家应当是将企业利益与社会责任均衡关照的决策者，企业应当有更加务实的践行理想、追寻信念的经营之道。

社会历史曲折而不息，是文明之光烛照迷津；王朝兴替而国运不灭，是精神家园芳华犹在；英雄好汉千秋万代，是一腔正气万世景仰；绝代佳人顾盼神飞，是蕙质兰心流光溢彩。大至社会，小到个人，博大而深厚的文化如同深埋的种子，虽不可见，却能开出文明之花，结出智慧之果，化为绮丽美景，惠及普天苍生！

第三章　"炼人"之道
——振东人力资源开发[①]

我们将持续的人力资源开发作为实现人力资源增值目标的重要条件。

——《华为基本法》

在长治，流传着这样三句话：潞宝炼焦、常平炼铁、振东"炼人"。这三句话清楚地区分了当地这三家有影响力的大型企业的"主营业务"。潞宝在炼焦，常平在炼铁，而振东呢？不仅仅是制药炼丹，而且还"炼人"。

振东为什么要"炼人"？这与掌舵人李安平的价值观、制药行业业务特点和振东的经营管理理念密不可分。

振东"炼人"是企业家价值观的体现

振东集团辉煌的今天与掌舵人李安平的价值观密不可分。李安平于1962年出生于山西革命老区长治县，虽然当地自然条件

[①] 本章由薛继东博士负责撰写。感谢冀晓婷、张夏莎、王玉博三位人力资源管理硕士研究生对本部分的贡献！

第三章 "炼人"之道——振东人力资源开发

恶劣，却孕育出了无数奋发图强、勤劳致富的晋商精英，承载了诚信、进取、敬业、团结的晋商精神。李安平从小耳濡目染，家国天下情怀在内心根深蒂固。因其家乡是东和村，他将自己的创业企业取名为"振东"，取振兴家乡、和谐东方、和平世界之意。从此，李安平带领振东踏上了艰苦奋斗、诚信经营、关注细节、承担社会责任的征途。可以想象，振东的创业发展史，其实就是李安平自我修炼的过程。同样，他认为振东的每一名员工也只有经历锤炼才能真正成长。李安平这位农民企业家的家国天下情怀，感染着不断壮大的振东员工队伍。只有不断锤炼，才能践行"与民同富、与家同兴、与国同强"的核心价值观。李安平与振东"炼人"仿佛就是一个自然统一体。

振东炼人是制药行业业务发展的客观要求

振东的创业发展史起源于1993年第一座加油站开业。当时的石油贸易业务相对单一，主要是找油源和销售油，不直接生产产品。直到2001年8月，振东斥资2000万元收购了濒临倒闭的金晶制药厂，成立了振东制药，一举从石油销售迈进了制药行业。2011年1月7日，振东制药在深圳创业板市场成功上市，成为山西省首个出现在创业板市场的上市公司。如今振东制药旗下已有八家子公司，连续几年均入选医药工业百强企业。

"做石油贸易，管理上粗放一些也无妨，只需要注重生产安全就行了。但制药，不严细不行。如果不认真，后果可能不是你不想承担就可以不承担的。"李安平很有感触地说。振东管理的"严细"有两层含义：一是工作程序细化，二是员工要有工作责任心。"严细"必须通过振东人的全面塑造和修炼，才能落实到工作中，才能更好地满足制药行业的精细化要求。

　　振东"炼人"是振东经营管理理念在实践中的呈现

　　民营企业的发展过程一般会出现两种截然不同的问题：一种是业务还没做上去，却一味要求高规格管理，为管理而管理，出现"过度管理"；另一种是业务做上去了，却没有了发展方向，管理不能引领业务的发展，出现"管理贫乏"。

　　能不能找到经营与管理的平衡点呢？李安平认为，处理经营与管理的关系，应该跳出经营和管理本身，从员工职业生涯发展需要出发考虑问题。着眼于员工能力提升，自然就省去担心管理是多了还是少了的问题。"我希望把振东打造成一个家庭、一支部队、一所学校，让员工的素质得到全面提升""振东是锻炼人、出人才的地方"。可是新的担心来了，一旦员工练就了本领，成为人才后又离开振东，振东岂不是损失更大？李安平却不以为然，反而自豪地认为这是振东在光荣地履行企业培养人才的社会责任，因为外流的人才可以将振东精神在新入职企业发扬光大，所以振东不怕人才外流，人才外流不仅不是损失，而且是振东精神的传播和升华。振东只有"炼人"，才能实现员工、企业和社会的真正共赢。

　　振东"炼人"围绕员工成长这一核心，展开声势浩大的炼规范、炼能力、炼灵魂的"三炼运动"，用行动展示了振东如何将企业打造成一所学校。

一、炼规范

　　振东"炼人"的第一步，也是最基础的一步，就是炼规范。

何为规范？俗语说：国有国法，家有家规；没有规矩，不成方圆。规范是一种约定俗成或明文规定的标准，它可以规范员工的言行，帮助员工养成良好的习惯；它可以规范企业的行为，帮助企业获得长远发展。振东炼规范首先从规范员工的语言运用开始，逐步规范员工的日常工作行为。除了规范言行外，还辅之以细节意识和思考习惯，使规范成效更加显著。

（一）言之有"规"

语言不仅是人类最重要的交际工具和思维工具，而且还是一个民族历史和文化的积淀。语言是一种纽带，不仅可以表情达意，还可以消除误会，拉近距离；语言是一扇窗户，可以使不同国家、不同民族、不同地区的人，走进彼此的心灵，掌握更多的知识，欣赏更多的美景，了解更广阔的世界。正如《春秋·谷梁传》中所言："人之所以为人者，言也；人而不能言，何以为人？"

振东成立之初，是一所还不知名的民办企业，大多数招聘的员工来自于当地的老乡和退伍转业的军人。来加油的司机是全国各地的人，语言交流有障碍。一次，李安平在餐桌上回忆："记得在我们那个年代，老师领着学生们读'白'字的拼音，'b''ai''bai'，小白兔的'bie'。正是那种落后的教育，导致农村出身的我们没有正确掌握普通话的发音。"因此，振东在1993年创立之初，就建立了一个职业教育学校，那是一个三层的小办公楼。员工刚刚入职的第一课就是学会讲普通话，主要是由企业内部会讲普通话的员工教新入职员工普通话的发音，采用边学边练的方法，让员工在短时间内学会讲普通话。这是李安平最早认识到语言规范的重要性。

　　语言缺少了规范，便如同大地少了阳光，多了些许暗色，少了些许明媚。现任行政总裁的李志旭最初从部队转业加入振东，任办公室主任。有一次，市人大领导来振东视察工作，军人出身的李志旭因工作疏忽，将条幅写成"欢迎政协领导莅临指导工作"。李安平在上级领导到来之前，检查工作的准备情况，突然看到了条幅的问题，因为没有多余的时间去重新制作新的条幅，便给李志旭打电话："把'yan zi'撤掉！"但身为外地人的李志旭听到后很困惑，什么叫"yan zi"？他急忙去问身边的同事，大多数人都不知道李安平想要表达什么含义，有人认为李安平说的"yan zi"可能是指地下的席子。几经波折后，李志旭匆忙将地下的席子撤掉，并向李安平汇报："李总，'yan zi'已经撤掉。"上级领导在李安平的陪同下如期而至，李安平吃惊地发现条幅并没有按要求撤下来。领导走后，李安平大发雷霆，甚至要开除李志旭。李志旭很紧张，不知道如何面对这一场突如其来的困境。在第二天的早操中，李志旭灵机一动，他主动要求领操，在领操结束后，给大家讲了自己由于语言理解不清造成工作失误的经历，强调普通话的重要性，并且要求大家在三个月内养成用普通话交流的习惯，让普通话真正成为振东的工作语言。

　　然而，在普通话推行的初期，很多人觉得别扭，不太习惯，王师傅就是其中的一员。老王是地地道道的长治人，来振东工作已有十余年，想着再干个五六年就退休回家抱孙子去。哪想到公司要求全员在三个月后都讲普通话，而且违反规定还要被罚。他心想，以前只是提倡说普通话，怎么现在还强制执行了？除了电

第三章 "炼人"之道——振东人力资源开发

视上的人,这老百姓谁还说普通话,长治话说了一辈子,这一下子让我重新学说话,这舌头不得打结啊?于是老王找到了时任办公室主任的李志旭,声色严肃地说:"纳节(长治方言,我们)一线工人把机器操作好,不耽误工作就行了,这和说普通话有啥关系呢,这不是给纳节徒加压力呢?"李主任耐心地给他解释,但他的思维仍旧转不过弯来。

　　真正让老王转变观念的是在一次全员大会上,李安平全程用普通话讲述,并且在会上提到普通话的重要性。他说:"公司以后要带领我们大家走向全国,甚至走向国际。如果来个客户或者投资者,人家听到我们员工都操着一口浓重的长治味儿的方言,你说人家会不会觉得我们落后,脱不了'地方小企业'的外套?重点是如果我们想跟人家交流,想请教人家一些技术问题,人家都很难听懂我们说什么,大家说是不是?所以啊,为了公司长远的发展,我们上上下下都要说普通话。尤其是老员工更要带头,这样全员推广普通话的速度才能加快。"

　　听完李安平的话,老王觉得很朴实也很有道理。回去后,老王便从"你、我、他"开始,学着主持人的样子拗口地一遍遍练习。到了公司,其他人怕罚款干脆减少说话的次数,老王为了带动气氛,反而越说越有劲。虽然都是简单的表达,一句"你好"一天能说百八十遍,见面打招呼是"你好",表达谢意也是"你好",但他努力练习的样子非常可爱。同事见状,也学着他说"你好",互相逗趣。慢慢地,除了"你好"以外大家增加了很多其他的表达。两个月过去了,居然有很多人都开始说普通话了。慢慢地,公司已经很少有人讲长治方言了。每进一个新员工,不

131

管是不是长治本地人,都会在这种氛围的影响下自觉讲普通话,普通话就是这样在振东普及开来的。

　　随着振东的规模逐渐扩大,产品开始向国际市场延伸,振东建立了属于自己的研究院,主要用于与外界沟通交流,了解国际制药领域新的研究动向,更好地把握国际态势。然而,对于要"走出去"的振东研究院而言,在强手如云的国际市场上构建自己的标准体系,首要问题是与不同语言文化的学者交流学习。一次,李安平到澳大利亚访问阿德莱德大学,振东研究院的秦博士陪同,顺便做翻译。沟通中,李安平发现秦博士将英语翻译成汉语非常熟练,而将汉语翻译成英语却不流利。会后,李安平询问原因,秦博士说:"工作中看英文文献非常多,很少讲,有些词发音不熟悉。"李安平说:"这个问题其他人肯定也存在,振东研究院可以设立一个'英语日',鼓励大家在日常工作中使用英语交流。""英语日"就这样成为振东研究院的法定日。

　　语言不仅仅需要规范,还需要智慧。缺少了智慧的语言,就像佳肴少放了盐,枯燥乏味,人们会失去欣赏的乐趣,只有智慧的语言才耐人寻味。《三字经》是我国古代传统启蒙教育的结晶,凝聚了我国数千年的文明史和传统伦理文化。明朝赵南星称其"句短而易读,殊便于开蒙"。新入职员工小陈聪明灵活,在参加培训的时候,公司有相关的制度和操作规程的课程,还有具体的"三字经"宝典。小陈觉得这些都很简单,所以上课时没有认真归纳,课后没有及时回顾,"三字经"也没有仔细研读。培训结束后,他被分配进入动力设备部。有一次,上岗后的小陈独立操作设备,由于忽略了一个工作环节,导致设备受损,造成了一定程度上的损失。生产总监向小陈了解事故原因，小陈说："设备种类多，操作规程也多，我没有记全，加上紧张导致疏忽，酿成错误。"生产总监问："公司每个岗位都有'三字经'，你背一遍。"小陈答不上来。生产总监说："'三字经'是公司制度和规程的精炼浓缩，简单易懂，科学实用，且朗朗上口，容易记忆，这么好的工具为什么不用？"事后，小陈边干边学，虚心请教，使用"工作程序""管理流程""三字经"等简单的管理工具，记住了所有的操作流程，熟悉了全部的规范程序，再无类似的事故出现过。得益于此，小陈的做事观念得到改变，工作能力明显提升，年底被评为模范员工。

振东虽然是地方民营企业，但具有长远的发展眼光和战略视野。振东敢于挑战地方落后的观念和多年根深蒂固的方言习惯，以普及普通话为切入点提高振东员工之间以及员工与客户之间的沟通质量；以振东国际化战略实施为着眼点，引入"英语日"的学习，使全员普及英语变成一种势不可当的趋势；以提高工作效率为立足点，练就"三字经"的工作流程，充分发挥中国汉语文化的独特魅力。这些规范的落地实施为振东走出去扫清了语言障碍，并将语言的智慧得以有效发挥。

（二）行之有"范"

振东华南学术区在珠江某宾馆召开大区会议，200多名代表参会，原华南大区总经理宁潞宏主持。会议结束后，大家有序退场，自觉将座椅摆放整齐，把纸片等垃圾带走。结算费用时，宾馆负责人找到宁总，赞许地说："你们员工的素质非常过硬，那么多人开会，不仅秩序井然，结束后将座椅都摆放得非常整齐，没有一点垃圾，让我们感到非常震撼！"

振东从规范员工的日常行为做起，用可视化的力量改变了振东人的行为习惯：从醒目的节电提示开始，逐渐形成环保节约、杜绝浪费的习惯；从形象的物品理念展示开始，逐渐形成爱护公物、保持原样的习惯；从直观的交通标志设置开始，逐渐形成不走捷径、进出有序的习惯……当这一个个小举动被振东人一天天坚持做下去后，产生了令人叹服的效果。振东人的这种文明素质得益于振东高标准的行为规范，虽然这些规范对于常人难以理解，更难以接受，但员工却像信仰一样坚守着，他们把这些规范内化于心，外显于行。

振东开元最初是长治县的一家普通的国有制药企业，自2008年成为振东集团旗下的子公司后，对振东一贯奉行的各种规范落地工作深有体会。振东开元员工们回忆说，"加盟振东后，印象最深刻的规范是从着装开始的。振东集团派专人为所有的员工量制工装，做好后按时下发，随后几年里每年过年我们都会收到新定制的工装。后来，我们就慢慢养成工作穿工装的习惯，现在觉得工作时没有穿工装带胸牌反而不习惯了。""除了服装的规范外，我们印象最深的还有制度流程的规范。比如工作流程化，早计划、晚总结，工作日志，制度表格化等。"

大家对制度流程的落地过程也都有切身体会。"振东集团的制度流程并不是一下子全部在开元实施，而是一步步地将不同类型的制度推行到开元内部。在我印象中，最开始在开元内部推行的是工作流程化，当时振东总部给开元办公室下发了各个岗位的工作流程图，我们把它们复印很多份，贴在员工可以轻易看到的地方。之后，开元的员工需要做什么工作，就会对照相应的流程图，一步步实施，慢慢就熟悉掌握了流程图里所要求的工作标准，进而根据自己的实际情况不断完善自己的工作程序。我们还会按振东集团要求的"法定日"定期讨论，重新梳理自己的工作流程，做成集团所需要的模板，最后讨论得到的结果会印制到我们的标识牌上，戴到胸前，时时刻刻提醒我们日后需要完成的工作任务。"

其中一位一线员工按捺不住，接过话茬继续讲述开元的变化："就工作流程化，我们落实得很好。之后，振东集团又开始给我们下发了工作日志本，要求我们把每天发生的事情记录下来。刚开始有点抵触，觉得干好本职工作就可以了，这些工作日志对自己有什么帮助？后来慢慢发现自己竟然离不开工作日志了。工作日志有三个板块，包括工作内容、工作感想和大事记。要求我们早晨写好自己今天的工作计划，晚上写出自己一天的工作感想，有哪些工作没有做好，是因为什么原因，以后应该如何改善。坚持久了，慢慢发现工作日志会帮助我们梳理工作思路，形成自己的工作方法，因此，工作效率也得到了很大的提升。在工作日志之后，振东集团开始要求员工早晚准时向上级发送短信，主要内容是每天的工作计划和晚上的工作总结，也称为'早计划、晚总结'。"

有人继续补充说："早计划要求每天早上 8 点之前发送，如果有拖延的现象发生，就会有相应的处罚机制，也会根据具体情况计入每月的绩效考核。这让我们逐渐养成了守时的习惯。这种守时的习惯对我们的工作面貌有很大的改善。现在我们每天会参加不同类型的会议，但是只要收到通知，大家都会准时参加。像振东集团制定的各种'法定日'，具体的时间一公布，所有的员工都会牢记时间，都能做到按时参会。法定日坚持了一段时间，我们发现彼此之间的沟通交流多了，我们的工作任务落实得更快，工作效率也比之前有了质的提高。

"在规范化的过程中，有一项工具对我们特别实用，那就是'制度表格化'。以前我们在工作中没有要求统一的表格模板，大家按照自己的偏好制作表格，在信息汇总时工作量很大。后来振东集团不同种类的表格模板推广到开元，我们深深感受到统一表格模板给工作带来了很大便利，现在我们都很习惯表格在工作中的广泛使用，甚至一有工作就会考虑有没有规定的表格模板。时间一长，看到不规范的表格，如表格的线条该加粗的没有加粗，表格的间距设置不当等，大家本能就会觉得不妥，想马上纠正，自然而然形成了"互找差距"的氛围。有时候看到别的企业做的表格不规范，就会马上和我们企业的管理成效作比较，自豪感油然而生。"

除了振东开元，振东集团的其他子公司也都实现了制度规范的完美落地。实践证明，振东的这一系列规范是用之可行、行之有效的科学制度体系，对引导员工行为、养成规范习惯、推动企业制度化具有不可替代的作用。

（三）思而后进

合抱之木，生于毫末；九层之台，起于累土；千里之行，始

第三章 "炼人"之道——振东人力资源开发

于足下；泰山不拒细壤，故能成其高；江海不择细流，故能就其深；天下大事必作于细，天下难事必作于易。中国传统的古语告诉我们，大礼不辞小让，细节决定成败。细节是平凡的，也是不足为奇的，一句话，一个动作，一个念想……它凝聚在我们日常的工作和生活中，表现出来的魅力是无与伦比的，其具有的文化底蕴与深刻含义，更是一般人容易忽视、难以把握的。

"生活中不是缺少美而是缺少发现"，用这一句经典的话来描述李安平再合适不过了。有一次，李安平去一家外资宾馆参加活动，他偶然发现宾馆窗户外有一个2米多高的大理石墙，墙上吊挂着一个大约4米长的水帘，特别漂亮。李安平被吸引出去观看，他发现水帘是由细钢丝绳搭建而成，水会顺着钢丝绳缓缓流下。当时李安平就想把这个设计移植到振东总部的大厅里，随之李安平就开始思考，如何能在大厅内部安装好这个水帘呢？李安平想到可以先做一个小水槽用于引流，再安装细钢丝绳。但是随后发现，钢丝绳安装后可能会从屋顶掉下来，水流没有办法长时间挂到空中，无法形成水帘的效果。碰巧有一天，李安平去屯留办事，朋友正在钓鱼，他一看到朋友的钓鱼绳，就想到了可以用钓鱼绳作为水帘的材质。他一回去就联系工程师开始安装，安装完之后，又出现一个问题，李安平发现水帘的大小不能掌控。李安平就想到可以利用弹簧垫片来解决这个问题，如果把弹片收缩，水流就变小了；把弹片稍微放松，水流随之就会变大。最后，水帘正式完工，使敞亮的振东总部大楼多了一分水的灵气。

任何一件事情，其实都是由无数个细小的环节组成的，每一个小小的环节都很重要。就好比一条铁链，由许多的铁环组成，但无论其中哪一个铁环坏了，那么，整个铁链也就脱节报废了，恐怕再也不能正常发挥铁链的作用了。关于生活中的细节，完全照搬肯定不可取，应该学会改良。李安平最大的特点就是时时用心，事事求知，发现细节，思考改进。他不仅走得多、看得多，而且不管走在哪里，看到什么总能和自己的事业联系在一起。他告诉员工："意识就像一种信息接收器，你大脑里装上这种意识接收器，你就什么都可以看见；但是你的大脑里如果没有安装这种接收器，你就什么也发现不了。假设我给你们下达一个任务，从大街的东边走到西边，有的人就会在路上发现一个小卖铺、小药店、精品店、美容店等，而有的人却什么也没有发现，这就是意识的问题。"在振东的日常工作中，李安平要求员工时时刻刻关注生活中的细节，培养善于思考的意识和习惯。

行政总监李军，部队出身，当兵20年，曾担任过班长、副营长，后来因为机缘巧合加入了振东。一次，李安平发现振东总部卫生间的洗手池旁放置有毛巾，就和身边的李军说："这里的安排不合适啊！"李军听完，开始考虑李安平话中的含义，他看到洗手台上摆放的毛巾，就想是不是还需要再放置抽纸。随后，他开始把毛巾挂到墙上，把抽纸摆到洗手台边。过了几天，李安平再一次从卫生间出来，又跟李军说："抽纸这个问题你还是没有处理好啊！"李军听后百思不得其解，我已经把毛巾和抽纸都摆放好了，为什么还是存在问题？他认真地思索了好久，毛巾放置在卫生间，多人共用，可能不太卫生，而抽纸盒里的纸张吸水性不强，没有做到节约成本。想到这里，他开始去市场上打听，哪种卫生纸吸水性强而且成本较低。然后，李军把从市场购买回来的不同类型的纸张依次进行试验,并且结合成本进行汇总分析,选择了其中售价最便宜、吸水效果最好的一种类型。最后,李军把精心选择的抽纸用耐用的塑料盒装好放置到洗手台上,并撤去了原来摆放的毛巾,李安平看到后再也没有提及这件事。

振东在炼规范的过程中不断加强员工思考力的修炼,坚持学有所思、思有所得,要求员工将工作中出现的问题加以思考,透过现象挖掘内在的本质,在思考中逐步完善自己,提高工作能力和水平。

言之有"规",行之有"范",到思而后进,振东集团从"言、行、思"三个方面练就了员工的行为习惯,让这些行为习惯真正融入了员工的工作生活中。

二、炼能力

振东"炼人"的第二步,也是最关键的一步,就是炼能力。何来能力?能力源于千磨万击时的迎难而上,触发内力以无畏;能力源于勇攀高峰时的巨人肩膀,借助拉力以驰骋;能力源于熊熊烈焰下的凤凰涅槃,战胜压力以重生;能力源于共同进取时的欣欣向荣,形成感染力以图强。没有这般寒刺骨,哪来梅花扑鼻香?能力不是与生俱来的,需要后天的"炼"。

(一)蜕变的主角——触发内力

播下一个行动,收获一种习惯;播下一种习惯,收获一种能力;播下一种能力,收获一种命运。通向成功的"缰绳"掌握在自己手中，只有主动地追求一个目标，才可能实现这个目标，你把努力用在哪里，你的路就在哪里。每个人都想成为主角，被人认可，被人崇敬，但是如果不把你推到台前，即使有能力你又如何表现出来？如果你没有实力，即使把你推到台前你又能表现出什么？欲戴王冠，必承其重。

在振东会议室里，一百多号人正在认真听课，大家时而津津有味、哈哈大笑，时而眉头皱起、陷入思索，时而又激烈讨论、各抒己见。讲台上，一位瘦高的小伙正在侃侃而谈，他引经据典、出口成章，在解难答疑、分析问题时由表及里、条分缕析、娓娓道来，把自己在工作中遇到的困难和解决的方法毫无保留地传授给大家，引来一片掌声。他就是刚来振东时由于在营销财务工作岗位上表现突出，被提拔为营销二部经理，后又通过竞聘上任集团人资部绩效经理的刘红亮。刘红亮学的财务专业，与人资工作不太对口，但是无论是公司组织的培训，还是走出去参加会议，他都非常积极，并且每次都将自己学到的知识进行总结，做成课件，在轮讲轮训时讲给大家。刚开始讲得不是很到位，后来他主动与人资部的同事们沟通，纠正自己对一些知识和方法理解的偏差，进一步领悟。上课时员工提出的问题他一时回答不上来，课后他会查阅大量文献资料，虚心请教同事，将原来遗留的问题一一解决。公司本来要求半年只需要完成12个课时的授课任务量，刘红亮授课多达34个课时，远远超出授课任务量。

刘红亮工作能力的提升得益于公司"轮讲轮训"制度对员工的锤炼。李安平在一次给北大学生讲课的时候，心里非常有感触，尽管自己是老总，给员工训话不在少数，但是自己要给这么

第三章 "炼人"之道——振东人力资源开发

多国之骄子讲课，不免觉得非常紧张。但是同时也觉得非常自豪，脸上特别有光。所以他决定在全公司推行轮讲轮训制度，让员工都来体验一把给别人讲课的滋味。后来公司全员按照"轮流当老师，轮流当学生"和"授课+讨论+考试+测评"相结合的方式，通过团队内训和团队间交叉互训，让每位员工都有授课和接受培训的责任，从交流经验、互相学习、平等沟通、彼此借鉴中共同提升。

在振东，轮讲轮训是常态，由轮讲轮训炼出能力的人更是不在少数，很多人的沟通能力得以锤炼。振东制药技术执行主任赵建斌，在学生时代根本算不上学霸，面试了三次才进入了振东。他刚来时不是很会说话交流，但是现在的他胸有成竹、谈笑风生。他是如何做到的呢？其实并没有我们想得那么容易。在熟悉了项目申报工作后，李安平让赵建斌给新员工和其他有需要的员工讲授项目申报相关知识。当学生的时候还总是逃课，现在让他当老师，赵建斌想都没有想过。但逃是逃不掉了，那么总不能站在讲台上让参加培训的人说这个老师讲得不行吧？可是自己从来没有过这样的经验。于是赵建斌非常努力，把相关的知识认真做了总结，总是自己备课到深夜，一遍又一遍梳理讲的内容是不是清楚明了；向人请教制作PPT，一遍又一遍检查细节有没有错误；自己对着镜子练习，一遍又一遍确定自己的谈吐是否合适。通过一系列的准备和不懈的努力，讲课效果受到大家的一致好评，不仅为公司培养出一批优秀的项目申报员，还巩固了自己的学习成果，锻炼了自己的表达能力，极大地提升了自信心。

振东的轮讲轮训不仅员工自己要求参加、要求进步、要求提高,还能起到炼不足、修正错误和转变观念的作用,形成主动学习和挑战自我的良好风气。吕少宁是军人出身,进公司后,给李安平总裁当司机,一次出差过程中,李安平发现他职场礼仪方面有所欠缺。李安平要求吕少宁给公司其他司机培训,给他设定了课程"接待礼仪"。接过任务,吕少宁也不知从何开始,但是要讲就一定得讲好,他翻阅了接待礼仪相关的书籍,有看不太明白的地方还专门找相关的视频学习,在日常生活中,尤其是出差时注意观察别人的接待礼仪,并认真思考,形成自己的看法。做了课件后,吕少宁非常忐忑,不知道能不能过了李安平的关,也不知道能不能给大家讲好。虽然紧张,他还是利用轮讲轮训的机会,硬着头皮给司机班进行了培训。课堂上,刚开始他很拘谨,后来渐渐放松下来进入了状态,加入了一些生动形象的例子帮助大家理解。经过多次授课,他越讲越好,职场礼仪和语言表达能力也有了大幅提升,还时常加入一些肢体表演和课堂互动,大家都觉得很好。在一次高端媒体活动的接待中,吕少宁细心周到的服务和大方得体的交流,得到了媒体朋友们的称赞。经过一段时间的考察和磨炼,吕少宁被提拔为集团车队队长。

　　振东运城医药公司总经理安守礼一心投入销售业务,为了增加销量,忽视了公司《药品经营质量管理规范》(简称GSP规程)的落地,他的直接上司多次强调GSP规程落地的重要性,但一直没有引起他的重视。李安平得知情况后,决定让安守礼讲授"GSP规程",加深他对"GSP规程"的理解。这对别人来说也许不是一件难事,但是对于安守礼来说,他并没有仔细研究过这一方面的内容,自己做得也并不好,怎么可能给别人讲好呢?为了尽快熟悉 GSP，他在工作之余抽出时间，一屁股坐在办公桌前开始学习材料，一坐就是一下午甚至一晚上，有时回家也把相关材料带回去学习。真的是台上一分钟，台下十年功，要把课讲好，得付出几十倍的努力。但是对于他来说，收获的不仅是这一次课讲好了，更重要的是，深刻认识到了 GSP 规程的重要性，不再认为它只是表面功夫，也很快适应了公司的节奏。同时，他喜欢上了讲课，非常享受传道授业带来的乐趣。

振东通过轮讲轮训的模式，很多员工在不知不觉中就提高了自己的工作能力、表达能力、自信心等，但是最重要的是，加强了员工们的主动学习能力，使大家能够善于学习、会学习，从学习中找到乐趣和成就感。韩愈《进学解》有云："业精于勤，荒于嬉；行成于思，毁于随。"如何能提高员工，尤其是中高层管理者的思考能力，切实把学习到的知识方法应用在日常工作中，形成善于思考的习惯呢？李安平又在轮讲轮训的基础上扩展了"轮评"。

何谓轮评？就是对于讲课的同事给予中肯的评价和建议。轮评不仅能够促进讲课者的反思，也能促进点评者的思考。刚开始点评时可能没有几个人能点评到位，但是不断思考和找问题的过程就是进步的过程。随着轮评次数的增加和大家的思考学习，轮评质量也逐渐提高。集团党委书记董迷柱在点评别人时抽丝剥茧，句句在理，能够表现出他深刻的思想和联系实际的能力，也能引发大家的思考，得到了全员的崇拜，也成为大家的榜样。

在这种环境要求下，即使是受训者，都有正确的学习态度，注重积累学习经验和讲课技巧，领会点评思路，大家都能全身心

优秀企业的逻辑

投入到培训中去。而培训者既练了胆量也练了表达能力。只要是振东的员工，即使是一线的操作工人，讲课也能讲得头头是道，不惧场合。还有很多人通过轮讲轮训崭露头角，有的甚至在医药行业都声名远播。振东开元总经理胡利峰本来对 GMP 认证并不是很了解，通过轮讲轮训对 327 条 GMP 认证涉及要点如数家珍，被大家公认为真正的 GMP 认证专家。

振东还有很多这样的制度模式帮助员工提升能力，案理编复就是要求中层人员结合自己的工作内容和日常思考每周写一个案例，写一个道理，还要对别人的案理进行思考并做出回复。这一过程提高了员工结合现实工作思考问题的能力。此外，公司还有高管论坛、经理论坛、研究生论坛等，要求坛主轮流担任，每次论坛活动不但接待人员多，流程复杂，信息对接麻烦，而且还要协调各方面资源，大大提高了坛主的组织协调能力。

振东的这一系列"炼人"模式，磨炼出了一大批人才，还将继续触发更多员工的内力——在振东浓厚的学习氛围中不断进步，走得更高、更远！

（二）指路的高人——借助拉力

读万卷书不如行万里路，行万里路不如阅人无数，阅人无数不如高人指路。在振东，除了轮讲轮训轮评、案理编复、主题论坛外，有资历、有能力的老员工还会给新员工"开小灶"，帮助他们融入集团，即"带培制"。带培制就是把对振东不了解、不能立刻发挥作用的员工培养为可以适应企业、为企业带来效益的员工，使他们正式融入整个集团，成为其中的一份子。

第三章 "炼人"之道——振东人力资源开发

  振东商学院培训主管郭振芳是有着42年教龄的退休老教师。2014年9月经人介绍入职振东商学院后,认识到如果不深入了解振东,是很难做好本职工作的。振东商学院执行院长李志华便亲自带培,用生动的事例让他深刻领会振东的发展历程和独特文化,并就振东商学院的发展问题进行深入交流。郭振芳自己也非常用心地把这些内容尽快吸收,谦虚向同事学,向工作实践学,很快就适应了商学院的培训工作节奏。在培训实施过程中,他会随时询问学员的培训情况,同时与讲师沟通培训效果,并将效果及时反馈给领导,工作效果得到了领导和大家的一致认可和赞扬。

  新员工是"带培制"的培养对象,骨干员工则是"导师制"的培养对象。骨干员工在导师的指导下提升了工作能力,练成了专才甚至全才。靖磊在振东中药材公司市场部工作时,拜乔和平副总经理为师。一次,靖磊赴地黄产地考察,摸底地黄当年种植面积情况。靖磊认为公司与当地的经营加工户比较熟悉,可以通过内部沟通了解到当年的减种情况,但沟通所得的数据不一致。按照通常情形,靖磊会将这一情况汇报给乔总,而乔总作为靖磊的上司,一般可能会批评下级这点儿工作也做不好,让他自己思考。但是,因为乔总是靖磊的导师,这是亲学生,虽然当天晚上回去已经很晚了,靖磊还是和乔总打电话聊了很久,说了自己遇到的困难。乔总则指导他:"方法虽没错,但收集的是二手信息,准确性低,作为市场部,必须确保信息准确、及时、有效。要从四个方面着手,一是走访种植户,准确了解今年地黄的种植面积情况;二是走访种子销售点,了解销售情况;三是走访肥料经销点,销售量能真实反映种植变化;四是了解市场行情,收益高低必然影响续种情况。"在乔总指导后,靖磊经过详细调研,获得了翔实的数据,认为当年该地区地黄种植面积缩减了30%~35%,据此预判下半年价格可能上涨。调研结果上报中药材公司总经理后,公司立即开会讨论,修订了当年地黄的种植、采收和销售计划,年底中药材公司销售大好!靖磊在乔和平的指导下进步很大,成长很快,现已提升为市场部经理。

师者,传道授业解惑也。振东的导师在员工业务的方方面面进行指导,用自己的知识"炼"学生的工作能力;用自己的智慧"炼"学生的学习能力;用自己的远见"炼"学生的思考能力。同时还通过言传身教对学生产生潜移默化的影响,用自己的一举一动、一言一行影响着每一个学生,"炼"着每一个员工。

(三)浴火的凤凰——战胜压力

剑桥大学教授贝弗里奇说:"人们最出色的工作往往在处于逆境的情况下做出,思想上的压力甚至肉体上的痛苦都可能成为精神上的兴奋剂。"人们都羡慕七色分明、光芒四射的钻石,可有谁知道这块"纯碳",在地壳深处经受了数千年高温、高压的考验。同样,人要想成为人才,压力必不可少,压力"炼人",在压力中奋力求生、求存、求发展,才能达到自己的目标,成为人才。

公司春晚的舞台上,一个女孩在舞台上翩翩起舞,宛如一只破茧而出的蝴蝶,仿佛一个落入凡尘的精灵。她那么努力跳舞的可爱模样引起了大家的注意。后来李安平了解到她也参与了这次

第三章 "炼人"之道——振东人力资源开发

晚会的组织，很多任务都积极主动地完成，而且有团队协作精神。他认为这个女孩有一种劲，努力的劲，认真的劲，这股劲一定能做成大事，是一个可培养的人才，于是决定给她一些压力，进行重点培养，把她调到了营销公司。刚来到营销公司，她也不知所措，很多工作不知道如何开展，但是她知道李安平能够看重她，有意培养她，她一定不能辜负李安平的信任，她也知道，自己心里有一把火，一定要发挥自己的优势把工作做好。于是她做了很多努力，调出营销部的历史数据，对内部业务进行梳理并对业务员的销售业绩进行分析，随后一头扎进市场，深入每个省区、医院、科室，进行详细调研。之后，针对不同省区、医院，推出代表PK、客户星级调整、混合营销、新老人员置换等具有针对性的方案。有些方案在刚刚推行时，一些老业务员很不配合，工作推进有一定难度。但她决心很大，通过几次培训，给大家当面做工作，面对一些说不通的业务员，就强制实行，结果当年营销二部销售增长40%以上。她，名叫吴晓娟，在压力下砥砺前行，带着营销团队创下一个又一个辉煌，自己也克服了一个又一个挑战，现已成为集团营销总监。

2013年，振东家护公司推出的"益呢康"产品全面铺市，营销总监王晓东负责开拓湖南市场，湖南市场是该产品的首批重点市场之一。但是新产品想要进入一个市场是相当有挑战性的任务。当时，王晓东也是刚接触这个渠道，他深知公司的期许和希望，毅然扛起渠道开拓者和负责人的重任，抵住压力，坚决要完成好这个工作。到了长沙当地，王晓东就立刻到市场上做了一些调查，回去之后就开始连夜想办法突破。第一次开团队工作会时，大家都很茫然，无从下手。王晓东拿出一张长沙市的地图，只说了一句话："从今天开始，一周内我们把长沙所有的足浴店扫完，标在这张图上。散会！"会后，王晓东不仅深入思考，指挥全局，还和所有人一样立刻开始调研工作，大中午在外面对付一顿饭，晚上熬夜加班都是常有的事。终于功夫不负有心人，第二次开会时整个团队就对长沙市所有足浴店的店面大小和装潢情况、老板爱好、人员情况、收入多少、运营时间、管理制度、服务项目等有了详细调查和深入分析。就这样，尽管充满压力，但是王晓东带领他的团队一步一个脚印，最终使产品特点、进场谈判、门店导入、产品动销、客情维护等诸多方案全部明确，给产品市场最后的成功开拓打下了基础，后来振东家护的产品竞争力和产品线的完善都获得了极大的成功。用王晓东自己的话说："我一定带着家护铁军继续勇往直前，抵住压力，在激烈的市场竞争中锁定目标，抢占先机，付诸实践，让大家以专业优质的服务回馈客户，将健康的洗护理念注入行动，做强中药洗护，为振东大健康产业集团的发展做出实实在在的贡献！"

  2004年的一天，一位对制药行业并不了解、专业也不对口的青年男子走进振东的大门。作为一个下岗工人，他并没有清晰的职业目标，也没有特别抢眼的特长。但是从新员工入职培训开始，他就表现出了乐于助人、工作积极的优秀品质。李安平总裁觉得这个人值得培养，决定亲自带他，并对他提出期望，努力在一年半内从普通员工转为中层管理者。虽然他倍感压力，但是一种不服输、要证明自己的劲立马上了弦。别人下班时，他还在办公室认真学习；别人不懂装懂时，他却虚心地向有经验的人请教；别人遇到工作难题可能会退缩时，他总是会主动思考想办法解决。不久，李安平让他担任生产部长，但是他知道自己对生产一无所知，很难立即胜任这个岗位。于是他先从车间轮岗，每个岗位轮两周，与一线工人一起工作，一起加班，半年后终于掌握了所有的生产工艺流程，随后履新生产部长。刚对生产工作得心应手，李安平又让他去做销售，这可把他愁坏了，又要进入不熟悉的工作领域。他性格内向，做销售根本无从下手，产生了抵触情绪，甚至一度有抑郁倾向。李安平循循善诱，耐心教导，手把手教他，加上他勇于挑战自己，经过一段时间的市场历练，逐渐摸索出销售的门道，顺利实现了角色转变。后来他又多次被委以重任，目前担任振东中药材公司董事长。他就是雷振宏，他做梦也没有想到，自己会由一个下岗工人蜕变为企业高层管理者。是振东这个平台，给他压力，给他机会，大大激发了他的潜力，成就了他的精彩人生！

天将予之，必先苦之。要成功，你必须接受遇到的所有挑战。真正成功的人，都是那些不断挑战、不断攀登峻峰的人。所以在振东，只要你表现出有潜力，只要你肯努力，只要你在压力下仍然能够坚持，就一定能被发现，一定能成长，一定能被"炼"成有能力的人。

（四）发光的太阳——形成感染力

命运只能指挥人，榜样却能吸引人。哲学家塞内加说："教诲是条漫长的道路，榜样是条捷径。"可见模范比教训更有力量，启示在教诲，成事在榜样。无论在生活还是工作中，有榜样的指引，会觉得生活充满阳光，每天都能看到前进的方向。

办公室里，一位踏实干练的女士坐在桌前，但她的手机不停地响，一会儿一个电话，她时而向对方介绍市场情况，时而咨询业务情况，时而翻开本子记一些内容……一刻都舍不得耽误。就是这个小小的身板，有时候要去车间检查物料出入库情况，有时候要去市场调研价格，有时候要去销售部沟通进料需求，每一件繁事琐事，她都做得井井有条。为了得到准确的药品原料市场信息，她不惜付出很多时间和精力，有些信息很难收集，她也不惜自掏腰包，只为能够给公司买到质优价廉、性价比高的原料和合适的辅料。她是振东集团物料部长崔萍萍。你一定想知道她这么拼命，为了什么呢？据崔萍萍说，集团营销总监吴晓娟是她的榜样，同样是在生产车间，之前还一起当过同事，看到她通过努力从生产部调到营销部，并在营销部做出了一番成就，自己羡慕的同时，更多的是佩服。她相信，只要自己肯努力，在工作中发挥光和热，也一定能做出一番成就，获得更多的机会。同时，振东的优秀人才太多了，如果你不努力，就会有别的更优秀的人来替代你的位置，人不进则退，所以必须不断提高自己，才能紧紧跟上公司的发展步伐。

振东的普通员工也一样，每时每刻都在榜样和进取氛围的影响下不断被锤炼。在化验室里，几个身穿白大褂、戴着一次性手套和口罩的员工正在忙忙碌碌地工作，有的在仪器上观察来观察去，有的拿着几个小试管、小瓶子研究着什么，有的则在操作台前不动声色……他们是振东制药的化验中心工作人员。看着他们训练有素，职业化程度这么高，原因之一是他们有一位好榜样，有一个好氛围。张彦霞作为化验室主任，工作严谨、作风踏实、不断追求进步，从一个普通的检验员一步一步走向管理岗位，给同事们树立了一个好榜样。即使是小小的化验员，也希望能通过一丝不苟的工作作风、严谨积极的工作态度不断向上。大家都是这样的想法，便形成了一种氛围，在化验室里，大家都比着谁能更精确操作，谁能更了解药典，谁进步得更快，一有外出培训的机会，都争先恐后地报名参加。整个团队本着"丝缕求细，点滴求精"的理念为生产线提供准确的生产参考数据，为产品销售把好重要的质量关卡。

在这种争先进步、能看到希望和方向的环境中，新来不久的员工也很快就受到感染，能够积极努力。振东文宣部马楠，喜欢振东的氛围，每一个同事都积极向上，充满正能量，渴望进步，于是她刚来振东时就开始每天加班，有一段时间几乎是公司最晚离开办公室的人，进步非常快，最近被任命为文宣总监。康远制药财务总监连育青，已是当奶奶的年纪了，但是来到振东后，整个人都不一样了，身边人都说她逆生长，在这个氛围下越活越年轻了。

曾有人把好榜样比作教堂的钟声，能够吸引人们都往一个方向走。在振东就是这样，看到别人的成功，你也会渴望成功；看到别人的进步，你也渴望进步，便会自发地往这个方向走，便离你的目标又近一尺。

三、炼灵魂

振东"炼人"的第三步，也是最难的一步，就是炼灵魂。何为灵魂？灵魂就是天地之正气，使万物乍然都化为一片纯净；灵魂就是人间之义气，用大爱谱写济世情怀；灵魂就是立世之硬气，凭男儿气概挥斥方遒；灵魂就是为人之和气，以和相聚方能无敌。灵魂它看不见，但确实存在。它在人心里、脑子里、渴望追求里、自然自觉自由里……它无处不在，在思想变为行为里，在希望不断升华里，这就是灵魂。周国平说，灵魂一旦敞亮，你的全部人生就有了明灯和方向。而振东，就是那盏明灯。

（一）扬清抑浊，炼正气

"正气"与天地并存，与宇宙同在，它有一种充塞于天地之间的崇高美。人的浩然正气，充塞于苍冥，可见正气的力量。无论是利益的诱惑还是灾难之际，禀受正气之人便表现出了凛凛气节，他们为了维护正义和公平而不动私心，留下美名彪炳于青史。

曾任振东中药材公司董事长的宁潞宏，上任之初，一直在考虑如何缩短投资回收期。一次，宁潞宏去广东出差，与客户沟通时了解到"倒增值税发票"可支撑企业效益。于是给李安平打电话汇报，却遭到了李安平的批评："如果振东仅仅是为了赚钱，方法很简单，把振东卖掉，企业不就有钱了？你以为我们的价值理念"与国同强"就是说说而已？我们怎么可以骗自己，骗我们的兄弟姐妹们呢？"李安平当即召开高管会议，宣布：无论是谁，有意或无意偷漏税，搞投机倒把的事情，立即辞退。宁潞宏很是惭愧，自己在李安平的指导下工作了这么久，却从来没有真正思考和领悟过公司的核心价值观，因为自己的幼稚差点给公司、给振东人抹了黑。从此，无论工作上，还是生活中，宁潞宏秉持诚信为人、一身正气的理念，并要求自己的下属绝对不要动歪脑筋，奉行踏踏实实的工作作风，为国家为人民谋福利。

当前经济飞速发展，商机不断涌现，可社会却日益浮躁，人们内心的欲望不断膨胀，有的为了获取利润，只求利益最大化，诚信观念日益淡薄。也有的企业和个人受利益驱动，金钱至上，利欲熏心，利用法律的漏洞和监管的缺失，扰乱市场秩序，制造假冒伪劣产品，破坏了诚实守信的市场环境，损害了合作伙伴和消费者的利益。然而，企业竞争是长久的事，只有那些勇于开拓、诚实守信的企业，才可能取得客户的信任。

振东石油时期员工小和负责成品油购销，非常敬业。每天不辞辛劳，奔走在各加油站，谈业务，开发客户，得到了大家的肯定，销量节节攀升，经常受到公司领导的表扬。时间一长，他有点沾沾自喜，有的业务开始擅自做主。一次，李安平陪同县领导参观加油站，这家加油站正好是振东服务的客户。领导看到加油站员工业务精，服务好，给予了肯定与鼓励。加油站负责人说："我们长期和振东合作，价格合理，从未发生过质量问题，取得的成绩离不开振东的支持！"该负责人谈到价格时，李安平发现，给这家加油站的供货价格高了。回公司后，李安平立即调查，结果发现是业务员小和的问题。小和鉴于该油站地处偏僻，信息不通，为了让公司多盈利，体现自己的价值，虽近半年油价下调，但仍维持原价。李安平严厉批评了小和，指出他的这种投机行为将会严重损害公司的形象，影响长远发展。强调与客户要诚心交往，真心交流，才能长久合作。随即对小和进行了处分，并将公司多盈利的6.4万元还给了该加油站。由此，振东集团提炼出了"营销理念"之"勇拓诚交"。

为了真正做到诚信，振东曾在药监部门的监督下，将价值180万元的只是颜色出现偏差、其他指标都合格的中药全部销毁；曾花了14万元将错加的柴油追回并为司机修理了汽车。像这样的事例不一而足。"一握振东手，永远是朋友。"这不是简简单单的一句话，振东从起步伊始，无论是从事石油行业，还是制药行业，以产品质量诚信经营，以工作质量取信于人。屈原曾说"善不由外来兮，名不可以虚作"。振东人的美名得益于他们从来不弄虚作假。振东要求大家，无论是做生意还是为人处世都要讲诚信，哪怕是很简单的一件事。诚信办事，诚信为人。

君子养心，莫善于诚。精诚所至，金石为开。信用的价值是无法用利益金钱来衡量的，它更多体现的是一个人的品格，一个企业的格局。言忠信，行笃敬。欺人只能一时，而诚实却是长久之策！没有诚实何来尊严？没有诚实又谈何正气？

扬清抑浊，炼正气。正气是振东人的品格，振东人的基因。为此，振东不仅要求员工诚信为人，还提出了一系列的阳光文化制度，包括阳光招标模式、阳光费用模式、阳光问题模式、阳光心态模式等。员工在公司诚信和阳光文化的锤炼下，在正气氛围的熏染下，内心愈加光明坦荡，仰不愧天，俯不愧地。文天祥在《正气歌》中曰：天地有正气，杂然赋流形。这种正气是一种正义之风、正直之气，绝不为利害所迷失，人们把虚伪和造作统统去掉，而显出本性。

欲修其身者，先正其心；欲正其心者，先诚其意。韩愈在

《原道》中讲道：想要在道德人品上进行修炼的人，首先要纯正自己的思想。而要纯正思想，首先要使自己的意念真诚。凭此一身正气，振东人才会有一种自尊，有一种威严，有一种高尚的境界。有了它，振东人才会怀有真诚，懂得荣辱，负起工作与生活的责任。

（二）赤胆忠心，炼义气

孔子教导成仁，孟子教导取义，认为只要把道义做到了极点，那么人们所希望的仁德自然也就做到了极致。"义"有大小之分，尽到对亲人、朋友的责任，此乃"小义"；尽到对团体、组织的义务，可谓之"中义"；敢于维护国家利益、心系社会，才是"大义"之所在。如果为了"小义"而放弃"中义"、背弃"大义"，那就不是讲义气，那是假借讲义气之名，追求个人的一己私利。持节守义、义字为先，是晋商成功的根本，振东自成立之初就秉承晋商精神，以回报社会为企业发展的最终目标。振东人大都有两种义气，一种是对公司的义气，一种是对社会的义气。义气背后，是责任，也是担当。

振东开元制药综合制剂车间的大蜜丸内包操作组组长孙爱萍，连续十余年被评为公司的模范员工。孙爱萍自入职以来，一直在综合制剂车间从事大蜜丸内包工作，从未嫌过苦嫌过累，扎根基层，安下心来做好本职工作，多年来不断受到领导的好评。作为一个设备主操手，她时常在工作之余努力学习研究岗位技术。在进厂初始的一段时间内，她严以律己，用时间和汗水练就了一手过硬的操作技能。成为公司操作尖子后，她充分发挥尖子效应，积极主动做好传、帮、带工作。后来，她又对大蜜丸内包机的工作原理研究着了迷，积极探索、倾心付出，终于摸索出一套属于自己的调试机器的办法。她自知身担重任，明白工作无小事，工作的二十多年里，她经常放弃休息时间，主动承担公司急、难、险、重任务。只要组里缺人，她随叫随到，哪里出现困难，哪里就有她的身影。此外，她还时常细心观察、熟悉车间工艺流程，与其他同事探讨工作难题，切磋技艺，寻求最佳的质量效果，为企业献计献策。在她的影响下，全组学习技术蔚然成风，涌现出了许多技术能手；在她的带培下，九名设备主操手脱颖而出。岗位很平凡，职务也很平凡，但不平凡的是她二十余年来始终如一地心系车间，用真情献出自己的力量，用执着打造企业的光芒。熟悉她的人都有这样一个印象："她言语不多，诚实老练，只知道不声不响地做事。"她是一名普普通通的工人，像一头黄牛，一心扎在车间一线耐心地耕耘着，她的敬业精神无不体现对这个"大家庭"的一片真情，一份仁义。

　　孙爱萍只是振东人的一个缩影，无论是公司的高管还是普通员工，对待工作都很热情、成熟、稳重，积极投入并且有始有终。与振东接触过的人，都会对员工们认真负责不推诿的工作习惯留下深刻的印象。在振东，敢于承担责任是有能力的体现，被赋予更多的责任是对员工工作的认可。有员工感慨：在振东工作的时间越长，越有"责任即荣誉"之感。除了这份难得的敬业心，在振东，更加真挚和热烈的是员工们对整个社会的义气以及对天下苍生的爱。

　　村口站着一位老伯，一头白发，皮肤黝黑，额头上刻着几道

第三章 "炼人"之道——振东人力资源开发

深深的皱纹,穿着一身略显破旧但还算整齐的衣服。随着老人来到他的房子,门梁低矮,进门后是一个巴掌大的院子,目光所及之处只有一间土坯的房子以及院中间晾晒的几件破旧衣服,院里还有一口地窖,看下去约两米深,里面贮存了一些土豆,老伯说这是他冬天唯一能吃到的菜。进入屋里,眼前的一切令来访者有些愕然:十几平方米的屋内没有一件像样的家具,床上的铺盖被水渍得失去了原来的颜色,土坯的墙面上贴满了旧报纸和过期的挂历,唯一的一扇不大的、可以透光的窗户用塑料布封挡着以便保暖,屋内有一个简陋的灶台和一个取暖的小炉子,但时值冬季,却感觉不到暖意。经了解,老伯有两亩地,种玉米,年收入在一千元左右,吃低保一年领补助一千元,加上干一些零活,全年不过三四千元收入,根本无法供孩子上学。在未进门之前,来访者还有说有笑,有人觉得这村子僻静、安宁,适合养老,大家嘻嘻哈哈轻松谈笑着。此刻,却都沉默了,他们逐渐明白,这里不是安宁,而是落后,是贫穷,是真的一贫如洗、家徒四壁。与老伯攀谈一阵后,来访者的代表为老伯送上大米、白面、食用油、衣物和现金等过冬所需物品,老伯伸出颤巍巍的手激动地与来访者一一握着,眼里濡满泪光,这期间有一些人从自己口袋里拿出钱悄悄地塞到了床铺底下……

这些来访者是振东的新员工们和几个中层管理者。公司规定,新员工入职培训期间,都要由集团扶贫办组织,由中层以上管理人员带领,分小组到特困家庭提供帮助,让大家感受爱心活动,接受扶贫济困教育和心灵洗礼,这次去的是东寺头乡寺头村桑爱明家。

后来，其中一位新员工在谈到这次活动时说道："我感谢时光，能载着我来到这里，感谢我漫长的岁月里，能有幸在振东生活学习，这里教会我们在其他地方不曾得到的东西，那就是大爱。也许你不去经历的时候，你会觉得这只是说教、只是文字、只是传言，但我想说的是，如果你去经历一次，哪怕只有一次，就一定会感受到那种心灵的激荡。这是我的亲身经历，我看到的，我听到的，我知道这些都不再是故事，都是真真实实发生过的，仿佛一幕幕就在眼前。此刻我的眼前还能浮现出老伯饱经风霜的脸上淌下的热泪，还能感受到与老伯握手时，他那沧桑双手上的磨痕。当我们领导把救助金亲手交到老伯手中的那一刻，我的心为之一颤，内心既感到酸楚更感到自豪，我一定要好好工作，为公司、为社会做出自己的一点贡献。振东以实际行动净化了我们的灵魂，我为自己是一名振东人而感到无比骄傲！"

振东一名老员工常志芳也曾说："振东勇于承担国家和社会责任，每位员工都感到非常自豪，因为大家创造的价值都真正地为国家和民族做了贡献，让我们的个人价值得以实现。振东十几年如一日的'扶贫济困日''冬助日''敬老日''仁爱天使'活动帮助了无数的贫困学生、孤儿、孤寡老人、残障人士、特困家庭和特困患者。国家每次有灾难时，振东人就会自发组织捐钱、捐物、献血。'与民同富，与家同兴，与国同强'已深入每个振东人的心中！当一车车救济粮送货上门，一笔笔助学金雪中送炭，一场场捐助会大爱爆棚，一座座希望之门拔地而起。人们的眉头舒展了，眼眶却湿润了。家乡的父老们铭记着振东的恩，太行山的乡亲们忘不了振东的情！"

第三章 "炼人"之道——振东人力资源开发

振东用自己的方式，为这个世界书写了一个大大的"义"字，并以自己的方式，为一代代振东人传播着什么是大爱，什么是感恩。穷则独善其身，达则兼济天下，而振东不管企业发展如何，就算日子稍微过得紧一点，也一定要把扶贫济困这项任务完成好。李安平在一次讲话中表示："有时候我承担不起，但是我放不下。这么多年在公益上花了多少钱没法统计，谁也不知道到底花了多少，也没有统计数字，我不想让这些数字制约我对社会承担的责任。振东'扶贫济困日'资助活动已举办二十年，形成了科学的规则和制度。期间企业虽经历了坎坎坷坷、风风雨雨，但即使企业效益不好的时候，也坚持资助贫困学子和贫困家庭。让爱心永远传承下去是摆在我们面前最重要的课题，我们只有加倍努力做好企业，才能尽力承担社会责任。"

都说"虎父无犬子"，李安平的这份家国情怀，在他女儿——现任振东五和健康科技公司董事长——李艳身上也同样显著。四川地震时，还在海外求学的李艳看到新闻后第一时间给李安平发来短信："老爸，听说你要赶往汶川，我为你感到骄傲！你要注意安全。还有，多捐点！"李安平特别欣慰地笑了，他给女儿回复道："你放心，爸爸已经都安排好了。我为女儿的爱心感到无比骄傲！"在那场地震中，振东包专机向灾区送去价值1000多万元的药品和127万元捐款，员工自愿献血30万毫升，李安平亲自带领着救灾小组奔赴现场，在那里不知疲倦，挥汗如雨，是山西第一支进入灾区参与救援的队伍。

从李安平，到李艳，到振东员工，再到全部长治人、中国人，把仁爱和大义一份份传递下去，结成了一张密密的网，维系着华夏儿女的情。英雄义重情更长，真正的学问其实是一种人学，一种家国情怀，一种浓缩真情与大爱的普世之道。让仇恨和偏见不再有，冲破情感樊笼，放眼天下，打开心门，内心才会愈加成熟强大。四海之内皆兄弟，兄弟之间互相帮扶，安危与共，同舟共济，方能实现孙中山先生倡导的"天下为公"。

（三）砥柱中流，炼硬气

史铁生曾在《病隙碎笔》中写道："我经由光阴，经由山水，经由乡村和城市，同样我也经由别人，经由一切他者以及由之引生的思绪和梦想而组成了我。那路途中的一切，有些与我擦肩而过从此天各一方，有些便永久驻进我的心魂，雕琢我，塑造我，锤炼我，融入我而成为我。"人生都是这样，总得经历最稚嫩、最不优雅的情节，在数寸光阴里才拾起成长的蜕变。经历在风雨里片刻的停歇、反省、抉择，终于寻觅到根深叶茂，扎扎实实独立站立的力量。漫长的黑暗是为了光明，而这些颠簸与挣扎，是成长为一个栋梁之柱必经的代价。伴随着太多疼痛，才练就了一身硬气，一方傲骨，才练就了一代文豪史铁生。

疾风吹劲草，烈火炼真金；不经寒霜苦，安能香袭人？所谓硬气，就是无论面对风霜还是雨雪，都能葆有刚正不阿、坚强不屈的骨气。不是每一朵花都能抗争寒冷的凌虐，盛开在雪山之巅，而雪莲做到了；不是每一棵树都能迎面挑战风沙的肆虐，屹立在茫茫戈壁，而胡杨做到了；不是每一个人都能承受直击人心、辛辣尖锐的批评，还得面带微笑，谦和地应允着，而振东人做到了。

第三章 "炼人"之道——振东人力资源开发

"你现在当了总裁秘书,就变成了另外一个人,每天就像个大闺女似的,大门不出,二门不迈,跟谁都沟通得少,沟通少怎么做工作?"

"就是营销这方面,你的高度不够!现在市场上出现什么问题,应该怎么去解决,你就不知道!

"你的第一个问题表现出来的就是盲从,领导说什么你就说什么!第二个问题就是缺少方法,比如说具体的措施,怎么办?"

……

只听见会议室里你一言,我一语,言辞激烈,火力十足,一听就是在指责谁,究竟是发生了什么让大家这么慷慨激昂,义愤填膺?只见围着大方桌坐了四排大概有四五十个人,大家都朝一个方向看去,并且言辞都指向站在会议室最前面的人,那是一个穿工作服的年轻小伙子,只见他面色不愠不怒,只顾低着头拿着笔记本详细记录着……长达半个多小时的时间里,众人的批评直截了当,让人脸红出汗。经了解,原来是振东的员工在召开民主生活会,让每个人都在公开、平等的阳光环境下接受别人的批评,同时也去批评他人。像这样的会,每年三月振东都要花一个星期的时间举行,上到集团总部、下至企业班组,都要召开民主生活会,讲真话、敢批评作为民主生活会的着力点,就是为了让大家真正达到爱心帮助、共同进步的目的。而此次会议被批评的就是台前的小伙子,他是原集团总裁秘书孙晓飞。会后他说:"当对我进行他批环节时,大家的批判声使我汗流浃背,根本无法形容当时的感觉,觉得整个身心受到强烈'刺激'。半个多小时简直像半年一样难熬,老师和同学们的点评,字字扎心,令我羞愧难当。会议结束后，我却觉得心里特别敞亮，他们给了我一面真实的镜子，让我在镜子中彻底看到了真实的自己，发现自身的种种不足与问题。最终，我归纳总结出八项问题。即日起，我将以此作为自己工作生活的新起点，用正确的意识武装头脑，通过转变观念加强沟通交流，改正缺点，重塑自我，以最好的精神状态投入到工作生活中，带着责任感做好本职工作！"初入社会没多久的年轻人能有这样的胸怀、这样的硬气完全得益于在这种公司文化下的锤炼。大家一致认为，这样的民主生活会，是"给自己动手术、给部门找问题、为企业聚人心、为发展铺后路"。大家直截了当，直呼其过，不当好好先生，不说官话套话，言者无私无畏，有一说一；听者闻过则喜，从善如流。这不仅体现了会议的高质量，更体现了振东人求实、求真、求上进的精神。

当然也有人一下子接受不了批评。在参加民主生活会时，面对同事直言不讳的批评羞愧气愤、面红耳赤，却在之后的反思中意识到自己的缺点和毛病，及时改正错误，并对同事心存感激。甚至还有老振东人被批哭的，在谈及他的感受时，他说："这是我进入公司以来第七次参加，虽说经历了七次洗礼，自己内心也做了充分准备，但在兄弟姐妹们的批评下，我的内心和灵魂都受到极大的震动！泣不成声，情绪难以控制，甚至会议一度中断。我恨自己多年的陋习未改，恨自己懒惰没有上进心，恨自己曾有放弃自我的念头，恨自己不知道学习一度走下坡路，恨自己自私没有贡献精神。没有意识到自身的缺点已发展到如此危险的地步，不仅阻碍了自己的成长，也影响了团队的发展。痛定思痛，我应该深刻忏悔，不能再这样沉沦下去。在民主生活会中，各位师生向我伸出关爱的援手,让我正视自己的差距,让我还存有一线希望,相信自己还有一次机会去改正自身的缺点、陋习。通过这次民主生活会,我的脑海从开始的一片空白,逐渐转变为有一丝清醒,进而深刻意识到自身确实存在很多需要解决的问题。这不是用一两句话就能够总结出来的,也不是用一两天就能够梳理清楚的。我需要一点时间,先进行自我反思,然后与所有同事进行沟通,寻求帮助与指导。当下,我要做到调整心态重新振作起来,严格要求自己不能再犯原则性的错误,珍惜现有的机会和平台,守时守信不拖拉,给团队带来正能量,提高职业素质。整理完毕后,我要制作成卡,放在身上时刻提醒自己。我坚信在振东师生的监督下,会让大家在很短的时间内看到我的明显变化。最后,我要鼓励自己放下包袱,重新燃起内心的斗志,给团队展现积极阳光充满激情的自己。"

  这就是振东人的硬气,百折不挠的勇气。宝剑锋从磨砺出,梅花香自苦寒来,没有铁一般的意志,钢一样的硬气,如何能承受"千夫所指"的压力?就是在这样一次次的批评与自我批评中,员工得到了灵魂的洗礼,获得了人格的蜕变,是这样的磨炼让他们更加成熟、更加坚强、更加坦然。在这种讲真求实的文化氛围下,振东锤炼了一批又一批"铁血硬汉",有了这样的心态和素质,敢问就算员工走出振东,还有什么不能面对的困难,还有什么跨不过去的坎?从另一方面讲,员工们只有具备了做人的硬气,才敢直接去指出别人的问题,不唯唯诺诺,不含糊其词,大家都明白问题提得越精准,越是在帮别人成长。尖锐的批评与自我批评不是要大家相互打击、相互报复,而是要从客观实际出发、提的问题要有深度，不能只停留在表面，要查找问题存在的根源，才能真正解决问题。

公司在刚推行民主生活会时，李安平要求第一个矛头指向自己。刚开始下属们有顾虑不愿意提，想提的人又不敢提，于是李安平提出对自批和他批到位者，每人奖励200元；对违反组织程序和会议流程及自批和他批敷衍了事者，每人处罚200元。之后整个下午和晚上，大家陆陆续续提了李安平的很多问题、很多毛病，这让他很不适应。李安平说："一开始怎么也想不通，觉得自己每天为企业操心受累，还在会上受到这样的批评和指责，又生气又难过。可是心平气和之后，却醒悟到自己现在的一些做法和当初的目标渐行渐远，多亏这些老伙计能及时点醒我，把我从弯路上拉回来。"李安平还要求员工们会后要将差距汇总整理，制作警示牌置于办公桌前，以自省改进。振东行政总裁李志旭将多年来参加民主生活会的差距警示牌全都珍藏了下来，他认为民主生活会对自己的改变非常大，这些经历都是财富。由此，振东人受到启发，在管理实践中梳理总结出了应对管理短板的最有效的工具，那就是"差距模式"。从每位管理者的差距量化指标，到每项活动后的现场找差距，每位振东人都深刻体会到了差距模式的魅力，无一不从差距管理中获益提升。差距寻找准确到位了，整改差距就变得有针对性和实操性。

曾子曰："士不可以不弘毅，任重而道远。"加强自我锤炼、自我修正，永远在路上，它只有进行时，没有完成时，只有驰而不息，坚韧弘毅，善于反省，坚定初心，才能挑重担、走远路。纵观古今，每个有担当的人在面对困难、绝境时，都能靠着顽强的毅力挺过去，遇到困难不服气，碰到挫折不气馁，失败了继续前行，坚强地面对一切。在振东的发展中，正是靠着一群有硬气、敢担当的人，才取得了一个又一个成功。

（四）勠力同心，炼和气

思想家史伯说："和实生物，同则不继。"这句话蕴含的哲理是不同的东西或不同的人彼此和谐才能生世间万物，所有东西都一致的话，世界也就不再发展了。如悦耳动听的音乐是"和六律"的结果，香甜可口的佳肴是"和五味"的结果。其实，在中国传统文化中，有关和谐的思想可以追溯得更远。和谐一词早已有之，它原指乐律的调和。由于乐律来自对自然之声的发现，所以古人推而广之，逐渐把和谐看作自然的法则，如此就有了史伯的"和实生物"、老子的"万物负阴而抱阳，冲气以为和"、孔子的"礼之用，和为贵"等。孔子还从做人的角度区分了"和"与"同"："君子和而不同，小人同而不和。"意思是君子讲和谐但并不盲从附和，小人盲从附和而不讲和谐。真正的和谐是在坚持不同声音、不同观点的前提下，对于他人的一种宽容，一种融入，其实这就是君子之道。不管是在社会上还是在企业里，尊重人的个性，充分激发人的创造活力，并且形成一种强大的合力，才能实现真正的和谐。为打造一支和谐的团队，团结奋进的团队，振东在发展过程中应用过很多方法，采用了很多手段，经过无数次的实践，逐步提炼出了振东的团结精神、亲和文化等。

2002年，振东从商贸流通进入制药领域，在投资和GMP认证期间，不缺敬业者和奉献者，但缺少懂技术、懂质量、懂认证的人才。为此，引进赵家太、王瑞珍、王守伟等一批行业人才。一段时间后，工作进展缓慢。李安平召集开会，分组讨论进展不顺的原因。老员工认为自己非常敬业，每天加班加点，很辛苦但不出成绩；新进技术人才觉得才能发挥不出来；大学生则有激情但又不知如何开展工作。经过讨论，李安平明白了症结：大家各有所长，都很不错，但管理机制不合理。于是推出"互动模式"，把大学生、老员工、技术人才分成很多的三人小组，结成对子，让经验丰富的、优秀的技术人才指导技能欠缺的老员工、大学生，让老员工为技术人才、大学生讲解企业文化，互相借鉴学习，互相帮助提升。大家各尽所长、各尽所能、同心协力、一鼓作气，实现振东制药当年投资，当年一次性通过 GMP 认证。一滴水只有放进大海里才永远不会干涸，一个人只有当他把自己和集体事业融合在一起的时候才能最有力量。这种模式在后来的新投资、并购的企业中起到了很好的推进作用，也在日常工作中大量应用并逐渐保留下来，推进了企业的健康快速发展。

不仅互助模式达到了炼和气和炼团结的效果，公司竞争活动的基础也是团结，目的是更好地合作，让大家互帮互助，同心同力，携手共进。比如公司每年的"PK 月"活动，要求代表和代表、片区和片区、省区和省区、大区和大区进行一对一的 PK。2017 年 5 月的 PK 活动，职能体系的总指挥是行政总监李军。为了办好这次活动，李军煞费苦心，虽然想了好几个方案但都过不了自己这一关，不是可行性低，就是容易形成不良的竞争氛围，影响部门和气。经过几天几夜的琢磨，加上李安平点拨，总算慢慢摸出了一条思路。他让公司员工每三人自主组成一个小组，并

第三章 "炼人"之道——振东人力资源开发

在部门内和部门外选择自己的 PK 对象，选的 PK 对象要和自己业务匹配，工作内容相符。职能体系的 PK 内容主要分四种：制度优化、岗位流程优化、工作程序优化、三字经。两个小组提前沟通，商量好每天的 PK 内容，然后由主管、小组长进行初评，几个总监进行终评。每天都有 PK 结果，每周出战报，四周加总分数定输赢，输的一方该月提成的一半给赢的一方作为奖励。

为了积极响应这次活动，人资部的刘红亮找来财务部的张新正和制药质保部李琴组成一个小组，因为平时他们的工作关联度很大，他们三人组成一组可以互相了解彼此的工作内容，从而提高每个人的工作效率。在 PK 活动过程中，三个人也会有矛盾，会有想法不一致的时候，但他们会及时沟通，了解彼此的想法。和 PK 对象协定好 PK 内容后，他们就根据每个人的特长先进行分工，然后各自准备，最后再一起探讨、修正，争取达到全组都满意的效果。一个月下来，小组成员不仅互相借鉴学习、互相帮助提升，同时慢慢培养了彼此的默契，建立了深厚的友谊。其实除了刘红亮小组，很多其他的小组也都很团结和谐，以大家共同的合力、共同的智慧对待工作，达到了很好的效果。

无情规则，有情团队；无情制度，有情领导；无情市场，有情经营。融入团队，合作才能成功。知识与信息大变革的时代，已不是一个人就可以打天下的时代，一个人是很难取得更大成功的，必须要吸收团队成员中每个人的优点，整合所有人的优势去做事。"抱团打天下"就是在团队里以"我为人人，人人为我"的理念去合作、去分享，共同取得更大的成果。

振东能够有这样一支支大大小小的铁骑军团队，靠的就是他们思想深处对和谐理念的推崇，靠的就是每个员工心里的那团和气。因为有此和气，使得振东看起来就像是一个大家庭，员工之间的交流没有职位称呼，都以兄弟、姐妹相称，在亲切称呼、轻松沟通中，完成工作的对接、思想的碰撞。

和谐是天地人和襄盛世，和谐是风花雪月演禅机。和谐，就是一种融合的美，是一种高尚的美，是一种诚信的美，是一种宽容的美，是一种能给我们带来温暖的美。世界上的一切美丽，皆是因为有了和谐。因为有了和谐，使振东更有一种不可言说的魅力。

四、振东是一所学校

振东是一所学校，体现在富有创新的振东商学院这个"炼人"载体上，体现在振东持续践行登峰造极的"炼人"机制上，体现在振东员工蜕变和成长的"炼人"结果上，体现在以员工素质为核心，炼规范、炼能力、炼灵魂"三位一体"的"炼人"模式上。

（一）"炼人"的载体：振东商学院

上午八点二十分，从振东集团办公楼涌出一群又一群穿着统一制服的工作人员，大家手里都拿着笔记本，陆续穿过马路，走进长治县一座标志性的建筑——振东商学院。

振东集团规定，全集团5000多名员工，每年在振东商学院轮训不得少于7天。我们掐指一算，一年工作日按250天算，要

第三章 "炼人"之道——振东人力资源开发

想完成员工最低轮训任务，振东商学院每天平均接纳培训学员也至少要达到140人次。再加上受训对象需要选择在工作间隙接受培训，而且他们的地理分布广泛，除了长治外，在北京、太原、大同等地均有分布，还有他们从事的岗位、知识基础、阅历差异性也较大，所以要想顺利落实培训任务，敲定培训时间、确定培训主题、落实培训讲师、保证培训效果均是必须面对的挑战。

振东商学院是2012年2月成立的，成立至今，李志华一直担任执行院长。李志华从2006年加入振东以来，受振东经营管理模式的锤炼和振东氛围的熏陶，加上自身积极上进、永不服输和主动吃苦的精神，在振东集团从董事长秘书做起，历任人资经理、人资总监、振东商学院执行院长。她做事干练，善于沟通，浑身透着职业气息，工作中永远是精神饱满的状态。面对振东商学院这样艰巨的培训任务，她举重若轻，游刃有余。随着振东"炼人"模式向纵深发展，振东商学院的战略地位越来越重要，作为振东"炼人"模式落地的有形支撑和坚实阵地，振东商学院必须不断创新和寻求突破，才能搭建好育人平台，更好地适应振东发展的需要。

李志华说，李安平总裁作为振东商学院院长，非常重视商学院模式的建设。他指出孔子的教育思想在本质上就是一种管理思想，振东商学院不仅要继承和发扬孔子的教育思想，还要赋予其新的更丰富的含义。孔子主张"因材施教"，并创造性地施行了因材施教的教学方法。振东商学院根据不同的培训对象，设立不同的培训课程，做到了"人岗匹配，学以致用"。孔子把"仁义礼智信"作为五常，提倡"孝悌忠信，礼义廉耻"。振东把"识德育知，用才聚贤"作为人才理念，坚持"有德有才，破格使用；有德无才，培养使用；无德有才，限制使用；无德无才，坚决不用"。子曰"学而时习之""温故而知新"。显然孔子认为，不断地复习总结是学习中很重要的一个方面。"时时用心、事事总结、天天进步""唯有实践后善于归纳总结，才会有飞跃的提高"，这都是振东提炼出来的学习理念。两者均强调了"总结"的重要性。在育人方面，孔子是当之无愧的先师，从强国到富国再到文明，都离不开人，所以养育君子是治理国家的根本。同样，一个企业，从创建到发展，起决定因素的也是人。如何培养人，培养什么样的人，决定了一个企业的未来。而这，恰恰是振东商学院的功能和使命。

振东是一个学习型企业，振东本着"自训为主，外训为辅"的原则，不断加强对员工的培训。为了培养更多的实用型人才，振东集团与山西财经大学建立了振东管理研究院，与山西中医学院医药管理学院建立了"课程体系共建""一对二素质帮扶导师制"的联合办学新模式，旨在打造中国医药企业培养人才的"黄埔军校"。

振东商学院以课程建设为抓手，不断提升教学效果。之前振东商学院的课程80%以上是李安平亲自开发的，都是他将自己的工作思路和方法提炼总结出来，然后在振东商学院这个平台上进行广泛传播，发挥了不可估量的作用。商务总监宋晓君有一次拜访某商业公司总经理，了解到该公司超期账款特别多，外面欠债几个亿。该总经理为人义气，很讲诚信，但面对这么多的欠账，甚是苦恼。宋晓君说："我们李安平院长积累多年经验，总结出

《清欠十大战术》，对你们应该很有帮助，我愿意给大家做个培训。"当天，宋晓君为该公司全员进行了培训，深入浅出地讲解，为他们清欠账款提供了很多思路。短短半年时间，该公司收回了70%的账款，并压缩了部分账期。该商业公司总经理觉得振东是一个非常好的企业，要求全国各地分公司尽量选择与振东合作。此举不仅拓宽了振东的业务，而且与该商业公司合作的账期由原来的三个月变为两个月。受此影响，其他与振东合作的公司也缩短了商业账期，大大加快了振东的市场发展。李安平开发的100多门课程，都像《清欠十大战术》课程一样实用、管用、好用。

李志华和她的团队对李安平总裁的培训材料和PPT材料做了深入分析后，发现李安平培训效果之所以好，培训内容的编排布局是重中之重。经过归纳总结，李安平的大多数培训课程的结构大体可以分为五部分：首先定义问题，即从现实问题出发提炼出共性问题；然后讲为什么要探讨这个问题，即如果不正确面对这个问题会出现什么后果；接着讲探讨这一问题的目的和意义，即正确面对这一问题会出现什么结果；随后进一步探讨如何做；最后，强调在执行过程中需要重视的关键节点或注意事项。据此，李志华总结提炼出培训课件五部曲，即定义、为什么、目的和意义、如何做、关键节点。课件五部曲让培训讲师很是受益，大大提升了讲师们的培训效果和实战性。

振东商学院在培训方式上寻求多样化，保障培训效果。为提升公司骨干的综合素质，振东商学院开设了提升班。湖南学术区王总是第一期提升班的班长，培训为期一周。在参加了5天的理论培训后，王总觉得课程不够丰富，还缺些东西没学到，便与教研室赵主任沟通。王总提出："建议商学院培训增加实践课，比如这一期的培训班中销售人员特别多，如果组织大家参观车间生产线，了解各个工艺流程，这样大家就会对公司产品有更全面的认识，在与客户沟通时就会胸有成竹。"赵主任觉得这个建议甚好便当即采纳。第一期实践课，学员通过参观车间生产线，对公司的产品信心倍增，纷纷点赞。此后，振东商学院贯彻"干什么学什么，缺什么，补什么"交叉融合的原则开设课程，将课程分为素质类、专业类、理念类、公共类四大类，增加了实践课的课时，做到了让做销售的懂生产，让做行政的懂销售，各行业相结合，理论与实践相交融。振东商学院"学践交融，拓知炼能"理念由此诞生。之后李志华增加设计了互动性课程模块，通过举办户外拓展、读书会、毕业晚会等各种活动，让学员培训变得简单实用、趣味横生。

李志华及其团队还积极尝试高效的培训新模式。振东集团的子公司分布于太原、大同、北京等多地，以前的培训方式都是到长治振东商学院集中培训。李志华站在子公司便利的角度，决定开展振东商学院泰盛学院生产提升班移动课堂。2017年7月25日至31日，趁着大同泰盛制药公司大检修空隙，李志华带领振东精英讲师队伍走进泰盛，举办"示范式培训班"。早间军训、开班团建、公共课、综合课、户外拓展、结业仪式，每个环节都不折不扣，不仅密切了商学院与各子公司之间的联系，增进与基层学员之间的互动，使商学院教学更接地气；还拓展了文化传播的途径和方法，开启了商学院培训新模式，为振东健康产业集团贯通起一座人才培育的新桥梁。

创新是企业发展永恒的主题，更是振东商学院的发展写照。随着现代信息技术的进步，移动互联网及慕课（MOOC）的逐步普及，教学资源和学习培训可以突破时空限制，既提高了培训效率，节约了培训成本，也使稀缺的优质教学资源得以共享。最近，李志华及其团队又在琢磨在线课堂在振东商学院的应用。振东商学院一直走在不懈追求创新的道路上。

（二）"炼人"的机制：企业学院制

"呆若木鸡"这一成语出自《庄子·达生篇》中的一个寓言。据传，周宣王喜欢斗鸡，就请来了斗鸡大师纪渻子，让大师给自己训练斗鸡。斗鸡练了十天，周宣王问鸡驯成了吗？纪渻子说这只鸡表面看起来气势汹汹的，其实没有什么底气，您再等等。又过了十天，周宣王又来问鸡训练好了吗？纪渻子说，还不行，因为它一看到别的鸡的影子，马上就紧张起来，说明还有好斗的心理。又过了十天，周宣王又来了，说我的鸡现在行了吗？纪渻子说，这只鸡还有些目光炯炯，气势未消，还需要再等等。这样又过了10天，纪渻子终于说差不多了，它已经有些呆头呆脑、不动声色，看上去就像木头鸡一样，说明它已经进入完美的精神境界了。周宣王就把这只鸡放进斗鸡场，别的鸡一看到这只"呆若木鸡"的斗鸡，都不敢跟它斗了，调头就逃。"呆若木鸡"不是真呆，只是看着呆，实际上却有很强的战斗力，貌似木头的斗鸡根本不必出击，就令其他的斗鸡望风而逃。可见，斗鸡的最高境界是"呆若木鸡"。

企业培育员工的过程犹如训练斗鸡的过程。不同企业之所以在培育员工方面投入和用心程度差异很大，是因为他们对培育员工的目的有不同的认识。有的企业认为只要培训能吸引员工，就达到了培育员工的目的，所以培育员工的重心在于选择具有感染力的讲师；有的企业认为只要员工学会了必要的工作技能，就达到了培育的目的，所以培育员工的重心在于实操性训练；有的企业认为员工除了必要的工作技能培训外，还要学会必要的管理系统思维，所以培育员工的重心在于实操性与管理能力培训相结合；只有少数企业认为员工的整体素质和能力提升了，对价值观和人生态度重塑了，才算达到培育员工的目的。但最后一种观点往往不易真正落到实处，因为这种境界堪比训练斗鸡的最高境界，需要真正将企业办成学校，以人才培养为核心目标，需要持续进行人力资本投资。只有这样，才可能将员工塑造成"常胜将军"。然而，这种人力资本投资是具有风险的，一旦做不到持续，有可能前功尽弃；有时即使做到了，培育好的人才也可能流失，让企业"为别人做了嫁衣"。

而在李安平眼里，员工的成长成才是企业要承担的根本责任。为了培育员工，企业一定要立足员工长远发展，舍得投入，因为企业的学习培训投入会转化为有效的人力资本，而有效的人力资本是社会不可替代的增值资源，对推动社会的发展和进步具有不可估量的作用。同时企业积极进行人力资本投资的过程也是企业更好地履行社会责任的过程。很多企业担心员工通过学习培训长本领后，会跳槽造成企业人才流失，从而造成企业很大的损失，所以一般在培育员工的同时都有顾虑。李安平却不这样认为，他认为员工通过振东的学习培训得到提升后，如果跳槽到别

第三章 "炼人"之道——振东人力资源开发

的企业能发挥更大的价值,正好反映了振东不仅是个企业,更是个学校,因为振东员工经过"炼人"过程后,离开振东为社会创造的价值也是振东的荣耀。

李安平的老搭档、振东集团党委书记董迷柱说:"李总把公司的员工当学生,他要把自己的管理经验和心得毫无保留地教给学生,而且他是一名不收学费的老师!他希望每名员工在振东都能学有所成。桃李满天下,那才是他最高兴的事。而育人是最累的,他是心甘情愿地自讨苦吃。"

在振东,员工称呼李安平不是老板、不是董事长,而是"李院长"。李安平自己也说:"我非常'好为人师',员工叫我院长、老师,远比叫我总裁更令我高兴。""其实我更愿意把公司办成学校,这样就把培训和工作联系在一起了,培训时学理论,工作时练实操,大概就做到了陶行知先生所提倡的'知行合一'。我是院长,管理层是老师,员工是学生。根据职能分工,划分出不同的系(如行政系、财务系、营销系等),并分设教研室、成立课题小组,就技术瓶颈、业务难题研究、讨论。同时推行了带培制和导师制,发挥传、帮、带的优良传统。"

这种组织结构的设计,使李安平将企业办成学校的愿望迈出了第一步,至少做到了"形似"。如何让所有管理者和他一样"好为人师"和"能为人师"呢?如何激发所有员工的求知欲和成为好学生的愿望呢?只有很好地解决了这两个问题,振东才能真正成为一所学校。

与很多企业家相比,李安平比较明显的优势是适时推出接地气的制度,即善于从实践中发现问题,善于从实践中受到启发,善于将受到的启发总结成规律用于解决实践中发现的问题。因为不是照搬别人的做法，而是设法找到现实问题背后的本质，所以他提出的经营管理手段不是孤立存在和昙花一现的，而是几种经营管理手段并用。这几种经营管理手段形成了制度的闭环系统，使制度之间形成了有效衔接和制约，让制度执行者很难钻制度的空子。

李安平从自己给别人讲课的体验中领悟到，讲课和听课相比，具有完全不可同日而语的学习效果。讲课不仅可以使讲课者在备课的准备阶段对所讲内容有更加深入透彻的把握；通过讲给别人听，还可以现场思考并根据听课者的反馈随时获取新信息，补充完善知识点，甚至激发出创新观点。因此，讲课是提升自我的极佳途径。有此实践感悟，他就立即在振东施行，如何能让管理人员"好为人师"？在大家对此没有深切体会的时候，逼迫是第一步。以制度逼迫管理人员给别人讲课，无论愿不愿意讲、会不会讲，不讲不行！在大家逐渐从讲课中感受到自我收获时，如何能让他们"能为人师"？他根据自己的经验和学习所得，言传身教，将各种讲课的步骤、要领、技法、要诀等整理成PPT讲给大家听。如何激发员工的求知欲，让他们想学习？如何激发员工的成就需求，让他们渴望成为好学生？在人人都有惰性且没有体会到学习带来的益处时，以制度逼迫仍然是最有效的办法。人人都有听别人课的任务，完不成处罚！听着听着，渐渐感受到进步，且因为同时还有给别人讲课的任务，听别人讲课的同时，也会自觉不自觉地将别人的讲课水平与自己比较，逐渐萌生出争强好胜心；想给别人讲好，就得好好学习，取人之长补己之短，求

第三章 "炼人"之道——振东人力资源开发

知欲和想当好学生的成就需求就自然被激发起来了。此外，讲课既是让员工提升自我和互动学习的过程，同时也为员工提供了一个自我能力展示的舞台，舞台上最耀眼的"明星"，重点培养，一些借此实现职业生涯飞跃的员工，为其他人树立了榜样，提供了标杆和示范，为了成为舞台上的"明星"，你追我赶、主动学习，表现自己的热情也就越来越高涨了。

逼迫加引导，约束加激励，彼此嵌套的制度和机制，在潜移默化中实现了员工的素质蜕变。

子曰："三人行，必有我师焉。择其善者而从之，其不善者而改之。"二十多年来，振东用行动证明：学习才能使人进步，知识才能播种希望。从嫩芽到幼苗，再到如今的参天大树，每一步成长都离不开勤奋和好学。振东人之间的关系与其说是上下级和同事关系，不如说是师生和同学关系，因为学习已经成为工作和生活中不可或缺的部分，因为学习形成你追我赶的局面，因为学习形成互助合作的关系。

图3-1 胡楠制作的接待表姐行程安排

博学而约取，厚积而薄发。企业学院制已使振东人把学习作为一种精神追求、一种工作责任、一种生活态度。这种精神、责任和态度在不知不觉中不仅使员工本人得到提升，甚至还感染和影响了员工身边的亲人和朋友。振东开元制药公司总经理胡利锋的女儿胡楠，上大学一年级，受其父耳濡目染，听说表姐要来学校看望她，她仔细地将很多接待表姐的细节做了事前考虑和计划，列出了详尽的接待行程安排（见图3-1）。类似的事例不一而足。企业学院制，不仅炼出了振东人，也在辐射着振东周边的人。

（三）"炼人"的结果：员工的成长

美国康奈尔大学科研人员做过一个"青蛙实验"：将青蛙放入已煮沸的开水中时，青蛙因受不了突如其来的高温刺激奋力从开水中跳了出来，从而得以逃生。但当把青蛙先放入装着冷水的容器中，然后再慢慢地加热，青蛙开始时因水温的舒适而在水中悠然自得地游弋，而最终因无法忍受高温活生生地被困在热水中煮死了。"煮"青蛙的实验目的是考察温度和神经反射性的关系。在突遇高温环境青蛙能跳出来，原因很好理解：热刺激引起了青蛙的应激反应——跳走。而在较慢升温过程中，由于类似"感觉适应"的原因，持续细微的温度变化使得青蛙适应了这种刺激，反射应激性降低，直至达到可耐受的临界高温，无法逃生。

这个故事想必大家都明白其中的道理：面对安逸舒适的环境往往会产生松懈和懒惰，最终走向堕落、被淘汰甚至灭亡。但是关于"青蛙实验"，可能大家更感兴趣的问题是：经历过热水跳离逃生的青蛙，对它的后续"蛙生"会有影响吗？如果有，会有什么影响呢？因为青蛙是低等动物，它的心理活动不会通过语言表达出来，我们也无法通过别的途径查证，但是隐约觉得经历过

第三章 "炼人"之道——振东人力资源开发

热水跳离逃生的青蛙应该与没有机会经历热水逆境的青蛙，对"蛙生"的领悟可能会有不同，进而对后续选择怎样的"蛙生"可能也会有影响，最终收获的"蛙生"就会有差异。

振东"炼人"模式，仿佛让我们对上述"青蛙实验"后续问题的探讨找到了现实情境。振东一系列的"炼人"手段对于新入职的振东员工而言，堪比青蛙眼中的热水，我们来看看振东人面对逆境时的行为及其结果。

见到振东集团运营总裁马士锋，他开门见山地说，在振东每位员工身上都能看到振东"炼人"的影子，是振东的"炼人术"一步步地将振东员工塑造成有用之才、能用之才、好用之才的。回想他2003年加入振东时，性格腼腆内向，对自身缺乏明确定位，内心非常自卑，压根儿没想到自己能走上振东高层管理者的位置。李安平认为马士锋聪明，点子多，有培养潜力，亲自带培他，不久委以重任，派往江西省负责处方药销售管理工作。一年时间，马士锋以点带面，取得了优异成绩。此后先后负责上海省区、华东大区等营销工作，逐渐成了营销方面的专家，成了能用之才。

马士锋说，自己由可用之才到能用之才的蜕变，可以说是经历过煎熬的考验的。本来他是跳跃性思维的人，对于"早计划、晚总结""工作日志"等炼规范的制度有本能的排斥，在他还未成为管理者时，对这些制度的执行效果是非常差的，多次受到上级的批评和处罚。但成为管理者后，李安平屡屡找准他的软肋，专就规范和条理方面的工作说事，原本排斥的制度，不仅要自己带头落实好，还要督促下属执行好，这使他有些时候很是痛苦。

在痛苦的同时，他深切认识到跳跃思维是管理的大忌，没有系统思维是做不好管理的。经过一段时间的被迫坚持，渐渐发现痛苦减少了，管理效果也显现了，于是"早计划、晚总结"、写"工作日志"逐渐成了工作习惯，如果有一天没做，好像这一天过得缺少了点什么似的。

青蛙被放入热水时，它因热刺激会引起应激反应，马上会跳出来。其实人在遇到自己不适应的行为要求时，也会有本能的应激反应——排斥。但是接下来的选择可能因人而异，有些人和青蛙的选择类似，一跳逃离；而有些人则在排斥的同时选择接受煎熬的考验。接受了煎熬的考验之后，反而因为环境的考验，如同炼丹炉里蹦出来的孙悟空一样，炼出了火眼金睛，催生了意想不到的蜕变和收获。

2010年，马士锋出任振东泰盛制药营销总监。有一次，振东泰盛制药召开经管会，谈到生产环节时，马士锋由于没有接触过生产，只是在听大家分析。李安平注意到此事后，觉得不懂生产的营销总监是有很大局限性的，决定让其定向兼职，负责振东泰盛制药生产工作。李安平的定向兼职决定，犹如把马士锋又一次投入"热水"，对他而言，制药生产知识可以说是零基础，为了胜任这一工作，他总是抽出晚上的时间细心钻研生产工艺流程，亲自到车间调研，因为他知道李安平又会找准他的软肋，专门让他给专业人士讲解生产工艺流程的。抱着给别人讲明白生产工艺流程的心态学习，即使是外行也终究能达到炉火纯青的地步。经过不断磨炼，马士锋对集团各项工作有了全面的了解，个人素质不断提升。2014年，马士锋升任集团营销公司总经理，2016年出任集团运营总裁,实现了由能用之才到好用之才的蜕变。

热水中的青蛙,如果也能遇到诸如定向兼职这样的机会,是不是会蜕变成"青蛙王子"呢?

(四)"炼人"的模式:三位一体

1. 以员工素质提升为"炼人"的核心

西方人力资源开发与管理体系强调"人尽其才,事得其人,人事相宜",突出人岗匹配原则。将管理者作为人力资源管理的主体,对管理者提出的要求较高,必须在识人与涉事上寻求优化平衡,最终达到人力资源的有效运用。而对于员工内在素质的提升和主体参与意识则很少提及,员工的职业生涯发展也容易受制于组织管理水平。

振东"炼人",强调管理者和员工都是人力资源管理的主体,明确管理者和员工是目标和利益共同体,只有双方联合起来,将共同智慧集中于塑造人、培养人,才能履行好各自的职责。管理者不仅要做足人岗匹配的功夫,更要将主要精力集中于员工素质提升上,使现有人力资本不断产生增值。更重要的是,人力资源管理将塑造人、培养人作为核心,自然而然激发了员工的主体意识,直接将员工的成长目标与组织人力资源管理的目标合二为一。振东虽然一年中三分之一的时间专门用于员工学习、研讨、脑力激荡,但是却丝毫不影响企业正常经营与生产。原因就在于振东的人力资源管理实现了"双轮驱动",即管理者和员工都是人力资源管理的原动力,这种共生力量能极大地提升企业效率和企业活力。

2. 规范、能力、灵魂为员工素质提升的三项主要内容

西方人力资源开发与管理对于员工素质问题，更多地采用员工胜任力模型予以呈现，具体包括知识、技能、自我形象、社会性动机、特质、思维模式、心理定势以及思考、感知和行动的方式等许多方面。虽然上述员工胜任力特征可以衡量，企业可以利用胜任力的可衡量性来评价员工目前在胜任力方面存在的差距以及未来需要改进的方向和程度，但是对如何进一步弥补差距和改进员工的素质问题，却没有纳入组织人力资源开发与管理体系中。从这个意义上讲，胜任力模型充其量只能发现员工素质问题，却不能很好地为解决员工素质问题服务。

振东"炼人"体现了全面和精简的特征。一方面明确员工素质是规范、能力、灵魂"三位一体"，这三个方面都不可或缺，突出全面的特点，对员工进行规范、能力、灵魂的全方位修炼，炼规范、炼能力、炼灵魂这"三炼"齐头并进。另一方面，对于提升员工素质问题，明确要站在员工知与行的角度，所采取的措施尽可能既具有针对性，还简单易操作，突出精简的特点。炼规范、炼能力、炼灵魂这三方面都找出了与日常工作紧密结合的可操作性重点举措，并围绕重点形成相应的组织协调机制，以点带面，进而嵌入到组织整体人力资源管理体系中，使组织和员工都能为员工素质提升发力。

第四章　行空的天马
——振东战略

古之善战者，非能战于天上，非能战于地下，其成与败，皆由神势。

——《六韬》

改革开放以来，我国民营企业迅速兴起和蓬勃发展。据2016年7月国家工商总局召开新闻发布会通报，截至2016年6月底，全国实有民营企业数量在内资企业中的占比首次超过90%。然而，据中华全国工商业联合会编写的首部《中国民营企业发展报告》蓝皮书显示，全国民营企业的平均寿命只有2.9年，其中有60%是在5年内破产的，只有15%能在10年之后还能存活。普华永道会计师事务所发布的《2011年中国企业长期激励调研报告》中也指出，我国企业数量众多，重复走着"一年发家，二年发财，三年倒闭"之路，即使是集团企业，平均寿命也仅7~8年，与欧美企业平均寿命40年相比相距甚远。民营企业普遍长不大或已成为我国经济发展中的一个突出问题。因此，那些已经

优秀企业的逻辑

长大还未曾"英年早逝"并正在致力于打造"百年老店"的民营企业就尤为引人注目。振东就是这样一家企业。

山西省素以富含煤炭资源闻名,全省119个县(市、区)中,有94个县区储存煤炭资源,91个县有煤矿。改革开放以来,作为资源大省,煤炭及与之密切相关的焦炭、冶金、电力等产业快速崛起,形成了以资源型产业为主导的资源依赖经济体系,一度成为国家工业化发展的重要支撑。在山西,煤炭工业曾一度占到全省规模以上工业利润比重的80%左右,不以煤系产业为主业的大型民营企业可以说是凤毛麟角,而诞生于"煤铁之乡"——长治的振东在成立之初就确立了"不靠资源靠能力,不靠地下靠地上"的发展思路,在几次重大转型关口,包括煤炭行业的"黄金十年"期都没有涉足煤炭业务。振东,从一个小小的加油站起家,如今已发展成为一家集种植、研发、生产、销售为一体的健康产业集团,在长治乃至山西都显得十分的"另类"。

成立于1993年10月1日的振东在其24年的成长历程中,创造了一个又一个的奇迹。从开始创业时"对加油站的运营管理一无所知"[1],甚至"不知道油的型号",到成长为"非主流石油公司的全国前列"仅仅用了7年时间。在21世纪初,振东在遭遇国家政策壁垒果断退出石油行业后,选择了二次创业,"意外地扎进了制药领域"。尽管面对的是"隔行如隔山,管理不懂、业务不精、营销不通"的新领域,还是实现了"当年投资,当年一次性通过GMP认证的奇迹"。从开始进入中药产业时只有一个中

---

[1] 本段加引号部分内容为振东集团提供的资料或被访谈人员原话。

第四章　行空的天马——振东战略

药产品到拥有山西省第一家医药类的上市公司——振东制药[①]，振东用了不到10年时间。振东还于2012年与澳大利亚阿德莱德大学及山西中医学院联合组建了我国第一个以国际化产学研联合模式设在西方著名综合大学的中医药学联合研究中心——振东中－澳分子医学研究中心。近年来，振东已连续四年入围"中国医药工业百强榜"，并成为"中国医药工业最具成长力十强企业"。经过"创业——发展——总结——再发展"几个轮回，振东集团已逐步走向成熟，形成了"规划六年，细化三年，部署一年"的六年滚动发展规划，发展战略也越来越清晰。

一、初次创业，试水石油行业

振东的创始人李安平是一个着眼于实际，放眼于未来的企业家。他所具有的战略性眼光不仅促成了振东的诞生，而且使振东从一出生便是一家"志存高远"的企业。仅仅用了7年的时间，振东便从一个小小的加油站发展成为全国知名的民营石油连锁企业。

（一）机会驱动，振东诞生

纵观近30年的中国本土企业发展史，不少民营企业都是依靠某个好的机会而诞生的。一个企业的创立是企业家最初必须做出的战略选择。李安平的战略性眼光首先体现在发现了一个蕴藏

[①] 振东制药全称为"振东制药股份有限公司"，同时也是山西省首家登陆创业板的上市公司。

巨大能量的新市场，并及时抓住了有利的战略时机来进行创业，成立了长治地区的第一座民营加油站。

对企业和企业家而言，在中国改革开放的过程中，涌现出了众多机遇。然而，对民营企业而言，这种机遇一直到1992年邓小平南方谈话之后才逐渐明朗起来，在1988年之前，民营企业甚至不具有合法的地位。1992年10月，党的十四大召开，确立了建立社会主义市场经济体制的改革目标，中央和各个地方政府及有关部门也相继出台了促进非公有制经济发展的政策和措施。这些政策和措施的出台直接引起中国民众经商意识与热情的大爆发，"下海"和"全民经商"成为这个阶段最广为人知的词汇，全国上下出现了一股前所未有的办公司热，民营企业进入了"第二次"创业期。

正是在那个充满了起点感的年份，时任长治县东和乡综合厂厂长的李安平发现了一个属于自己的机遇，决定开始他人生中的第一次创业。他看中了加油站的生意，"转年之后的1993年，207国道长治段即将开通，到时每天将有数以万计的卡车从长治出发，有车就必须要耗油，那么开个加油站，还怕赚不来钱吗？"

可能当时的李安平还未清楚地意识到，他无意中发现的是一片巨大的蓝海。今天的长治县交通极其便利，207国道、长晋高速、长陵公路纵贯县境南北，长安高速横跨县境东西。而在20世纪90年代初，这样的情景是多么难以想象的事。不止是长治县，即使是山西省甚至全国交通基础设施总量都严重不足。在20世纪80年代末，全国公路通车里程仅102万公里，高速公路更是仅200多公里。另一方面，随着我国改革开放政策的实施和推

第四章 行空的天马——振东战略

进，我国经济社会快速发展，对交通运输的需求急剧增加，"行路难"成为当时制约经济发展的"瓶颈"和突出矛盾。针对这种情况，交通部于1992年正式提出了国道主干线系统布局方案。1993年，全面部署实施"五纵七横"国道主干线系统建设。从此，我国公路建设进入了快速发展时期。到2013年年底，我国公路总里程已达到435.62万公里，高速公路通车总里程则达到10.4万公里，已超过美国，居世界第一。

具体到山西省，其公路建设也是从1992年开始被提到战略优先地位的。20世纪八九十年代，遵从于国家产业发展政策的基本导向，能源重化工基地建设成为山西全省经济社会发展的主导战略，全省经济要素和社会资源迅速向资源型产业转移。而与之不相适应的是省内交通运输生产力十分落后。在1993年以前，山西省煤炭行业的"单兵突进"状况非常严重，大量煤炭的外运挤占了其交通运输能力，致使省内许多其他工业原料、农副土特产品等都运不出省，直接影响了其他产业的经济效益。1992年，山西省制订了五年内全省实现乡乡通公路、镇镇通油路、村村通机动车路的"三通"目标。次年，还启动了全省第一条高速公路——太旧高速公路的建设。1992年年底山西省公路通车里程仅3万多公里。到2012年年底，这一数字已更新为13万多公里，其中，高速公路也已突破5000里，居全国第5位。

可以看出，对与交通运输密切相关的石油行业而言，1993年是一个非常关键的时间节点，而这个商机恰好被李安平敏锐地捕捉到了。就这样，李安平闯进了一个未经深耕的巨大市场，开启了振东集团成长的序幕。靠着90多位亲朋好友举债借来的近30

万元，振东的第一座加油站于1993年4月5日在长晋二级路旁的乱坟岗上破土动工。在加油站选址时，选择了汽车减速的地方，"完全可以不动土方"。同年10月1日，该加油站正式投入运营，并宣告了振东集团的前身——长治县振东实业公司的正式成立，创造了第一个振东速度。

（二）五年计划，迅速崛起

许多民营企业在创业阶段，由于生存的压力，往往比较急功近利，目光只锁定眼前，缺乏长远的规划，而振东更为关注的却是未来。在振东刚刚成立的时候，虽然战略还不是一个清晰的概念，但振东已经制订出了公司的第一个五年计划，明确提出了要"一年打基础，两年大动作，三年上台阶，四年成规模，力争五年建成全县一流股份制企业"的发展目标，并同时出台了一系列相应的实施办法和措施。这种前瞻性战略思维正是振东的成功基因之一。无独有偶，IBM的创始人汤姆·沃森曾被问及IBM如何能取得今天如此卓越的成就，他将其归结于三个原因，其中之一就是还在公司刚刚起步的时候，他就已经对公司建成后的规模和功能有了比较详细的设想。

这种不拘泥于眼前的战略思维使振东在初创期便赢得了供应商和客户的信赖。石油，一直被视为"现代工业的血液"，是关系国民经济命脉和国家安全的重要战略性物资。因此，中国石油产业一直保持着一种高度垄断型的市场结构。1998年之前，石油产业实行的是上下游分割垄断的体制：中国石油天然气总公司和中国海洋石油总公司垄断石油天然气开采业（上游），中国石油

第四章 行空的天马——振东战略

化工总公司垄断石油加工业（下游）。这些大型国有企业一般是不与民营企业打交道的。因此，建立自己的进油渠道是振东成立后首先要解决的问题之一，李安平几次三番地找到了中国石油天然气总公司新疆吐哈油田销售公司驻山西办事处。被李安平锲而不舍的精神打动，办事处负责人来到振东。虽然看到的是一个普通得不能再普通的加油站，但该负责人还是决定了与振东进行合作，因为"那是一家小公司，但在办公室墙上所贴的第一个五年计划显示了李总的雄心壮志"。

另外一个因不唯近期利益使振东赢得了首批客户和供应商信赖的例子是"卸货卖油"事件。当第一批运往振东的石油到达长治县火车站的时候，振东的油库还没建成，而运油的火车却是到点后便要开走的，李安平因此便想出了"卸货卖油"的办法，即四处散播消息说需要用油的人可以先用后给钱，但要自己去车站卸。这个消息立刻吸引了不少当地搞煤炭运输的大车司机，振东的第一批油很快就卸完了。虽然由于当时对石油并没有太精确的计量，也没有明确要求客户何时付款，再加上油气蒸发等一系列不可控的原因，这次"卸货卖油"给振东造成了亏损，但却对外彰显了自身实力，为振东带来了第一批忠实的客户。同时，该事件也使得吐哈油田负责人更加坚定了与振东合作的决心。1996年11月，通过与吐哈油田联营，振东建成了自己的第一座油库，年吞吐量3万吨。

振东的这种敢为天下先的战略思维还体现在其跳跃式发展战略上。众所周知，在国有企业效率普遍低下的20世纪90年代，民营企业因机制灵活而充满活力。作为长治地区石油行业民营企业的先行者，振东先天具有市场开发的优势。得益于当时火爆的运输市场，这种先行者优势使振东很快赚到了第一桶金，仅在一年之内就还清了欠债，并且走上了快速成长的道路。为了实现迅速扩张，振东采用了"定先补后"的发展战略。1995年，振东开始筹建自己的第二座加油站。然而，该加油站并不叫第二加油站，而是叫第五加油站，中间的二、三、四则在其后的发展中来填补。后来同样把新建的第六座加油站叫第十加油站，新建的第十一座加油站称为第十八加油站……这么做的目的首先是给企业定下了近期发展目标，形成一种自逼机制，同时也在无形中扩大了企业的影响力。

通过这种跳跃式的发展战略，振东的加油站如雨后春笋般地成长起来。到1997年振东第一个五年计划实施的最后一年，振东已成为长治地区最大的成品油批发公司，业务不仅遍及晋东南的长治、高平、晋城、陵川等地，还延伸到了晋南的安泽、晋中的榆社及河北的涉县等地。为了扩大业务联系范围，振东于1997年在长治市设立了驻市办事处，购置了6部油罐车，组建了日发运量在200吨以上的运输队，修建了公司的第二座直属油库，年吞吐量达5万吨。当年，振东的销售额达到了8000万元，利税100余万元，比公司第一个五年计划的十倍还要多。现在看来，振东的跳跃式发展战略，对当时振东的快速成长起到了决定性的作用。这种发展模式，至今在某些领域里依然具有一定的生命力。如今，振东已形成了六年滚动规划发展规则，即"规划六年，细化三年，部署一年"。正是这种立足于长远发展的科学规划，使振东能够清楚未来，立足当下，在风云变幻的激烈市场竞争中抢占先机，锁定目标并付诸实践。

（三）进二停一，稳中求进

随着我国经济改革的不断深化和人民生活水平的快速提高，新的市场需求不断出现并快速增长，不少捡到第一桶金的企业畏首畏尾停滞不前，最终为时代的大潮所淹没。与之相反，不少雄心勃勃的企业则是急功近利地求"大"和"强"，而不是求"好"和"稳"，结果很多迅速膨胀起来的巨无霸企业纷纷破产、倒闭。因此，如何控制企业的增长速度以实现健康成长是每一个企业在发展过程中均要思考的问题。

到1998年，振东已拥有30余座加油站，销售额达到2.64亿元。1998年10月和1999年3月，振东太原分公司和西安分公司相继成立。1999年，振东加油站已有47家，销售额已达到6.64亿元。与此同时，振东的多元化步伐也开始加速，涉足了农产品加工、旅游等行业。但是，一些问题也随之出现。例如，企业迅猛发展，管理跟不上步伐；固定资产投资过多，导致流动资金少。显然，这种情况不利于企业的长远发展。为了确保企业不会因为走得太快而导致战略决策的失误，振东提出了"进二停一"的波浪式发展模式。所谓"进二停一"，就是"发展两年，停顿一年"。在停顿的一年中，回头看看，存在哪些失误，总结经验教训，并确定下一步发展方向，认真规划，科学校正，然后有序实施。"进二停一"的"停"，看上去似乎影响了企业的发展速度，但可避免企业在高速发展的时候头脑发热，失去应有的判断力。

优秀企业的逻辑

企业成长是一个长期的动态过程,并表现出明显的阶段性特征。在企业成长的每一个阶段,其发展动力和存在的问题都不尽相同,如果处理不当,就会提前衰败下去。对民营企业而言,在企业的初创期,家族成员之间的血缘、姻缘、亲缘和地缘关系有助于信赖合作关系的形成,在企业发展战略上更容易达成共识,为企业发展创造先机,因此,家族化管理使家族制企业能够在很短的时间内获得竞争优势,较快地完成原始资本积累。然而,当企业进入快速成长阶段后,随着企业规模的不断扩大,家族化管理将极可能成为企业进一步发展的障碍。例如,家族成员对外来的资源和信息产生排斥心理,企业形成各类利益集团,进而造成企业战略决策和执行等方面的一系列问题,导致企业日渐衰落乃至"英年早逝"。

这些问题李安平很早便意识到了,虽然振东在创业期便取得了不俗的业绩,但这主要得益于把握了市场的机遇而非管理能力。因此,振东在"进二停一"的"停"的过程中,一个重要的工作就是创新管理,提升既定战略的执行力。在振东第二个五年计划刚刚开始的时候,便采用了"去家族化"管理体制,引入了现代企业管理制度,建立了董事会、监事会和经理办公会,还先后成立了党总支、工会和团委等组织。与企业的成长速度相适应,振东的管理模式也在不断创新。早在1995年,振东就形成了第一本制度汇编册。为克服传统管理上下重叠、左右交叉的弊端,李安平于1997年率先提出了程序化管理,并开始初期探索。1999年,振东集团成立。同年6月,振东内部期刊《振东视野》创刊,开启了有关企业管理和专业学习的全员探讨模式。2005

第四章　行空的天马——振东战略

年,振东正式启动了"工作程序"管理工程。2006年经过总结、梳理,细化了进入北大案例库的"个人工作程序化、岗位管理流程化"的管理工程。

到2000年,振东的加油站已达到50多家,遍布山西、陕西和河南等省份的交通干线,形成了强大的石油销售网络,一跃成为全国最大的民营石油连锁企业。2004年,振东收购了阳泉的"威尔森药业"。2005年,振东投入与其匹配的固体制剂车间,当年通过认证,运营效果良好。这时,公司的部分高管认为要抓住机遇,加快扩张。但由于企业有"进二停一"的规则,冒进的想法被叫停。事后,尽管市场发生了变化,但振东的生产一直保持着良性循环。

"进二停一"的发展模式一直延续到今天,为振东的稳健成长立下了汗马功劳,振东也借此成为山西省最早进入"中国民营企业500强"的非资源型民营企业。

二、战略转型,中药产业显身手

就在振东成长为全国最大的民营石油连锁企业,踌躇满志准备向更高目标进军的时候,国内的石油产业环境却发生了巨大变化。此时,振东选择了战略转型——从石油产业转战中药产业,先后进入了中药产业的四大环节——中药制造业、中药材种植业、中药零售业和中药流通业,逐步形成了以中药农业为基础、中药工业为主体、中药商业为枢纽的中药产业体系。后来的事实证明,这是一次成功的战略转型,这次转型对振东后来的发展至关重要。用了不到10年时间,振东集团核心业务的载体——振东制药便实现了飞跃,成为山西省首家登陆创业板的上市公司。

(一)二次创业,锁定制药业务

1. 被迫转型

企业的外部环境是不断变化的,企业自身能力也在不断演变。当企业步入新的成长阶段或当企业外部环境发生较大变化时,企业通常会选择新的生存与成长模式,即推动企业发展模式的战略转型。战略转型对于企业就如同昆虫的一次次蜕皮,是企业发展必须经历的过程。只不过,振东的这次战略转型有点出乎自己的预料,它发生在振东正准备在石油行业大展拳脚的时候。

随着改革开放的不断深入和国民经济的快速增长,我国对于石油的需求也在逐年增加。到1996年,已从改革开放初期的石油净出口国发展成为石油净进口国。为了激活国内国有石油企业的经营活力,打破石油行业的发展僵局,1998年以后,国家对石油产业进行了历史性的改革以及一系列的持续重组改造。1998年,国务院将原化学工业部、石油天然气总公司、石油化工总公司的政府职能合并,成立了国家石油和化学工业局,由国家经济贸易委员会管理。1998年5月,它们的下属企业组成两个特大型集团公司:中国石油天然气集团公司(以下简称中石油)和中国石油化工集团公司(以下简称中石化)。到此,国内石油产业基本上形成了中石油、中石化和中海油三大石油一体化公司有限竞

第四章　行空的天马——振东战略

争的格局。

重组后的中石油和中石化两大巨头迅速在全国发力，开始抢占位于石油产业链终端的加油站，占据了从原油勘探、开发、储运、加工到销售的整个石油产业链。这使得振东已形成的加油站网络根本没有任何竞争机会，打造中国加油站连锁经营龙头企业的梦想将注定无法实现。李安平回忆起当初的情形："世纪之初，风云突变，振东何去何从，前途迷茫……"残酷的现实迫使振东不得不重新思考未来之路。经董事会研究，振东毅然做了一个重要决定，果断把29个加油站、两座油库卖给了中石化。

手里有了一定的资金，振东的不少股东有了船到码头车到站的感觉。然而，作为振东的领头人，李安平却忧心忡忡：现在分钱走人，振东千余名兄弟姐妹怎么办？可如果不分钱，投资陌生行业造成失误又怎么面对股东？在是否要进行二次创业的问题上，李安平是慎之又慎。经过三次股东及高层会议，李安平最终厘清了思路，提出了"资产是股东的，事业是员工的"理论。2000年7月18日，振东在长治市国税大厦举行了二次创业全员动员誓师大会，正式拉开了二次创业的序幕。

2. 战略试错

中国企业经过30年的发展，经过血与火的洗礼后，一批批倒下来，一批批又开始了新的创业征途。倒下去的企业和仍旧活着并发展壮大的企业的区别就在于企业是否成功进行了战略转型。实践证明，成功的战略转型要求企业在进入新的业务领域时要尽量利用企业原有的优势，具有与新业务相匹配的资源，使企业在原业务中取得成功的某些关键因素能够方便、快捷而且有效

优秀企业的逻辑

地复制到新业务之中。因此，企业在转型过程中不能轻易放弃自己熟悉的领域。然而，在改革开放初期到20世纪90年代中后期，大量市场机会的存在催生了中国企业的第一轮多元化浪潮，多元化成为很多企业在取得初步成功之后的普遍做法，振东也成为其中的一个。在探索新业务领域的过程中，振东也曾走过弯路，并为此付出了一定的代价。

当振东初步发展起来以后，李安平便提出了"多元化经营，超常规发展"的战略思想。成立振东农产品开发公司是振东多元化经营的第一个大动作。振东公司的驻地是个贫瘠的地方，虽然家家户户有种植经济作物的传统，但由于交通不畅而导致很多农户种植的农副产品无法销售出去。在一次帮助一位农民与河南客户进行土豆交易的过程中，李安平有了建立农贸市场来充分发挥家乡蔬菜种植等资源优势的想法。1998年10月，振东投资200万元，控股了由于经营不善而濒临倒闭的当地政府的"菜篮子"立项工程——东和蔬菜集团公司，并在原址上成立了振东农产品开发公司。1999年，又投资200余万元新建了农产品深加工车间。当二次创业的钟声敲响之后，该进入什么样的业务领域，又成了一道摆在振东面前迫切需要解答的命题。为此，振东成立了三个项目考察小组，分赴全国积极开发考察。当走访了全国几十家科研机构，筛选了多个适合项目后，振东于2000年5月成立了潞维特生物食品公司。2001年8月，农产品开发公司和潞维特生物食品公司整合为五和食品有限公司。但是，无论是整合前的农产品开发公司和潞维特生物食品公司，还是整合后的五和食品有限公司，由于对行业、市场懵懂，在开始的几年中都处于市场无法打开，利润很低，有时甚至亏损的局面。这种状况一直持续到2002年年底开始停产整顿之后。

在此过程中，振东还做过玉米加工，搞过金属铸造，试验过煤变油产业，甚至还做过脑白金的销售代理。但这些转型无一例外都失败了，其中最为典型的是玉米加工项目。考虑到当地玉米多，原料不成问题，振东选择了生产低聚麦芽糖。当李安平到省计委立项时，被告知山西这类厂家已不少，再上这个项目，效益不一定好。但是，已经为选择场地、设计图纸和购买设备等投入200万元的李安平却很不甘心。于是，振东又投入近200万元进行市场调查。然而，调查结果却让人沮丧：以长治为中心辐射半径700公里内的低聚麦芽糖生产企业已有30家，年总产量8万吨，而市场需求只有1万吨。如今谈起这件事，李安平感触良深："决策不能想当然，这400万元是刻在骨子里的教训。"

3. 兼并药企

在企业进行战略转型的过程中，只有那些与时俱进做出了正确决策的企业才可能成为幸存者，而大多数企业则会被残酷淘汰。当企业开始实施转型时，对外部契机的把握可能是至关重要的。例如，联想希望拓展国际市场特别是欧洲市场的打算在并购IBM之前就存在，但只有当IBM想出售其旗下的PC业务这个契机出现时，联想的战略转型才得以大规模开展。显然，振东抓住了这样的契机。

就在振东广撒网为二次创业忙着战略试错的时候，长治县政府有关部门希望振东能够收购当地一家意欲转让的制药厂——山西金晶药业有限公司（以下简称金晶药业）。这是一家濒临倒闭的药企，经济效益低下，厂房破旧不堪，一年只生产3个月，工人的月工资也就500多元，维持生活都很困难。虽然进入制药行业能够造福百姓，促进当地经济发展，但对振东而言，却意味着进入一个完全陌生的行业。因此，振东的元老们对收购金晶药业持怀疑态度。

然而，李安平并没有被眼前的困难所迷惑。在经过一番详细的调查研究后，李安平认为，这是一个非常好的机会。首先，中药是中华民族真正的民族产业，具有很大的市场空间，国际上每年的中药销售收入在百亿美元以上。然而，全球80%的中药产品是日本生产制造的，韩国占10%，中国只占3%。李安平相信，中药是我们的国粹，外国人都能搞得这么好，中国人也一定可以搞好。其次，山西历史上从来不乏名医，名药和名店更是闻名遐迩。例如，创建于明代嘉靖年间（公元1541年）的广盛号药铺（现山西省广誉远中药有限公司的雏形）是我国有文字记载的最早的中药制药企业之一，曾与广州陈李济（1600年建立）、北京同仁堂（1669年建立）、杭州胡庆余堂（1874年建立）并称为"清代四大药店"，其生产的传统名牌产品龟龄集和定坤丹曾为明、清两代宫廷"御用圣药"。在李安平看来，金晶药业经营不善的主要原因在于没有把准市场的脉搏，管理机制落后，如今又由于无力投资《药品生产质量管理规范》（Good Manufacture Practice of Medical Products，GMP）认证才面临破产的危机。就企业本身而言，金晶药业拥有一个国家中药独家保护品种和专利产品——"岩舒"牌复方苦参注射液（以下简称岩舒），这是一项极具投资潜力的资产。早在1995年，岩舒就已经被批准上市，但是，最初"孕育"它的金晶制药却并没有将其"抚养成人"。后来李安平谈道："我买断的是一个拥有自主知识产权的、具有很大市场空间的产品，不仅仅是一个厂。"

事实证明，振东在转型的关口，又一次把握住了属于自己的契机。医药行业源于人们防病、治病和保健的需求，被誉为"永恒的朝阳产业"。在振东正式兼并金晶药业的2001年，我国中药工业总产值还只有534亿元；到2005年，这一数字已经实现翻番，达到1192亿元；而到了2010年，这一数字更是接近2005年的3倍，达到了3172亿元。"十二五"时期，我国的中药工业总产值以20%的速度递增。到2015年，我国中药工业总产值达到了7866亿元。这意味着在振东兼并金晶药业之后的几年时间里，我国中药产业一直处于高速增长状态，这为振东制药迅速发展成为振东集团的核心业务提供了良好机遇。回忆起当时的情景，许多元老们激动地说："幸亏李总决策果断，转型及时，否则就有可能贻误商机，给振东的发展造成不可估量的损失。"

（二）打造核心产品，制药产业初长成

1. 赢在执行力

无论多完美的战略，都需要依靠强有力的执行力来保证实施。然而，战略的执行力问题正是多数企业领导者最为关注也最为头疼的话题。摩根大通的CEO杰米·戴蒙（Jamie Dimon）就曾经说过，我宁愿要一个执行到位的普通战略，也不要一个执行糟糕的宏伟战略。前英国石油公司（BP）的CEO托尼·海沃德（Tony Hayward）谈到战略时也说，我们的问题不在于战略本身，

而在于战略执行。《财富》杂志对全球CEO的一项调查表明，在所有经过精心制定的战略中，得以有效执行的还不到10%。在美国大约有70%的企业失败，并非源自差强人意的企业战略，而是因为这些战略没有被有效执行。由此可见，强有力的执行力是企业战略制胜的一个法宝，没有执行力就没有竞争力。

振东从商贸流通领域转入高科技制造业，强有力的执行力正是其转型成功的关键所在。在振东调研，提到核心竞争力问题，振东的高管们异口同声，振东最突出的就是执行力。振东的执行力一是来自决心，二是来自速度。决心是克服困难的保证，速度是成功的前提。在振东的二次创业大会上，李安平提出了"世上无难事，只怕下决心"的理念，号召大家只要简单、同心协力、认准目标、摒弃杂念就能成功，在特殊时期，决心比智慧更重要。李安平后来也曾一再强调："世上无难事，只怕下决心，再大的困难在我这里都不算困难。"这种决心贯穿了振东从创业到今天的整个发展史。谈到执行力，振东的高管们还说道："李总在决策前总是会征求很多人的意见，进行广泛调研，但一旦做出决定，就会马上付诸行动。"

2001年8月28日，振东集团正式兼并金晶药业。虽然李安平看中的"岩舒"因具有抗癌、抑癌和止血镇痛等神奇疗效而具有明星潜质，但要将其打造成为真正的"明星"却不是件容易的事。接手金晶药业后，振东不仅面临着对医药行业了解浅薄、人才匮乏和人心不稳等问题，更面临着GMP认证难关。虽然我国从20世纪80年代初便已引进了GMP，但由于政策、体制、资金和人员等各方面原因，在1998年国家药品监督管理局成立之前一直进展缓慢。从1996年开始的GMP认证工作，也只是作为第三方检查，没有强制要求。国家药监局组建后，开始强制实施GMP认证。对刚刚从石油业务转战制药业务的振东人而言，更是困难重重，不知该如何下手，于是有人开始打退堂鼓。但是，李安平却坚持认为，再难的目标，既然去做了就一定要实现。

转型就是与时间赛跑，2001年11月，振东科技园第一个中药注射剂项目正式启动。曾担任石油公司总经理的刘成仁主动站了出来："我来负责这个项目。"并表态："这次涉足陌生领域，振东所有的利润全部投到药厂。如果成功，我就是功臣；失败了，我就是罪人。对我来说这是血战，对公司来说也是血战。既然李总提到了'世上无难事，只怕下决心'。我认为决心是一种无尽的动力，有了这种动力，还有什么做不成的事呢？"同期，中药提取车间进行GMP异地改造，请专家指导，边干边学。2002年9月，"岩舒"在新建的厂房里成功生产。同年12月，金晶药业一次性顺利通过国家GMP认证，创造了"当年施工，当年认证，当年投产"的神话。

2. 借势营销

药品属于特殊商品，只能在国家规定的流通、零售渠道销售。因此，有学者指出，现代制药企业成功的关键因素有两个：一个是新药开发，另一个就是药品营销。振东由石油行业跨界进入制药行业，能够制胜的法宝之一就是将其在原有业务中所形成的营销能力成功地转移到了新业务之中。现在振东制药的销售网络已遍及全国各省市区，李安平说："没有经销石油时构建的销售网络，这么大的摊子是不可能一下子铺开的。"谈到药品的销售，长治市经贸委王副主任也说："那可是振东集团经营石油打下的基础。"

处于转型起步阶段的振东集团收购了濒临倒闭的金晶药业之后，进军医药产业的发展方向逐步明晰，但问题也随之而来。有了"岩舒"这样的好产品，如何打开市场成了迫在眉睫需要解决的问题。金晶药业的历史最佳销售额为3600万元，后一路下滑，到振东收购其之前的2000年降至了2000万元，企业原老总将其归因于产品的生命周期进入了衰退期。然而，在金晶药业刚刚通过国家GMP认证后不久，李安平便向大家宣布：2003年销售额要突破一个亿！原金晶药业的销售人员都不相信该目标能够实现，但振东的创业元老和在李安平身边工作过的员工却都坚信无疑。虽然不了解医药制造领域，但对于市场运作规律，李安平却是了然于胸的。随即，李安平要求人力资源部招收500余名医药代表，招聘标准为：一是有销售经验；二是无药品营销经历。一年后，金晶药业的销售额达到了1.2亿元。在公司年终总结会上，李安平解释了成功的原因："大家不相信能够完成目标，是因为你们按照正常思维思考问题，只有逆向思维才能找到问题的节点。老公司业务不好，一是销售人员少，二是政策不合理，三是执行力不到位。一年来我们增加了很多代表，而新代表既懂营销，却又不被医药销售的条条框框所束缚，他们无知无畏，上手很快，怎能不成功？"

在中国医药市场上，医院是药品终端销售的主要渠道。因此，城市医院的药品市场，历来是医药企业的必争之地。据统计，在医药产品中，处方药几乎占70%以上，而处方药的销售选

第四章 行空的天马——振东战略

择权主要是在医院的医生和执业药师手中。医药代表到医院进行处方药营销主要有九种方式：临床拜访、推广会、研讨会、学术赞助、临床试验、广告、商业订货会、义诊推广及宣传。振东首先选择的是临床拜访，让其成功突破营销困局的却是一起医药行业的危机事件——"非典"。2003年年初，非典开始肆虐神州，全国都笼罩在危机和阴霾之中，许多医药代表不敢到医院里去，而医生也不想接待他们。就在许多制药企业的生产和销售因非典陷入停滞之际，李安平却发现了其中的商机，"非典时期大家不是都待在家里吗？我偏偏往外跑。振东是一家新的药企，还没有一个药品销售网络，我要抓住这个契机"。为了抓住这个机遇，李安平身先士卒，带领一支业务小分队，从山西出发，在全国进行市场开发，而且还是专跑别人避之不及的医院，调动公司所有的中层以上销售人员分散到各地医院里推销自己的药品。在此期间，振东还按照市场需求，对产品结构进行了及时调整。同时，振东还向北京的16家医院捐赠了价值50万元的"岩舒"。正如李安平所料，危机就是被危险掩盖着的机会，只要勇于迎难而上，就能迎来真正的发展。2003年5月，振东生产的"岩舒"被科技部确定为非典八种治疗用药之一。一时间，"振东营销"成为中国医药界的一支"晋商铁军"，而"岩舒"也一举成为振东的重磅产品，在全国的中成药销售中名列前茅。

随着振东制药业务的飞速发展，振东的营销手段也在不断创新。2004年10月，振东在全国首家推广学术营销，组建了以各地首席专家为主的学术研讨网络。一次，李安平在京参加经销商举行的"岩舒学术会"时，一位知名肿瘤专家说："我们医院正

203

在使用岩舒注射液，临床疗效非常好，而且我们发表了学术论文。但你们不重视论文收集，忽视信息传播。如果各医院医生看到该论文，就能知道岩舒注射液的疗效和用法，销量自然就会大幅提高。"李安平听后立即组织了专家论证会，针对"岩舒"的适应症、用法、用量及如何延伸使用进行了研讨，并要求有关人员迅速检索"岩舒"的相关论文。同时要求分科室、分适应症整理编辑成《"岩舒"复方苦参注射液医院临床应用论文集》，分发给全国各医院的医生和专家。近年来，互联网技术也在振东制药的营销中得到了广泛应用，为振东营销创新和品牌建设开拓了新的空间。如今，振东已形成了"营销总部、七个大区、省级公司、区域市场、基层终端"五级营销网络，成为行业学习的标杆。

3. 锻造精品

被誉为中药"杜冷丁"的复方苦参注射液，由苦参、白土苓经现代化中药提取技术制备而成，具有很好的止血止痛、抑制肿瘤发展的功效，是中医用中药治疗肿瘤最有效的药物之一，广泛应用于肺癌、肝癌、胃癌等实体瘤的联合治疗中，因此市场需求量较大。借"非典"之机，将"岩舒"这个国家中药独家保护品种和专利产品成功推向市场之后，振东便迈入了迅猛发展的快车道。

振东市场份额的不断扩大是营销团队不懈努力的结果，但更是振东"好人好药，好药好人"做药理念的开花结果。虽然中药是中华民族传统文化的瑰宝，几千年来绵延相传，但与西药相比，中药标准化、现代化的研究才刚刚起步。虽然目前国内中药

第四章　行空的天马——振东战略

注射剂质量控制标准为中药注射剂的质量可控性提供了前提保证，但由于原料产地、生产条件、生产过程控制等诸多因素的差异，市场上常用的一些中药注射剂，不同厂家的产品指纹图谱的相似性却存在较大差异。即使是同一厂家生产的同一产品，也存在产品质量各批次间差异大的问题，难以保证药品疗效的稳定发挥。因此，中药生产过程中的质量控制问题仍是制约中药产业发展的主要瓶颈。李安平深知"质量就是企业的生命"，药是用来治病救人的，在质量上来不得半点虚假含糊。于是，李安平提出："不存在供过于求的市场，只存在供过于求的产品，企业要多在产品质量上下功夫，勇于抓住别人抓不住的机会，一切自然海阔天空。抓住了质量，便赢得了信誉，就为企业腾飞插上了翅膀。"

振东初涉制药之时，员工素质参差不齐，技术不精，意识落后。曾被广泛传为佳话的海尔"砸冰箱"事件使海尔砸出了"零缺陷"，振东也曾有过相似的经历。在本书第一章振东基础管理篇中记录了"质量连着两条命"的案例，180万元的所谓"差不多"的合格药品，在汽油的助燃下瞬间变为灰烬。一把火烧毁的不仅是药品，更是"差不多合格"的理念，开启了振东制药人对"质量""精品"的追求。在振东后来的成长过程中，振东人也始终坚持着如履薄冰的态度，以"丝缕求细、点滴求精"的质量理念，以"高标准、严要求、精细化、零缺陷"的工作标准要求自己。

为了从源头上控制产品质量，振东于2003年成立了"中药材种植公司"，对原料药实行GAP规范化种植，并严控采收、运输和储藏等各环节。同时，为保障药品安全有效，多年来不断就药品的原料药材、物质基础、功效、质量标准、安全性再评价、生产过程等方面持续进行研究。为使药品质量可控，根据不同产品的生产特点，建立了相应的质量保证体系，使公司执行的内控质量标准常常高于国家质量标准。例如，振东的产品——氨咖黄敏胶囊，按国家药典规定有效成分达到93%以上即为合格，但振东的内控标准却为100%。某天检验员小郭发现有个批次的氨咖黄敏胶囊的有效成分为97%，立即上报了质保部刘部长，刘部长却认为该产品已超药典要求，出具了合格报告。质量总监王瑞珍检查合格报告时，发现这一问题，便立即要求对该批次药品重新检验，并组织质保部开会讨论，结果大家一致认为该批药品不能出厂。在氨咖黄敏胶囊投放市场后，很多患者说："振东的药品效果非常好，只需按照说明书服用2粒即可，而其他厂家的需要吃3~4粒。"正是对产品质量的严格要求，为振东的产品畅销全国奠定了基础。

  如今，振东已形成了覆盖原材料采购、产品设计、生产和销售服务各环节的药品供产销一体化的、动态的"大质量管理观"。在"好人做好药，好药治好人"这样一个朴实理念的指引下，振东不仅创造了中药注射剂单品销售的传奇，还安然度过了医药行业的每一次危急时刻。例如，人们至今记忆犹新的2012年"毒胶囊"风波波及了许多企业，其中不乏一些大型的知名药企，而产品将近1/3为胶囊剂型的振东制药却平安过关。振东的"岩舒"牌复方苦参注射液于2004年3月被中国质量监督管理协会和中国质量标准研究中心评为"中国市场医药行业十大知名品牌"，在2009年九大城市中成药销售排名中列第七，中药抗肿瘤用药排名中列第三，在2011年的中药行业年度峰会上荣膺"临床用药肿瘤类十强"第一名。

（三）纵向一体化，布局中药产业链

1. 前向延伸至医药流通领域

2001年中国加入WTO，推动了医药卫生领域的改革和开放。因此，振东进入制药行业，正是我国药品市场变动最剧烈、医药改革力度最大的时期。在此期间，国家对医药市场先后出台了一系列政策性的措施，包括医药分家、药品分类管理、价格管理、药品集中招标采购、实行医疗保险制度等。特别是从2003年开始，中国医药分销领域全面放开，为医药商业的发展带来了全新的机会。医药流通行业是连接上游医药制造业和下游药品零售终端的重要环节，医药制造企业通过向下游发展进入医药流通领域，不仅可以通过更快地对顾客需求做出反应而获取良好的终端优势，还能够基于规模经济优势和范围经济优势充分挖掘企业在库存、配送等环节的成本潜力。因此，制药企业具有选择前向一体化战略进入医药商业的动机。例如，海正药业为了提升营销能力，完善其制剂药品在国内销售的产业链，于2006年全资并购了在浙江医药商业公司中排名第三的浙江省医药工业有限公司。随着振东在制药行业地位的不断提升和振东全国营销网络的全面建成，也逐渐产生了要做长治地区中药龙头企业的想法，并确定了以扩张商业企业为主的成长战略。

振东进入医药流通领域始于2006年创建的零售药店——山

西振东长治县大药房。该药店归属于振东营销公司,主要销售振东的自产药品。药店的开业,不仅提高了振东在当地的知名度,还促进了振东医药业务的产销一体化。显然,仅仅一个零售药店的开张是不能够实现振东发展医药商业的梦想的。很快,李安平又有了参照当地"昂生""康宝"等一些药企建立医药公司的想法。2007年1月,山西振东医药有限公司(以下简称振东医药公司)正式成立。不久,振东集团又将零售药店从振东营销公司分离出来,划归振东医药公司。同年8月,开始筹建药品零售二店、三店。当年10月1日,新增的两个药店同时开业,振东医药公司零售部正式成立。2009年1月,振东医药公司获得了GSP认证,正式启动了药品配送工作。2009年年底,振东医药物流立体库建成。

对如何加快医药物流发展,李安平提出,将销售渠道的各个参与者(厂商、批发商、零售商和消费者)结合起来,实行一体化管理,有利于降低物流成本,提高物流效率和服务水平。长期以来,中国医药流通领域存在着"多、小、散、乱"的现象,行业无序竞争时有发生,医药物流企业普遍存在经营成本高、赢利能力差的问题。在山西,更是缺乏规模大、管理科学、技术先进、资金雄厚的医药物流企业。截至2009年年底,山西省拥有医药流通企业423户,其中仅有15家通过了GSP认证。2010年2月,山西省出台《山西省医药行业调整振兴实施方案》,把医药产业列为全省的新兴支柱产业。该方案明确提出了要建设山西省医药物流配送中心,提高晋药在全国市场的占有率。因此,通过并购重组,提高医药物流行业集中度已是大势所趋。在李安平看来，通过兼并重组不但可以使振东的销售规模快速做大，同时还可以直接提升企业的竞争力。2010年5月，振东医药公司与山西省内排名医药商业前三甲的山西晨东医药物流公司进行重组，成立了振东医药物流有限公司。通过此次重组，振东一举成为山西省内医药终端覆盖面最广、服务能力最强的企业。

2011年，振东再度出手，控股大同卡利德医药公司和山西医大科贸有限公司，进一步完善了公司医药商业在山西省内的布局，形成了"市场和医院两条腿走路"的医药商业体系。2015年6月，振东制药的全资子公司——山西振东大药房连锁有限公司成立。目前，振东已经与全国数千家制药企业建立了合作关系，面向全省11个地市108个县区的24小时送达体系已经完成。振东还充分利用现有的电子商务和电子信息体系优势，实现了从传统医药批发向现代医药物流企业的转变，通过完善物流链管理，形成了强大的网络能力和终端优势，实现了厂商和终端客户之间的多方共赢。

2. 后向涉入中药材种植业

中药，是中华民族传统文化的瑰宝，中药产业已成为当前我国增长最快的产业之一。作为中药的重要原材料，中药材资源对传统中药产业的影响会遍及整个产业链，从种植、采摘到中药饮片、植物提取、中成药生产直到终端医院和零售药店，可以说是牵一发而动全身。近年来，随着市场需求的不断增长，中药材资源的稀缺性和战略性也日渐凸显出来。为了稳定供应和缓解成本压力，国内不少中药企业加快了向上游整合的速度，纷纷通过自建种植基地、并购或形成战略联盟等方式来控制中药材资源。例如天士力集团以商洛丹参药源基地为核心，不断扩大种植面积，建成了跨6个省的上万亩中药材种植基地，完成了当归、川芎、黄苗、丹参、麦冬、五味子、决明子等基地的挂牌。

我国常用药材有1000多种，其中可人工种植的有200多种。目前中药材的种植和栽培分为三大类：一是经过国家认证的中药材种植基地，二是中药饮片生产企业所属的药材种植农场，三是民间自发种植者。然而，我国中药材种植滞后于农业种植20~30年，种植技术水平严重滞后于农业的发展。现实中，大多中药材种植者是从其他种植业转行而来，沿用传统的、单一品种的平面方式种植中药材。更有一些生产者不具备技术条件，不清楚药材的生长环境和采集周期，不分时节乱加采集，还有的在栽培中大量使用农药、化肥，导致药材品质降低甚至改变。2003年下半年，中国药品生物制品检定所组织省级药品检验所对河北安国、湖南廉桥、四川荷花池、安徽亳州共4家中药材专业市场进行了监督抽查，在抽取的1080件样品中，不合格产品就有247件。虽然中药产业前景光明，但处在中药产业链最前端的种植环节却成了中药产业成长中的烦恼。以至于有专家悲哀道："中医将亡于药。"国家卫生计生委副主任、国家中医药管理局局长王国强曾指出，"再好的大夫，即便是国医大师，开的方子再好，但抓的药不行，百姓吃了没效果，那就是毁掉了中医"。中国工程院院士、中国中医科学院院长张伯礼也强调，"中药材是中医学科的基础，大力发展中药材种植基地，建立药材标准，提高药材质量，才能保障药品的质量和中医的疗效"。

与其他中药企业相比，通过后向一体化来保证产品质量，达到稳定供应和缓解成本压力，振东的步伐要早很多。李安平销毁"差不多合格"药品的事件开启了振东制药人锻造零缺陷精品之路。然而，生产"岩舒"产品所需的主要原料——"苦参"和"白土苓"饮片，由于产地不同、加工方法不同和采收时间不同等原因，质量很难保证。因此，李安平有了人工种植苦参和白土苓的想法。同时，这两种中药材的野生资源也越来越少，而随着振东营销网络的不断充实和延伸，"岩舒"产品销售额快速提升，两种中药材相继出现了供不应求的局面。此外，振东另一个以苦参为原料之一的家护产品也于2003年3月实现投产。于是，振东要建造自己的中药材基地的思路逐渐明朗，山西振东金晶中药材开发有限公司（后改为山西振东道地药材开发有限公司，以下简称药材公司）于2003年11月正式注册成立。

药材公司成立后，建立规模化、规范化、标准化的中药材种植基地得到振东上下的一致认可。集团执行总裁、党委书记董迷柱在受访时说道："建设和生产必须严格按国家规定来，一点儿都马虎不得。"例如，为了建成高标准的苦参种植基地，"把最好的苦参物种找出来，把最适合种植苦参的基地定下来"，振东先后进行了为期一年半多的苦参野生资源大调查和试验，并先后聘请了来自研究院所、高校、民间的各方专家来进行论证，最后确定了在太行山分水岭一带开始种植。2009年，振东的苦参种植基地顺利通过国家GAP认证，开启了振东中药材业务的快速成长之路。2011年4月，振东的平顺20万亩连翘种植产业化项目破土奠基；2013年，先后启动了平顺50万亩中药材基地和浑源5万亩黄芪、新疆2万亩红花、贵州5000千亩白土苓的建设项目；

2015年，平顺50万亩中药材加工仓储基地正式建成，中药材种植基地扩展到了山东、江西等省份。其中，"10万亩连翘野生抚育及产地加工一体化基地建设项目"获国家工信部中药材扶持重大项目资金支持。

截至2016年年底，振东的木本中药材种植基地和草本中药材种植基地分别达到42万亩和8万亩，涵盖了党参、连翘、黄芩、柴胡、地黄、山桃仁、酸枣仁、远志、知母、山楂等76个种植品种，并形成以中药材种植、饮片加工、原料药提取及市场销售于一体的产业链，成为了山西省中药材产业的"旗舰"。此外，振东还成为全国第一个提出建立中药材全程可追溯系统①的企业。在2017年6月由全国工商联医药业商会牵头主办的"2016年度中国医药行业最具影响力榜单"发布会上，振东道地药材以排名第一的位次获"2016年度中国优质道地中药材十佳规范化种植基地"的称号。目前，振东正全力打造南太行山中药材仓储物流基地、全国道地药材精品种植基地及全国最大的中药材开发、种植和加工企业。

（四）横向整合，腾飞制药产业

振东在沿着中药产业链进行纵向布局的同时，还展开了行业内的横向整合。振东在收购金晶药业后，仅有复方苦参注射液一个生产文号。振东虽然靠着"岩舒"实现了华丽转身，成功由一

---

① 通过该系统，客户只需通过扫描二维码，就可以直观地看到某个中药材从种植、采收、储存、加工、运输直至销售的每个环节中的翔实数据，确保产品整个过程的透明化、标准化。

家石油企业变身为制药企业，但李安平很快意识到"鸡蛋不能放在一个篮子里"，不能把公司的未来寄托在一个产品上。在"一等企业做明天，二等企业做今天，三等企业做昨天"的理念支配下，振东组建了由科研、经济、营销等专家组成的"专家顾问团"。在专家顾问团的建议下，振东于2004年在北京组建了"振东北京药物研究院"，利用北京的专家、信息、人才资源优势，制定了"创新、抢仿、弱仿"相结合的研发道路。在我国，创新专利中药研发周期一般都在10年以上，药品研发是一个投入多、周期长、风险大的过程。因此，振东在加大研发投入的同时，还进行了一系列以获取竞争力品种和潜力在研品种为目的的并购整合行动。

就我国中药行业整体而言，长期以来存在着"进入门槛低，整个行业处于多、小、散状态，缺乏竞争力；恶性低价竞争愈演愈烈，企业无力提高质量标准；国际竞争步履维艰，面对洋中药无还手之力"等问题。因此，行业整合成为一些志在做强医药主业的企业的必然选择。例如，2002年，在非处方药方面拥有优势的太太药业收购了被认为是拥有中国最好的处方药销售网络的丽珠集团，形成了战略上的互补。然而，尽管一些中药企业进行了积极的兼并重组，同时国家以淘汰劣势医药企业为目的推行了中药行业的GMP认证，但一直到振东开始行业整合前，中药行业上规模的大型龙头企业仍为少数。截至2005年年底，我国共有中药企业1636家，约占全国医药行业企业（5053家）的32%。从企业规模看，大型、中型、小型企业呈金字塔形分布，小型企业为绝大多数，约占整个中药行业的五分之四。低集中度的行业现状为振东通过在行业内进行横向整合提高自身竞争力提供了机遇。

但是，在振东决定通过收购其他药企移植文号时，也出现了不同的声音。按照国家规定，GMP认证是一个动态的过程，没有文号就不能做GMP认证，没有通过GMP认证又拿不到文号，导致很多企业不敢先收购企业文号再投资GMP认证。大家经过激烈讨论，却没达成一致。最后，振东集团执行总裁、党委书记董迷柱力排众议，说："国家规定肯定是科学、合理的，肯定鼓励好企业做大做强。我们应该大胆去做，应该先收购企业，移植文号，再投资做GMP认证。"2004年，振东收购了地处山西阳泉市、拥有30余个产品文号的"威尔森药业"。同年，振东制药二期工程奠基。当时，恰逢国家银根缩紧，大家又开始担心项目资金紧张，建成半拉子工程，成为二期工程项目负责人的董迷柱再次鼓励大家："世上无难事，只怕下决心。我们组织专家对设计图纸再次审核，避免设计不合理造成的浪费。同时发动员工筹款，另外还可找政府和合作伙伴帮助解决。"在全体员工的努力下，顺利解决了资金问题，并再次实现了当年设计施工，当年建成投产的奇迹。此后，振东按照"以总部为核心，以产品为切入点，先近后远，先省内后省外，继续重组产品互补、文化相通、资源共享的药企及相关行业"的集团总体战略规划，对省内外一些药企进行了一系列的并购整合行动。

成立于1993年7月的山西大同泰盛制药有限公司（后重组更名为山西振东泰盛制药有限公司，以下简称泰盛制药）是一家生产和经营多种剂型的中西成药、化学原料药于一体的综合性药品生产

第四章 行空的天马——振东战略

企业，在山西药界业绩颇佳，拥有4大系列、18条生产线、218个产品文号，体系建设非常完整。2007年8月，振东斥资1.3亿元，成功收购其全部股权，为振东制药业务的腾飞奠定了坚实的基础。次年8月，控股长治中药厂，重组成立山西振东开元制药有限公司（以下简称开元制药），弥补了振东在中药普药方面的缺陷，特别是扶正固本颗粒、芪蛭通络胶囊两大独家优势品种的加入，进一步提高了振东制药在产品上的竞争力。2009年，振东投资建设振东制药三期工程（生活中心、物流中心、百亿片剂车间）。至此，振东的制药业务基本形成了"以肿瘤产品为核心，以医院临床用药为基础，普药、OTC为补充"的产品结构，并形成了三个专业化制药生产企业。在2010年11月由科技部等七部委联合支持，中国中药协会、中国医药报等联合主办的"2010中医药国际科技博览会暨2010中药行业品牌峰会"上，振东被评为"中药企业成长型品牌十强"，标志着振东在国内中药制剂领域的行业地位逐渐凸显。2011年1月7日，振东集团实现了质的飞跃，其控股子公司振东制药股份公司（以下简称振东制药）正式在创业板挂牌上市，成为山西省首家登陆创业板的上市企业。

2011年5月，振东制药全面收购位于山西晋中的山西安特生物制药股份有限公司（后重组更名为山西振东安特生物制药有限公司，以下简称安特制药），使振东的产品线延伸到消化类药物。2013年7月，"2012年度中国医药工业百强企业"[①] 在由中国医

[①] "中国医药工业百强企业"榜单是以反映国家医药工业经济运行状况的唯一官方资料——《中国医药统计年报》为依据，由医药工业主营业务收入排序在前100位的企业构成。

215

药工业信息中心主办并承办的"2013年(第30届)全国医药工业信息年会"上揭晓,振东制药位居第89位。同年,安特制药成功收购山西省恒山中药有限责任公司的38个产品文号,使振东制药拥有的产品品规达到548个。至此,振东的产品覆盖了抗肿瘤、心脑血管、抗感染、消化系统、呼吸系统、维生素营养、解热镇痛、补益中成药八大用药系列,其中,岩舒、比卡鲁胺胶囊、芪蛭通络胶囊、扶正固本颗粒、烟酰胺葡萄糖注射液、盐酸吡硫醇氯化钠注射液6个独家品种极具市场竞争力。

随着振东并购力度的不断加大,振东多年来抗肿瘤药一支独大的局面也逐步发生改变。为了进一步优化产品结构,振东的并购对象开始跨越省门。2015年9月,振东制药发布资产收购预案,拟斥资26.5亿元收购北京康远制药有限公司(以下简称康远制药)100%的股权。成立于2003年11月的康远制药是一家集研发、生产、销售于一体的现代化综合制药企业,其产品主要涵盖了钙及营养补充药物、保肝及肝病药物、喹诺酮类抗菌药物、降血脂药物、降血糖药物及中枢性肌肉松弛药物。特别是,康远制药在钙制剂细分市场具有较强竞争优势,拥有旗舰品牌"朗迪钙",是国内钙制剂生产的领导者。2016年5月,该交易正式完成,康远制药成了振东制药的全资子公司,意味着振东正式开始进军OTC领域。目前,振东制药拥有65条生产线、11大剂型600多个品种,药品品种数量在全国排名第20位,拥有独家产品或剂型达到13个。

并购是企业成长战略中实现快速成长最快捷的方式。诺贝尔经济学奖获得者、美国著名经济学家乔治·施蒂格勒曾经说过:

"没有哪家美国大公司不是通过某种程度、某种方式的并购而成长起来的,几乎没有一家大公司是靠内部扩张成长起来的。"但是,也有不少企业因并购而陷入困境,其中一个重要的原因就是并购交易完成后的整合不力。企业并购后整合的内容涉及了战略、资产、组织、文化、人力等领域,如彼得·德鲁克曾在《管理的前沿》一书中指出:公司的并购并不是简单的财务行为,一项成功的并购需要在整合业务上取得成功。然而,振东的并购整合却似乎是屡战屡胜。在谈到其整合成功的经验时,李安平和董迷柱给出的关键词是"文化渗透",即并购之后倡导文化管理。具体做法是:只盘点资产和核心人才,不派人到被收购企业,短期内不做动作,不提"收购重组"一词,仅每个月在集团总部对被收购企业的高管、中管进行培训,让其领略振东的理念和振东人的言行,慢慢进行文化渗透,使其最终融入振东。在并购整合战略的助推下,振东连年入围"中国医药工业百强企业"榜单,并由2013年度的第87位、2014年度的第93位、2015年度的第88位上升到2016年度的第57位。

三、战略成型,谋划大健康产业

演化理论认为,企业的成长是一个由大量战略事件组成的动态转变过程,企业后续的战略行为取决于其前面的战略事件,在企业的成长过程中形成的核心资源是其后续战略制定的基础。振东集团在中药产业实现高速成长的同时,对自己的发展方向也重新进行了定位——利用自己累积的优势资源,向"大健康"领域迈进，实现跨越式发展。2011年，振东的《"十二五"健康产业发展规划》正式出台，提出了打造健康产业集团，建设百亿振东的宏伟目标。目前，振东已初步形成了覆盖中西制药、健康食品和健康护理用品三大业务板块的健康产业集团。

（一）合作创新，突破医药业务成长瓶颈

目前，我国医药行业正进入一个崭新的时代。新形势下，机遇与挑战并存。

首先，医药行业是全球公认的永不衰落的朝阳产业之一，也是一个弱周期性行业。根据中国医药商业协会有关资料，全球医药行业一直保持持续稳定增长，我国医药行业的发展速度则远高于国际平均水平。工信部等六部委于2016年11月7日印发的《医药工业发展规划指南》显示，"十二五"期间，我国规模以上医药工业增加值年均增长13.4%，主营业务收入和利润总额年均增速分别为17.4%和14.5%，占全国工业增加值的比重从2.3%提高至3.0%。根据全球著名医疗咨询机构IMS Health的预测，中国到2020年将成为仅次于美国的世界第二大医药市场。具有诱人前景的中国医药市场正吸引着越来越多的外资企业的关注。

然而，在全球化趋势下，虽然传统中药产业不同于化学制药产业，有着自己独立完整的中医理论体系做指导，但传统中药产业在国内和国际市场上也面临着日韩的汉方药和欧洲植物药的激烈竞争。同时，医药行业也是受国家政策影响最大的行业之一。在过年的20年中，国家发改委进行了30多次的药品

第四章 行空的天马——振东战略

降价行动。据国家食品药品监督管理总局（CFDA）南方医药经济研究所发布的《2014年度中国医药市场发展蓝皮书》显示，从2013年起我国医药行业已告别了以往高达20%以上的增长速度。增速持续放缓意味着行业将面临新一轮洗牌，医药行业已从机会竞争转变为战略制胜。在这个大浪淘沙的新时代，谁都有可能成为新的医药王者。2009年启动的新一轮医药卫生体制改革，开启了我国医药行业的大洗牌。2011年3月，CFDA启动了新版GMP认证，掀起一轮并购风潮。自2012年开始到2015年年底GMP换证大限，医药行业并购数量呈持续增长态势，从2012年的99起增长到了2015年的470起。据CFDA年度监管统计年报数据显示，截至2015年11月底，全国共有原料药和制剂生产企业5065家。2016年2月《国务院办公厅关于开展仿制药质量和疗效一致性评价的意见》的出台，更掀起了我国医药行业的新一轮大洗牌。截至2016年11月底，全国共有原料药和制剂生产企业4176家。估计到2018年年底前，国内制药企业数量将可能会降至2500家左右。在此情景下，如何能够突破成长瓶颈实现持续成长已成为众多医药企业不得不思考的难题。对此，振东给出的答案是"创新"。

创新是企业发展的不竭动力。美国著名竞争战略专家迈克尔·波特认为：在未来竞争中，"没有哪一个企业可以预测未来""任何战略都是可以被模仿的""不再有持久的竞争优势""唯一的竞争优势就是学习和变化的能力"。振东从创立之日起，就已经注定了将成为一家从合作中学习和创新的企业。当李安平决定建加油站的时候，对加油站的运营管理一无所知，甚至连汽油型

219

号都不懂。为了学习加油站的经营流程和管理技巧，振东曾先后选择与有加油站经营经验的福建商人和长治县供销社进行合作。在振东后来的成长史上，我们可以一再清晰地看到这一特征。李安平说过："在激烈的市场竞争中企业就像放在斜面上的一个球，随时都会有掉下来的危险，要想企业在竞争中不被市场淘汰，企业必须具备两种能力，一个是止动力，另一个就是上升力。止动力就是要加强企业的基础管理，提高各项管理水平；上升力就是要不断创新，因为创新无处不在，如果不审时度势企业就会陷入盲目性，失去发展的机会或被市场淘汰。"

战略上，"创新"一词应该做更广义的解释，它可以只是一个新的产品设计、一个新的流程、一套新的营销战略、新的组织或教育训练。振东的创新体现在文化、管理、营销和技术等各个方面。其中，科技创新一直以来都为振东的发展提供着强劲的内动力，也是振东成功的一个关键。正如李安平所言，"一个企业的科技创新能力，决定着它的今天与明天。振东在转型跨越发展中，用实践证明，只有引进、消化、吸收新技术以及提高自主创新能力，才能成为企业发展核心竞争力所依、发展后劲所在、前途命运所系"。2004年1月，刚刚凭借"岩舒"复方苦参注射液在制药行业站稳脚跟的振东投资1000多万元，在北京建立了振东北京药物研究院，将国内外知名的21名医药专家网罗在麾下，从事新药的研制和相关产品的研发，并制定了"创新、抢仿、弱仿"相结合的研发道路。

我国的药品可大致区分为专利药（创新药）、原研药和仿制药。其中，97%以上的国产药为仿制药。究其原因，新药研发的高技术、高投入、长周期和高风险是国内大部分药企不愿或无力进行自主创新的主要原因。正如塔夫特中心主席肯尼思·凯特林（Kenneth I. Kaitlin）所言："将新药引入市场总是一件非常昂贵并且充满风险的事情，我们最近的研究表明成本仍然在直线上升。"据美国食品药品管理局（U.S. Food and Drug Administration，FDA）统计，通常企业要完全独立研究出一个创新药物，需要投入的研究费用约为10亿美元，研发的周期约为10年。因此，全球专利药和原研药多掌握在一些具有强大研发能力和资金实力的跨国制药巨头手中。由于20世纪八九十年代，大量专利药研发成功并上市，近年来全球药品市场已迎来专利到期高潮，这为以生产仿制药为主的国内制药企业带来了空前的机遇。为了抓抢机遇，占领前沿，振东制药制定了"自主研发、合作研发、委托外包"三种方式相结合的研发模式。

随着振东医药业务的不断发展，其内部科研体系也在不断完善，目前已形成了"以研究院为核心，晋药工程实验室、总部技术中心为两翼，各公司技术中心为一体"的研发平台。为了打造国际先进、国内领先的中西药研发旗舰，构建创新型企业，提高研发团队的整体实力，振东制定了科学的人才发展战略。2015年12月，振东制药博士后科研工作站获批设立。2016年3月，振东对核心技术人员的首次股权激励顺利实施。同时，振东对医药业务的研发资金投入也在逐年上升。

此外，振东还建立了山西省院士工作站、山西省海外高层次人才创新创业基地，并通过组建研发平台、承担课题等形式，先后与国内外高校、科研院所、政府部门等的研发机构建立了战略合作关系。例如，与中国药科大学、山西省中医药研究院、中药复方研究国家工程中心等单位联合，承担了国家"十一五"重大科技专项"超5亿元岩舒大品种技术改造"；与山西省中医中药研究所联合组建"振东中药现代化研究中心"技术平台，开展注射用乌骨藤冻干粉等中药新药的研制工作；与军事医学科学院毒物药物研究所共同建立创新制剂－缓控释制剂开发技术平台；与山西省科技厅共同设立中药产业创新振东基金；与山西中医学院在澳大利亚阿德莱德大学联合建立"振东中－澳分子医药研究中心"，开展复方苦参注射液诱导肿瘤细胞凋亡的药理机制研究；与国家中医科学院联合在美国国立癌症研究中心（National Cancer Institute, NCI）成立"中医药治疗肿瘤"科研办公室，开展复方苦参注射液抗癌、镇痛作用机制的研究；与美国艾格科技公司（AG Research Co., LTD）共建脂质体创新制剂开发平台；与国家药典委员会、美国沃特世公司（Waters Corporation）共建开放实验室等。

近年来，振东与国内外科研机构的合作领域已由中药制造渗透到振东的其他各个产业中。例如，与中国医学科学院药用植物研究所、天津中医药大学等组成研发联盟，共同完成了国家"十二五"科技支撑计划项目"道地药材苦参规范化种植基地优化升级及系列产品研究开发项目"；牵头成立了"山西晋药产业技术创新战略联盟（试点）"，致力于中药材的产业化、前端化和国际化；2015年8月，由振东集团和中国医学科学院药用植物研究所联合申报的国家中药标准化项目得到国家发改委正式批复，振东承担了连翘、党参、苦参、黄芪、柴胡、山楂、远志、款冬花、

第四章 行空的天马——振东战略

酸枣仁共计9个饮片品种及白土苓1个中药制剂品种原料的标准化制定工作①。

通过自主研发和合作创新，振东的科技创新能力显著增强。2015年，振东新授权专利20项；2016年，新授权专利27项，其中发明专利9项，实用新型专利16项。同年，振东中-澳分子医学研究中心的大卫·阿德尔森（David L. Adelson）教授及其团队研究的岩舒抗癌机制的最新研究成果（Identification of candidate anti-cancer molecular mechanisms of Compound Kushen Injection using functional genomics）在国际肿瘤研究领域的著名学术期刊《肿瘤标靶》（Oncotarget）上发表，获得了诺贝尔医学奖得主哈拉尔德·楚尔·豪森（Harald zur Hausen）的称赞。此外，振东还出版了《中国苦参》《肿瘤患者服务手册》等专著；发表各类学术文章1300余篇，其中在国际著名学术期刊发表学术文章20余篇。振东制药先后入选"2016中国药品研发综合实力百强

---

① 国家中药标准化项目由国家发改委和国家中医药管理局共同组织实施，重点任务是推动中药产业链的标准化建设，系统构建中药标准化服务支撑体系，促进中药产业"种好药、产好药、造好药"。根据项目规划，我国60种大品种中成药和100种临床常用中药饮片有望于2018年实现全程质控。首批建设项目共有全国105家企业参与，涉及中药大品种59种，常用中药饮片101种。项目实施时间为2016—2018年。

优秀企业的逻辑

榜①""2016 年最具科技创新力中药企业②"。这些成果的取得，标志着振东的科研能力已居医药行业前列。

在医药行业环境快速变化的背景下，不少优秀企业已由销售驱动型向研发驱动型转变，通过不断提升企业的研发能力和创新能力来避免被淘汰出局。为了实现跨越式发展，振东正着力推进科研体系"五化"建设，即国际化推动原始创新，网络化整合科研资源，标准化夯实产业基础，信息化推动体系创新，数据化引领服务创新。振东科技创新力度的不断加大，为振东医药业务的快速成长提供了强力支撑，振东已连续两年蝉联"中国医药工业

---

① "药品研发综合实力排行榜"由中国药科大学、当代中医药发展研究中心等组织评选，企业的最终得分由其上年度药品受理情况得分、药品批准情况得分、企业研发投入资金情况得分及企业品牌票选得分四部分构成，在"2016 中国药品研发综合实力百强榜"中，振东制药列第79位。

② "最具科技创新力中药企业"榜单是在科学技术部指导下，由国家中药现代化（上海）创新中心、中国医药工业信息中心等组织评选。评委会由产品评选组、企业评选组和综合评判组组成，评选指标划分为药品和企业两个层面，前者包括创新维度、布局维度和竞争维度，后者包括驱动维度、发展维度和规模维度。数据来源包括《中国医药统计年报》《中国新药研发监测数据库》、企业信息调研、中国医药工业信息中心进行的行业日常和深入报道等其他公开渠道信息。在"2016 年最具科技创新力中药企业"榜单中，振东制药列第 9 位。

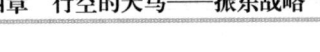

最具成长力十强企业"①。

（二）清晰定位，健康食品业务获生机

健康是人类自身最普遍、最根本的需求，也是一种积极的生活方式。大健康产业是"防、治、养"模式的产业体现，涉及医药用品、保健食品、保健用品、绿色环保产品、医疗康复机构等与人们身心健康息息相关的各个生产和服务行业。随着社会发展和人们生活方式的改变，健康产业已经成为全球范围内最为热门的产业之一，美国著名经济学家保罗·皮尔泽在《财富第五波》中将其称为是继 IT 产业之后的全球"财富第五波"。在我国，随着生活层次的提升，居民对健康品质的诉求也越来越高，对天然、绿色的健康理念倍加推崇，2009 年开始的新一轮医改更是推进了我国健康产业的快速发展，成为金融风暴中少数"不缩水"的行业之一。2013 年 9 月，国务院印发《关于促进健康服务业发展的若干意见》，提出到 2020 年，健康服务业总规模将达到 8 万亿元以上的发展目标。目前，我国已步入人口老龄化社会，加上 13 亿人口的庞大基数，健康产业的市场容量持续上升。正如复星

---

① "中国医药工业最具成长力企业"榜单于 2015 年首次推出，评委会由中国医药工业信息中心、中国医药工业研究总院和上海医药工业研究院联合组成，包括产品评选组、企业评选组和综合评判组。评选指标划分为产品和企业两个层面，前者包括创新维度、布局维度、地位维度、潜力维度和竞争维度，后者包括引领维度、规模维度、稳定维度、成长维度和战略维度。数据来源包括《中国医药统计年报》《中国新药研发监测数据库》《药物综合数据库》、行业专家访谈及其他公开渠道信息。振东在"中国医药工业最具成长力企业"榜单中，2017 年、2016 年分别居第 3 位、第 9 位。

集团创始人之一,现任复星副董事长兼首席执行官的梁信军在"2014正和岛岛邻大会"上断言:"我觉得6~8年内,大健康就会成为中国第一大行业。"近年来,随着肥胖症、糖尿病、高血压等慢性病的蔓延,许多国际知名的医药企业,如辉瑞、葛兰素史克、赛诺菲等,纷纷趁势涉及功能性营养食品和健康保健产品的开发与研究。诚然,中国健康食品产业的"蛋糕"很是诱人,虽然门庭若市,但赴宴者若对自己没有清晰的战略定位,这块蛋糕恐怕难以下咽。

"竞争战略之父"迈克尔·波特指出,"战略就是创建一个有利的定位"。按照定位理论的提出者——美国著名营销专家杰克·特劳特的观点,"定位就是如何在顾客的心智中实施差异化,使品牌进入心智并占据一席之地"。根据哈佛大学心理学家米勒的研究,顾客心智中最多也只能为每个品类留下七个品牌空间。而特劳特却进一步发现,随着竞争的加剧,顾客最终连七个品牌都容纳不下,只能给两个品牌留下心智空间。因此,通过定位,让品牌在消费者的心智中占据最有利的位置,使消费者在产生相关需求时,便会将定位品牌作为首选。例如,云南白药创可贴通过"有药好得更快些",重新定位强势品牌邦迪的战略性缺点(无药),从而反客为主成为领导品牌。王老吉通过定位为"预防上火的饮料",走上了高速发展的快车道。振东亦是在2009年左右通过对两次创业过程中初步形成的食品业务和护理产品业务进行清晰定位而创造了新的生产力。

振东现有的五和食品业务始于其创业初期机会驱动成立的振东农产品开发公司和后来二次创业战略试错过程中创立的振东潞

第四章　行空的天马——振东战略

维特生物有限公司（2001年8月二者整合为山西振东五和食品有限公司，以下简称五和公司或振东五和）。然而，由于对产品缺乏清晰定位，在2002年年底开始停产整顿之前，五和公司一直处于市场无法打开，利润很低甚至有时亏损的状态。尽管公司内部出现了不同的声音，李安平却坚信，食品加工业对振东而言，是有前途、有资源、有优势的产业。他认为，食品是人们必需的消费品，而且随着生活水平的不断提高，人们对食品的卫生、安全、口感、营养、便捷，特别是对杂粮都会有更高更多的需求，所以这是一个前景看好的产业。另外，山西是全国小杂粮基地，是国际杂粮老大，在资源占有上五和公司作为山西的一个企业有得天独厚的优势。并且，在杂粮的制作上，省内更是有许多传统的方法可供借鉴，有近水楼台之条件。为此，五和公司对公司产品进行了梳理和定位，并进行了一系列改革。"五和"意指用五谷杂粮生产的食品可以"和五脏"（心肝脾胃肾），契合了"药食同源""治未病"等中医哲学理念。因此，五和公司定位于"针对健康和亚健康人群，推出适合他们的功能食品"，并提出了"五和食品，制造健康""随症随药，呵护健康"的产品定位理念。五和公司最初有三个产品系列："青禾牌"豆制品、"五和春"酿造白酒和"糠佳"糖化秸秆饲料。通过梳理，这三个产品系列中只保留了适合"三高"人群的部分豆制品，并陆续增加了具有良好抗癌功能的黑小麦系列、被誉为"五谷之王"的苦荞系列及特色礼品等系列产品。

五和公司不仅通过对产品进行升级改造、实行精细加工和细化生产工序来提高产品质量，还通过创新销售模式、申请国家和地方有关部门认证及成立五和养生堂的方式来提高公司品牌的美誉度。2004年8月，五和公司一次性通过HACCP（Hazard Analysis Critical Control Point）国际食品安全保证体系认证。同年12月，五和食品首次走出国门，其豆制品系列产品成功进入澳大利亚市场。此外，五和食品还被评为"中国消费市场食品安全放心品牌"。2009年12月，五和公司重新注册，更名为"振东五和健康食品股份有限公司"；2010年，"北京振东五和健康科技公司"成立，旨在扩大五和产品的市场辐射范围和品牌影响力；同年6月，五和产品通过了国家技术监督局的QS认证和有机食品认证。2013年，"振东五和"被山西省工商行政管理局评为山西省著名商标。为了从源头上确保食品的安全可靠，五和公司还建立了自己的种植基地。

随着振东集团《"十二五"健康产业发展规划》的出台，五和公司对其产品定位进行了调整，开始由低端经济型向高端功能型升级。五和公司将其产品定位于"随症随药"高科技功能保健食品，提出了"创承国粹，制造健康，科学养疗，清志调畅"的功能定位，产品研发以"随症随药，呵护健康"为出发点，立足山西省内丰富的道地药材，垂直挖掘省内的药食同源产品，并针对每种适应症及慢性病研发相应的功能保健食品。2012年12月，五和公司二期主体工程竣工。2015年，五和科技食品车间建成投产，进一步为五和公司走向快速发展轨道奠定了基础。同年11月，五和公司召开股改工作会议，正式启动了"新三板"上市计划。

与此同时，五和公司的国际化步伐也明显加快。2015年7

月,集团总裁李安平及研发总裁李明花等人前往美国波特兰市的Vitanica和洛杉矶的Action Labs两家保健品公司进行访问,为五和保健食品跻身国际市场探路。同月,新西兰梅西大学校董布鲁斯·欧瑞士(Bruce Ullrich)等人访问振东,双方以功能保健食品为重点,就资源利用、技术合作和生产创新产品三方面进行了探讨。同年9月,美国Action Labs公司总裁史蒂文及高级顾问雷浩等人来到振东,与振东就五和保健食品的合作问题进行了磋商,Action Labs公司承诺将协助振东整合美国资源,将五和保健品销往全球,同时将美国优质保健品带到中国。2016年10月,振东国际(北美)科技有限公司在美国成立。同年12月,五和公司的蛋白制品一次性通过国际HACCP认证,并签约了出口欧美的第一批蛋白制品订单。2017年3月,第一批膨化豆制品顺利出口美国,五和公司的国际化迈出了坚实的一步。

如今,五和公司已形成了以北京为研发、营销中心,山西为种植、生产基地,集研发、生产、销售于一体的完整产业链,产品覆盖到功能保健产品系列、特殊医用膳食食品系列、营养补充剂产品系列、中药饮片及中药养生茶四大系列。其中,五和"和韵清"系列食品于2016年10月荣膺国际农产品博览会金奖。目前,五和公司正以"打造国内功能保健食品领先企业、打造国际健康产业知名品牌"为发展目标,致力于建成中国最大的保健食品生产基地。

(三)行业抢位,健康护理业务现雏形

随着振东集团不断涉入新的业务领域,集团总部的地位和作用也日渐凸显。企业集团存在的意义就在于集团化运作的价值可能超过它的各个子公司单独运作的价值的累加和，因此，一个具有哺育优势的集团总部是能够创造价值的，反之就是摧毁价值。根据英国学者格里·约翰逊（Gerry Johnson）和凯万·斯科尔斯（Kevan Scholes）的观点，集团总部一般承担组合管理者（Portfolio Manager）、重组者（Restructuer）、协同效应管理者（Synergy）和能力培育者（Parental Developer）四种角色。集团总部角色的实现主要体现在两个方面：一是选择哪些业务经营，二是如何管理这些业务。在业务选择上，相关多元化战略由于新业务能够与现有业务之间产生协同效应而备受推荐。

中国医药产业经过一轮较长时间的持续高速成长后，已进入一个危机与转机并存的关键时期。随着众多国外跨国药企的强势进入和国内药品价格受国家管制而导致药品利润的持续下降，国内已有不少中药生产企业通过向中药衍生品产业延伸来获取高额利润。随着经济的发展和人们生活水平的提高，消费者对护理产品的需求已经越来越多样化，对自然健康的意识也越来越强烈。显然，涉足健康护理产业是一些拥有优质中药资源和品牌的医药企业的理想选择之一。如云南白药从2005年开始相继推出了牙膏、洗发、沐浴等多品类日化产品，北京同仁堂在2009年将化妆品生产作为战略重点来实施。虽然我国健康护理市场中由于宝洁、联合利华等国际大鳄及上海家化、南风化工、广州浪奇等国内大型日化企业的存在而壁垒重重，但新进入者只要能够找到属于自己的细分市场，快速切入，仍然可以创造奇迹。例如云南白药推出的牙膏产品以具有止血化瘀、活血止痛和解毒消肿功效的云南白药百年配方为支撑,通过定位于"非传统牙膏"——能综合解决成年人口腔问题的保健牙膏,上市仅3年时间就实现6个亿的销售业绩,成为国内功能性牙膏的第一品牌。

对致力于创建最具竞争力的民族健康产业知名品牌的振东而言,发展中药健康护理产品具有先天优势。山西是中医药文化的重要发祥地,中医药资源优势显著,是公认的道地药材大省,素有"北药"之称。振东总部的所在地长治县(古称上党)更有炎帝故里之称,相传为神农尝百草之所在,是当之无愧的远古中药主要发轫地,特别是苦参、连翘、党参和黄芪等道地药材在全国久负盛名。2016年6月,山西省中药材行业协会暨环太行山连翘产业协同创新联盟年会在山西省会太原召开,李安平谈道:"山西的资源不仅有煤炭,还有品质优良的中华传统中药材⋯⋯中药材加工这个环节非常重要,只有加工才能使原料变成产品,才能实现药材的增值,才能使产业链条得以拉长,才能把整个产业真正做大。"

早在21世纪初的时候,刚刚转型为中药制药企业不久的振东便从当地一位老中医的后人手中重金购买到一个叫"避瘟汤"的家传秘方。后来振东涉入了中药材的种植业务和振东北京药物研究院的成立更进一步为振东中药健康护理业务的开展奠定了坚实的基础。先行者优势理论认为,进入某一市场的先行者可能能够获得超越后续进入者的某些优势,例如赢得顾客忠诚度、建立良好的企业形象、得到好的声誉等。在中药健康护理这个新的蓝海市场中,定位于中药健康护理产品的领导者的振东要想取得领先优势,就必须进行行业抢位。振东的健康护理业务起源于2003

年成立的岩康事业部（后更名为阳康事业部），最初只有一个产品——在"避瘟汤"配方基础上研制的空气清新剂。在李安平"速度加决心"的理念指导下，在振东北京药物研究院与中国中医科学院及山西省中医院等科研院所的鼎力合作下，振东陆续推出了以"中药抑菌"为基础的足部护理、成人护理、儿童护理、家居洗护等系列产品。2009年10月，振东家庭健康护理用品有限公司（以下简称振东家护公司或家护公司）正式成立，致力于中药家庭产品、个人护理产品的研究与生产。2011年出台的振东《"十二五"健康产业发展规划》进一步明确提出了要"发展中高层群体居家使用的中药家庭型健康护理日用品"，规划用5年时间将家护公司培养成为振东集团的第二家上市企业，成为中药抑菌健康护理行业的领导品牌。

到2013年，振东家护公司旗下已拥有"益呢康""伊洁露""阳康""小贝乐""喜乐喜""九支草"六大品牌，成功打造了山西、湖南两个样板市场，并逐步覆盖到北京、广东、湖北、福建等市场。其中，"益呢康"单品销售突破千万元。与此同时，振东也越来越强调集团各业务之间的协同性。2014年3月，融"药材种植、中药炮制、中医养生、名医问诊、学术交流、科技展示、文化旅游"为一体的振东神农中医药文化园在神农当年布五谷、尝百草所在地——长治县五谷山破土动工。该项目是山西省唯一一个以中医药文化为主题的旅游项目，总投资额达12.5亿元，拟分两期五年建成。神农中医药文化园的建成将进一步强化振东中药健康护理产品的品牌内涵。此外，2016年，振东制药斥资26.5亿元收购了拥有旗舰品牌"朗迪钙"的北京康远制药，不仅仅是想进一步争夺补钙制剂的份额，更重要的是欲借此为振东集团旗下的其他业务铺路，发挥品牌的连带效应。"现在在医药行业内的口碑，振东没有问题，但是在社会上的品牌知名度还差点。我要通过这个产品做品牌提升，让振东所有的产品都能受益，把 300 多普药种类带向市场，甚至包括 5 种食品产品、家护类产品的口碑都打出去，那才是我的最终目的。"李安平说。

进入 2016 年，家护公司又开始进行了一系列变革。依托"振东制药"上市公司的种植、研发、生产和资源平台，借助振东集团总部的资金实力，家护公司将其产品定位为纯中药萃取的全新健康洗护产品。另外，家护公司还将进一步加大研发力度，拓宽研发范围，优化产品结构，专注于中药呵护母婴系列、中药养护成人洗护、中药抑菌家居洗涤产品三大产品群，打造世界"中药洗护"新标杆。

四、新征程，追梦国际化

日本索尼公司创始人井深大曾经说过："对于一个志在长远的优秀企业来说，一个好的布局，就如同一粒好的种子。"从振东的战略演变历史来看，具有高度环境适应性的特征，但这种适应性已由被动逐步转向主动，企业自身的资源和能力在战略选择中的作用也越来越明显，开展国际化经营已成为振东新的逐梦目标。

（一）使命驱动，国际化梦成形

从战略视角出发，企业使命就是对企业"存在理由"的宣言。李安平在创业时将公司名称确定为"长治县振东实业公司"，其中的"东"字代表了其家乡"东和村"，"振兴家乡"是振东"存在的理由"，因此振东从诞生之日起便是一家极具使命感的企业。随着振东的不断成长和影响力的不断提升，振东的使命也被赋予新的意义。如今，"东"字的含义已延伸至"东方"，"服务社会、奉献人民、开发产业、富强国家"成为振东新的使命，寓意振东对地方、国家和所在行业均负有责任。

振东所在的山西省因居太行山之西而得名，简称"晋"。曾经，晋商称雄商界500年，不仅足迹踏遍祖国各个角落，而且涉足整个亚洲地区，甚至把触角伸向了欧洲市场。中华人民共和国成立后，山西也曾涌现出诸如海棠、春笋、芳芳、同风和奇强等一批知名品牌。然而，改革开放以来，能源基地建设成为山西省经济社会发展的主体，"煤焦冶电"等煤系产业长期占据地区经济主导，使山西陷入了"资源型经济困局"，"煤老板"也一度成为新时代的晋商。2002—2012年是我国煤炭行业发展的黄金十年，煤炭像磁铁一样吸引着投资者。2004年振东董事会考虑上马煤焦油加氢项目，李安平与化工专家前往广东考察，恰遇车展，参观时见宾利车非常豪华，便派人去询问价格，却没人理睬。于是李安平亲自去问，并说"我是山西煤老板"，服务员立马变得非常热情。李安平坐在车里又说："我有5座煤矿。"服务员更是眼睛发亮，马上详细介绍车辆性能。服务员前倨后恭的态度，让李安平非常生气，他当场发表了题为《山西煤老板》的演讲。演讲过后，李安平还是憋着一肚子"气"，心想：曾经辉煌的、勤劳智慧的晋商怎么就变成"黑的"了？晋商的辉煌哪里去了？怎么才能重塑晋商形象？回到公司，李

第四章 行空的天马——振东战略

安平便与集团领导班子的其他成员商讨决定终止煤焦油加氢项目，瞄准非资源性产业，不再做与健康产业无关的项目，回避涉"黑"产业，重振晋商雄风。

如今的振东，正以强劲的发展势头向人们展示着山西一个非资源型民营企业的崭新风貌。2015年10月，振东被长治县委、长治县人民政府授予"民营经济发展标杆企业"称号。在2017年10月由山西省工商联首次开展的民营企业百强发布会上，振东居"2017山西民营企业100强"榜单第13位，在山西省非资源型民营企业中名列前茅如表4-1所示。虽然在山西省政府部门的主导下，山西煤炭行业在2009年进行了为期一年多的大整合，使得山西民营煤炭企业的数量急剧减少，但在2017山西民营企业百强名单中，依然占据了14个位次，仅次于与煤炭行业紧密相关的钢铁冶炼行业。显然，振东已成为山西非资源型企业健康发展的典范。

表4-1 2017山西民营企业100强榜单前20位

序号	企业名称	地区	营收/万元	行业
1	山西潞宝集团	长治	1893429	石油加工、炼焦和核燃料加工业
2	美锦能源集团有限公司	太原	1756734	石油加工、炼焦和核燃料加工业
3	大运九州集团有限公司	运城	1616945	汽车制造业
4	山西立恒钢铁集团股份有限公司	临汾	1547965	黑色金属冶炼和压延加工业
5	山西通才工贸有限公司	临汾	1484791	黑色金属冶炼和压延加工业

续表

序号	企业名称	地区	营收/万元	行业
6	跨境通宝电子商务股份有限公司	太原	853691	批发业
7	山西安泰集团	晋中	842973	黑色金属冶炼和压延加工业
8	晋城福盛钢铁有限公司	晋城	809067	黑色金属冶炼和压延加工业
9	山西诺维兰（集团）有限公司	运城	725909	零售业
10	长治市南烨实业集团有限公司	长治	652139	煤炭开采和洗选业
11	山西陆合煤化集团有限公司	临汾	651546	黑色金属冶炼和压延加工业
12	山西中阳钢铁有限公司	吕梁	640433	黑色金属冶炼和压延加工业
13	山西振东健康产业集团有限公司	长治	518041	医药制造业
14	山西阳光焦化集团股份有限公司	运城	478446	石油加工、炼焦和核燃料加工业
15	山西高义钢铁有限公司	运城	413034	黑色金属冶炼和压延加工业
16	山西省平遥煤化（集团）有限责任公司	晋中	324718	煤炭开采和洗选业
17	山西亚宝投资集团股份有限公司	运城	311903	医药制造业
18	山西世德能源集团有限公司	忻州	289916	综合
19	山西沁新能源集团股份有限公司	长治	289037	煤炭开采和洗选业
20	山西天星能源产业集团有限公司	晋中	267400	非金属矿物制品业

第四章 行空的天马——振东战略

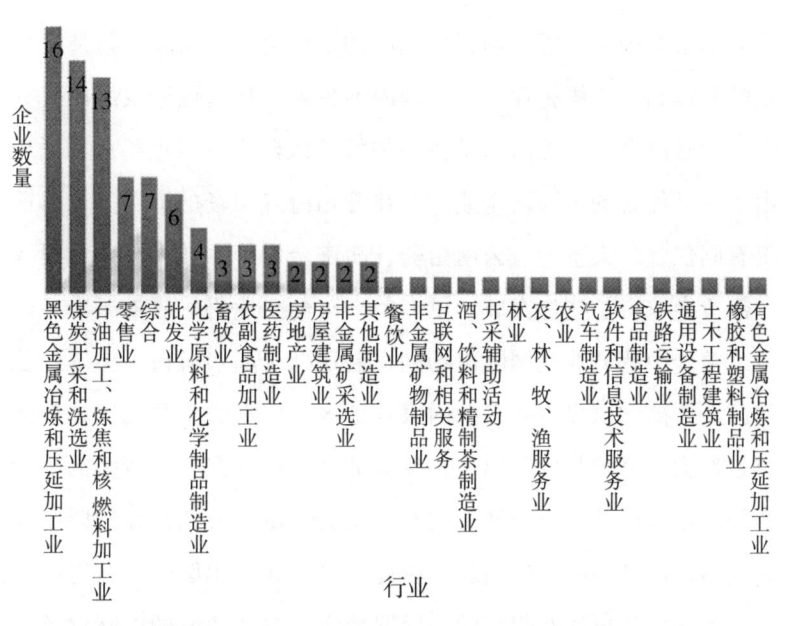

图4-1 2017山西民营企业100强分行业情况

与此同时,作为新时代的晋商,中药产业国际化的"振东梦"也逐渐形成。李安平认为,中医药走向国际,是每一个中医药人的责任,中药作为中华文化中重要的组成部分,使之融入世界文明,为人类社会发展做出贡献,理应成为振东的使命。2013年10月1日,振东成立20周年之际,集团总裁李安平发表了题为《同舟共济铸辉煌,砥砺奋进再启航》的讲话:"下个二十年,再聚振东时,北京总部,澳大利亚中心,美国NCI,沐金色朝阳,科技人文,交相辉映;振东产品通达全球,振东品牌名震神州!"对志在"做国际品牌,做中国名牌,做山西名片"的振东而言,全球一盘棋的战略蓝图已然开始形成。

随着全球经济一体化步伐的加快,国内企业无论是否走出国门,都会面临跨国公司的巨大竞争压力。因此,走出国门,到更广阔的市场中去历练，拓展管理层的视野与战略眼光，打造全球化的品牌和世界级企业，已是国内不少谋求长远健康发展的优秀企业的必由之路。中医药是我国的特色医药产业，近年来，涌现出了一批优秀的中医药企业，但在开拓海外市场的道路上，目前仅有同仁堂、天士力、云南白药、胡庆余堂等少数大型企业投入巨额资金取得了些许突破，更多的中医药企业仍然还处于准备阶段，整个中药产业在国际市场的发展还处于起步阶段。中医药虽然已经传播到世界160多个国家和地区，但在大多数国家和地区只是作为补充与替代品出现，且大部分只局限在华人较多的东南亚等地区，而前景更为诱人的欧美市场却难以开拓，在欧盟中成药则多以保健品的身份出现。由此可见，我国中医药距获得欧美主流市场的认可还有很长的一段路要走，中药产业的国际化还需要一些先驱者们的探索和努力。振东便是义无反顾地走上这条逐梦之路的先驱者之一，如李安平所言："中医药作为国之瑰宝，是五千年中华文化创造的伟大奇迹，是中华民族的骄傲，我们应该将其发扬光大。"

（二）科研先行，国际化在路上

所谓国际化，是指在本国市场以外销售企业的产品或提供服务的战略。目前，在西方主流市场上，中国的中药还难以为境外市场认可，多披着"保健品""食品添加剂"的外衣出现，尚未真正获得"名分"。显然，中药产业的国际化梦的实现有赖于境外市场的认可，让"外国人认识中医药、认同中医药"是关键。中医药与西医药在不同的文化背景下产生的不同的医药学理论体系和医药学模式，在理论基础、思维方法、诊治手段等方面均有本质上的不同。西方人由于不了解中医药理论，所以认为中药就应该像植物药一样，分清楚化学成分，按照西药的标准来衡量。然而，正如曾在FDA任职多年的天士力集团副总裁孙鹤所说："中药大多数是复方的，有效成分特别多，而西药成分大多是比较单一的化合物。中药配方来源于几千年的经验积累，很难像西药那样解释清楚到底是哪种化学物质在起作用。"即使是中国传统中医的权威们，也往往很难说清中医到底科学在哪里。"阴阳理论""五行学说"和"经络学说"等对外国人来说更是虚玄难释，已构成了古老中医与现代医学交流的巨大障碍。例如，英国官方就把中医定义为"无科学证据而与某种宗教和哲学相关联的疗法"。中医药"说不清、道不明、听不懂"的现状，极大地影响了中医药的国际推广。

近年来，为使中医药能够顺利走进欧美国家，国内一些中药领先企业正在积极进行中医药文化的普及和传播工作。例如，在欧美市场，同仁堂利用当地电视台播放《大宅门》《大清药王》等电视剧的机会，积极宣传中医药文化。与此同时，西药的弊端也日渐凸显出来。西医药学采用分析法，视人为各零件的组合，讲的是辨病名论治、对症（症状）处理，追求即时效应，通常是治标不治本，并伴随或多或少的药物毒副作用。例如抗生素在杀灭细菌的同时，也起到了筛选耐药细菌的作用。以往，人们通过开发新的抗生素来解决耐药问题，但现在开发新抗生素的速度已经远远赶不上细菌耐药的脚步了。为此，欧盟已经从法律上开始限制抗生素的使用。美国虽然没有从联邦政府层面上以法律的形式限制抗生素的使用，但是美国前总统奥巴马在其任内已批准了降低抗生素使用的研究经费。在我国，被称为"史上最严限抗令"的《抗菌药物临床应用管理办法》已于2012年8月1日起开始实施。与西医药学相比，中医药学因"上医医未病之病，中医医欲病之病，下医医已病之病"而更具有独特的优势。中医药学将人看作一个有机的整体，机体的各部分相互影响，讲的是辨病症论治，对症用药，以药物的偏性来调整人体的阴阳平衡，通过改变患者的内环境促进其康复。因此，不少西方的医生已经开始研究我国的传统医学。

为此，李安平提出了"科研国际化、产品国际化、产业国际化"的振东国际化路径。"想要中医药走向国际，必须让科研先行，中国的西医都不懂中医，何况西方？所以中国的企业要搞科研，要让国外的医生认可中药"。李安平说，"作为中国人，我们应该用现代科技对中医药进行更加深入的研究，让中医药走出国门，走向世界，让更多人理解、认同中医药。"为让西方的医药科学家去研究、理解、认同乃至接受中医药，振东从自己的拳头产品——"岩舒"复方苦参注射液入手，选择与国外研究机构进行合作，探索其药理机制。2011年11月，李安平对澳大利亚阿德莱德大学进行了访问并签署了合作备忘录。2012年5月，振东制药和澳大利亚阿德莱德大学在澳大利亚共建"振东中-澳分子医学研究中心"①，由此开启了振东科研进军世界的前奏。进入

---

① 振东中-澳分子医学研究中心是我国首次采用"国际化校企联合"模式组建、第一个以我国中药企业冠名并设在西方著名综合大学的国际化研究机构。

第四章 行空的天马——振东战略

2014年，振东走向国际舞台的决心也越来越明显。2014年5月底，为进一步推进复方苦参注射液的机理研究和药品通过美国、欧盟认证铺路，李安平踏上了考察美国市场的征程。2014年11月初，振东联合国家中医科学院在美国NCI成立了"中医药治疗肿瘤"科研办公室，成为我国首家在美国国立科研机构组建的中药科研机构。同时，振东还参加了中国、美国、英国、澳大利亚和韩国5个国家的肿瘤专家联合组建的"国际中医药治疗肿瘤联盟"筹委会成立仪式，成为国内唯一一家参与筹备国际中医药治疗肿瘤联盟的药企。2015年1月，国家药典委员会-Waters联合开发实验室正式落户于北京振东药物研究院。联合开发实验室不仅将更好地服务于中国药典研究，还将成为一个具备国际视野和水平的技术支持中心、创新中心及交流合作中心。

通过建立科研合作机构，振东将国内外专家联系起来，进行定期交流，互派访问学者学习，使其创新能力不断增强，国际化脚步也不断加快。"中西方不同的思维方式，在科研过程中碰撞出很多火花，有了很多创新。"李安平说。与此同时，在国内外各大医学学术会议上，也越来越多地看到振东人的身影。目前，振东的国际合作已取得了阶段性成果。振东中-澳分子医学研究中心的大卫·阿德尔森教授及其团队通过运用功能基因组学技术，系统地阐释了复方苦参注射液抑瘤的作用机制。特别是一篇关于复方苦参注射液对乳腺癌MCF-7细胞转录组影响的文章于2016年发表于《Oncotarget》，引起了医学界的巨大反响，Headline News、Nature World News、Medical Press等众多外媒相继报道。同年9月，振东中-澳分子医学研究中心被国家科技部认定为 2013 年度国家级国际联合研究中心。2017 年 3 月，基于过去五年振东中-澳分子医学研究中心取得的成果，振东与澳大利亚阿德莱德大学在悉尼签订了第二个五年合作协议，涉及复方苦参注射液深度研究、经典中成药的作用机理研究、山西道地药材道地性研究、功能性养生红酒开发等五个方面，进一步拓宽了合作领域。同年 9 月，振东中-澳分子医学研究中心获国家中医药管理局国际合作司国际合作专项立项。中国中医科学院院长张伯礼院士对振东为中医药国际化之路所做的贡献给予了高度评价："为我国传统医药的国际化搭建了一个平台，为中医药企业走向国际化提供了成功的范例。"

药品国际认证和注册是医药企业进入海外市场的通行证。2014 年 11 月底，振东与荷兰国家应用科学研究院下属的 SU 生物医药公司（SUB）签署了关于振东六味地黄丸等中药产品欧盟注册合作协议，此举的成功意味着中国的中药复方药将首次推开欧盟的大门。次月初，振东与德国医药保健行业资讯全方位服务商德亚凡公司（Diapharm）就传统中药在欧洲的应用注册、欧盟认证等相关事宜进行了深入交流。目前，振东与美国、澳大利亚、欧盟三地的合作网络已经成型，并陆续启动了"岩舒、比卡、培美、六味、逍遥丸"等 12 个品种的美国、欧盟认证和国际注册。

为了持续推进振东的国际化进程，振东制药的营销总部于 2015 年 1 月从原所在地长治市迁至北京上地科技园区。该区域聚集了北京乃至全国最为顶尖的各类技术及人才资源，有利于实现人才和信息的快捷整合。2016 年 10 月，振东国际（北美）科技有限公司在美国成立。2017 年 4 月，来自印度、伊朗、坦桑尼亚等国家的优秀人才,来到振东集团北京科技大厦参加面试。此外,振东正通过制定标准、积累临床效果、分析作用机理"三箭齐发",瞄准中药走向国际的主要障碍。在中国医学科学院药用植物研究所,振东制药正在制定一套与国际接轨的中药材标准体系;在中国中医科学院广安门医院,振东制药正定期验证苦参注射液的临床效果;在振东北京光明药物研究院,科研人员正在用现代科技破解中药治病的"密码"。虽然中医药的国际化还需要经历漫长的历程,但振东的中医药国际化之路已经越走越宽。

近年来,国家对中医药发展和国际化的支持力度也在明显提升。2016年2月,国务院印发《中医药发展战略规划纲要(2016—2030年)》,明确提出了"鼓励中医药企业走出去,加快打造全产业链服务的跨国公司和知名国际品牌"。同年10月,中共中央、国务院印发的《"健康中国2030"规划纲要》,进一步明确要"推动中医药走向世界"。当年12月,全国人大常委会第二十五次会议通过了《中华人民共和国中医药法》,将中医药事业提升为国家战略。2017年1月,国家中医药管理局、国家发展和改革委员会共同发布《中医药"一带一路"发展规划(2016—2020年)》,进一步为中医药的国际化发展带来了历史机遇。

随着振东国际化步伐的加快和国家中医药发展战略的不断推进,振东人更加坚信,有着悠久历史的中医药一定会得到世界的认同,也更加坚定了走中药国际化的探索之路。2016年是振东"十三五"规划的开局之年,10月1日,振东集团迎来了成立23周年的喜庆日子,集团总裁李安平发表了题为《牢记发展使命,责任开创未来》的讲话:"'十三五'期间,我们将打造中国最具竞争力的健康产业集团，力争研发、生产、产品、人才和品牌全部走向国际。我们将主动承担保护、发展民族瑰宝，继续努力推动中医药国际化，做中药产业的引领者。我们要在国际医药市场上现出我们的身影，喊响我们的声音，振东的发展壮大势不可当！"让我们拭目以待，作为新时代的晋商，正"站在一个充满挑战、充满希望的新的历史起点上"的振东，能够"疯疯癫癫、痛痛快快、麻麻利利、开开心心地冲出国门，走向世界"！

第五章　意在天下　心系苍生

——振东社会责任

> 人文精神和经济效率并不是互相排斥的，从长期来看，是彼此互补的。
>
> ——［德］魏尔汉

人，生长于浮华尘世，都有物质追求；人，思想于心智空间，都有精神寄托。中外古今，为人所景仰之人，往往精神高洁；为人所不齿之人，往往唯利是图。在二元追求的标杆上，倾向于物质追求的人不会成为社会精英，将物质追求当作终极追求也无法支撑起人的卓越成就。为人如此，由人所建立并组织起来的企业亦是如此。

营利是企业的第一属性，但作为社会组织，企业对利润的追求建立在能够担当社会赋予其的角色责任基础上，能够按照角色要求完成角色任务才能换取社会给予的回报——利润。超额完成任务的，获得高利润；出色完成任务的，获得中等利润；基本完成任务的，获得基础性利润；不能完成任务的，则付出亏损的代价。

优秀企业的逻辑

如何看待盈利的高低多寡，如何看待企业的角色任务，以及如何看待二者之间的关系，成为企业之间形成差异的根本。

西蒙的决策理论认为，决策应以"有限度的合理性"而不是"最大限度的利润"为前提，应采用满意决策原则而不是以利润为标准的最优原则，认为对决策者本身的行为和品质的研究是决定决策合理性的根本。

现实中的成熟企业的决策者，他们有个性，有感情，有各自与众不同的价值观和对人格修养的追求，在度过了企业的"谋生期"进入"事业期"之后，他们的行动已超越了对利润的刻意关注，而首先关注企业的角色任务，关注企业的社会价值和社会责任，期望经由企业的发展为社会分忧解难，为社会有所建树，甚至推动社会进步的进程。对于责任与利润，他们不一定完全遵循其中的因果关系，却始终将兼济天下，泽被苍生的理想信念悬置心头。

振东在二十年的发展历程中，已逐渐形成了成熟的企业文化。对待盈利，企业务求精进，在不断地自我否定和总结中始终保持着昂扬向上的创新激情；对待角色任务，企业不仅追求尽职尽责，还愿意一腔热情投入到企业之外的角色中去；对于二者之间的关系，其生而确立的"振东——振兴东方"的使命感，时刻激励着企业超越利润的追求，将企业发展作为推动社会发展的力量，甚至当企业利益与社会效益有所冲突时，将企业利益暂且搁置。

在企业利益与社会责任的权衡问题上，振东似乎没有太多的计较和盘算，意在天下、心系苍生的社会责任感和使命感使企业胸怀大志，腹有良谋。既怀有关爱天下的理想信念，也修炼着普济苍生的企业能力。理想使企业从成立之日起就将社会责任视为己任，能力使企业始终以足够的实力托举起责任实实在在的重量。

一、精耕的田园——榆柳荫后檐，桃李罗堂前

振东的社会责任行为以企业成立当年就开始的敬老活动为起点，借由企业发展的阳光雨露，由小荷才露尖尖角逐渐长成了精耕细作的田园——振东社会责任体系，成为企业福荫家乡、泽被万民、惠及天下的景致——榆柳荫后檐，桃李罗堂前。

（一）振东社会责任金字塔

振东的社会责任行为主要集中在针对家乡贫困人口的慈善捐助、以药材种植为载体的"精准扶贫"公益计划和发挥振东行业优势的"中华仁爱天使基金"项目。三大板块的社会责任行为构成了振东社会责任体系金字塔，如图 5-1 所示。

图 5-1 振东社会责任体系金字塔

1. 与公司同生同长的慈善捐助

振东承担社会责任源于企业成立之日的理想——"振东——

振兴东和（东和是李安平的家乡村名）"，所以，振东的社会责任行为不是始于企业有所成就之后周济贫民的善举，而是在企业甫一成立便同步展开的。

李安平四处筹款、几经周折、白手起家——1993年10月1日，公司成立。意气风发的李安平为公司取名"振东"，一则赋予企业以振兴家乡、振兴祖国的使命感，一则为企业的奋发图强注入责任意识——虽起步艰难，却步履坚定，振东，要为生他养他的家乡竭尽所能，励精图治。

◆ 敬老日

北方的腊月，天寒地冻，滴水成冰，空旷的田野，更是寒风凛冽。腊月二十三，俗称"小年"，是中国传统文化民间祭灶、扫尘、吃灶糖的日子。扫尘自是简单，但一周后就是春节，对于缺衣少食，短米没面的家庭，眼神困顿、纠结愁肠。几个老人正扳着指头、吃力地盘算着这个年该如何过。李安平熟悉乡里的每户人家、每个老人，他将这些情况看在眼里，家乡的冬天很冷，但不能让乡亲们寒心，更不能让老人们没了基本的生活保证。他和他的振东弟兄们扛起一袋袋大米、白面，抱着一堆保暖衣物等生活必需品，送给这些盘算着过年的乡里老人。

振东在1993年10月1日成立，这一行为就从那一年的腊月二十三开始，一直延续了下来，成为振东以家乡慈善捐助为起点的社会责任行为开始的标志。俗话说，一个人做一次好事不难，难的是一辈子做好事。振东在公司成立之后的三个月就开始并一直延续至今的慈善捐助，不同于其他企业在发家致富后回报乡里的善举，它是企业从成立之日起就将社会责任揣在心中、做到实

第五章　意在天下　心系苍生——振东社会责任

处,即使企业还并不富裕。

随着企业逐渐走上正轨和管理逐步正规化,这一活动也已制度化——振东将腊月二十三这一天定为公司一年一度的法定日——"敬老日"。从公司成立开始至今,每年这一天振东为周边村庄 60 岁以上的老人,后来扩展到也为公司药材种植基地的老人送米送面、送生活必需品,截至目前已累积资助农户 12000余户,价值 1000 余万元。

◆　敬孝金

在"敬老日"制度化为法定日的同时,振东的另一个制度化的慈善项目"敬孝金"也正式诞生。

一天,李安平斜靠在车背上,他的情绪仍然沉浸在刚刚与某炼油厂合作成功的喜悦中,音响里正在播放着陈红的歌曲《常回家看看》,一向酷爱唱歌的李安平也随着音乐哼了起来,"常回家看看,回家看看……"李安平忽然想起自己很长时间没有回家了,是该回去看看父母了。

当车子停在大门口的时候,听到声音的母亲几乎是从屋里跑出来的,当她看清站在面前的儿子时,高兴极了,说:"你知道你有多少天没回来了吗? 58 天了。"李安平愣住了,58 个日日夜夜,不识字的老母亲是一天天扳着手指头数过来的。"儿行千里母担忧",是啊!儿女是父母最大的牵挂,即使你走得再远,却总也走不出父母的心窝,世间还有什么比父母的爱更伟大、更无私的呢? 由此,李安平想到了振东长年在外的兄弟姐妹,他们离家在外的时间比他更长,他们的父母何尝不是相同的心情,何尝不想让儿女回来多陪陪他们,可因工作需要,他们不能回到父母

249

跟前。作为兄长的李安平想到这里，决定为他们担起这份责任，用特殊的方式解除他们的后顾之忧，让他们安心工作。随后，李安平郑重宣布：振东设立"敬孝金"，按月按户寄发给在外工作员工的父母。

凡与父母不在同一地市生活的公司员工，振东每月发给其父母150元的"敬孝金"，以公司的名义替员工表达儿女的孝心。

"敬孝金"截至目前已累计惠及5000多人，发放金额近千万元。

◆ 扶贫济困日

振东地处上党老区，经济基础薄弱，许多老百姓含辛茹苦供养孩子读书，每到高考前夕，家长们都期盼着孩子能顺利考入大学，但高考过后，一些家长拿着孩子的录取通知书，欣喜过后，不得不为高昂的学费忧心难眠。无奈之际，有些人想到了刚刚发展起来的振东公司。振东在为这些来找他的家庭解了燃眉之急之后，想到家乡的老百姓有此困境的不仅只有这几家，比他们还困难的可能也不在少数。要真正为家乡的振兴、为家乡人民的子孙后代有所担当，振东不能仅限于草草回应找来的个别老乡们，而要使之成为一个长期的项目，认真去做。2002年，经董事会研究决定，把每年八月的第三个周六定为公司的法定日——"扶贫济困日"，随着活动一年一度地开展，项目的社会影响力越来越大，覆盖范围也越来越广。为保证项目实施的进度需要，从2014年开始，正式将日期调整为每年八月的第四个周日，项目覆盖对象也由原来的贫困大学生扩充至贫困家庭和贫困病患家庭，2017年，还新增了对贫困硕士、博士生的资助。

第五章 意在天下 心系苍生——振东社会责任

随着企业的发展和活动的深入，"扶贫济困日"已成为公司每年八月的一件大事，不仅深受老百姓期待，也受到了社会各界人士的关注与支持。2015年8月30日，振东第十七届"扶贫济困日"资助活动在集团总部主会场及武乡、平顺分会场举行，共救助贫困大学生1062名，救助贫困、特困户24户，发放救助金526万元。2017年8月27日，振东第十九届"扶贫济困日"资助大会在集团总部主会场及平顺、左权、晋城分会场召开，共资助贫困大学生378名（有残障人士的家庭170户，建档立卡贫困户208户），历年在资助大学生1250名，救助贫困、特困户153户，其中包括本届首次增加的69名贫困硕士、博士研究生，总计资助金额853.8万元。

◆ 冬助日

2003年12月21日，李安平参加了由长治市慈善总会组织的孤儿救助活动，看着台下那么多孤儿漠然无助的眼神，他的心变得异常沉重。一个孤儿上台发言时，或许是小男孩想到他死去的爸爸，已嫁人的妈妈，一时无法控制自己的情绪，声泪俱下，跪在地上大声哭喊："妈妈，你在哪里呀？我想你啊……"这一场景、这一幕震撼了所有在场的人，李安平的眼泪再也无法控制，他想到自己的孩子有父母的关爱是一件多么幸福的事，而这么多的孤儿却无法享受到父母的亲情，这对他们来说太不公平了，而且他们从小无人关心、缺少关爱，可能还会导致畸形的心态，有的甚至还会成为将来的"问题"青少年。

会议结束后，李安平当即拨通了县民政局局长的电话，请他统计当地孤儿的人数。回到公司以后，李安平立即召开高管会议，决定将救助孤儿作为法定的公益慈善项目，将冬至这一天定为"冬助日"，让受助者在气候开始进入一年中最冷时期的这一天能感受到振东的爱心。有领导建议将孤寡老人也纳入救助范围，得到大家的一致赞同。项目实施之后，许多公司管理人员深受感染，还自发与受助孤儿或老人"一帮一"结成对子，定向帮扶。

"冬助日"从2003年冬至日开始，每年在这一天面向家乡的孤儿、残疾人、孤寡老人和特困家庭等弱势群体进行集中救助。

从2003年振东第一届"冬助日"开始，救助的范围不断扩大，金额也不断提高。2013年"冬助日"，共救助孤儿445人，特、困、残725户，孤寡老人、五保户及60岁以上老人7968户，资助金额共470余万元。2016年"冬助日"，共救助孤儿383人，特、困、残631户，孤寡老人、五保户及70岁以上老人3072户，救助资金共计670多万元。除了金钱和物质救助，振东也把满足孤儿的心灵需要作为救助重点，定期探望、上门辅导。2016年，振东举行了孤儿"关爱之家"揭牌仪式，启动孤儿"关爱之家"智力帮扶工程，为8个县区的21个失爱儿童送去了心愿礼物，骨干员工与孤儿共结成295个对子，进行校外辅导，亲情帮扶。

随着"敬老日""敬孝金""扶贫济困日""冬助日"以法定日的形式确立，"三日一金"已经成为振东规范化、常规化的慈善活动。截至目前，"三日一金"已累计投入约1亿6000万元。

◆ 非常规化项目

除了上述已常规化的"三日一金"，振东非常规化的慈善活动也不胜枚举，如为家乡捐建振东希望小学、振东中学，修路、打井、电网改造、出资修建老年活动中心和卫生院等。

规范化的"三日一金"和众多的家乡建设投资活动,为家乡及周边区域的父老乡亲带来了温暖和希望,成为由此起步的振东社会责任体系的基础性板块。

2. 由"光彩事业"到"精准扶贫"

光彩事业是我国民营企业家响应《国家八七扶贫攻坚计划》所发起并实施的一项以扶贫开发为主题的公益事业。1994年4月23日,民营企业家联名倡议《让我们投身到扶贫的光彩事业中来》,"光彩事业"由此得名并发起。

山西是中医药资源大省,是全国中药主产区之一,不仅野生药用植物种类丰富繁多、质地优良、蕴藏量大,而且人工种植的中药材面积和产量也逐年扩大,常用的中药材如苦参、连翘、地黄、黄芩等品种,在全国中药材市场上占有较大份额。如何利用地理优势,将建设中药材种植基地和国家倡导的扶贫事业结合起来,既保证中药药品的药效,又能促进基地所在区域的经济发展。振东从药材源头上参与到"光彩事业"中来。

平顺、武乡、浑源等都是山西省的国家级贫困县,区域农村经济结构单一,规模小,农民经济来源有限,缺少规模化的产业经营。这些地区虽然拥有非常丰富的中医药资源,但长期以来一直是以家庭作坊式的经营为主,以中药原料和粗加工经营为主,规模小、手段简陋,产品附加值低。振东于2003年成立道地药材公司,选择这些地区成为"道地苦参""道地连翘""道地党参""道地黄芪"等中药材规范化种植基地及野生抚育基地。通过科学选育适合当地生长的优良中药材品种,采取"公司+政府

+专业合作社+基地+农户"的经营模式推广中药材种植，免费为农户提供药材种子，采用SOP标准作业流程种植，促进中药材产业化发展，从根本上促进农业产业结构的调整，增加了就业岗位和就业渠道，使基地乡镇的经济走上了可持续发展道路。为鼓励农户种植中药材的积极性，公司实行"免费技术指导、免费技术培训、承诺价格保护"的政策，与农户签订保护价合同，使农户放心，确保农户种植增收，利益有保障。

目前，公司的中药材种植区域已开始突破山西境内，扩展到贵州、新疆等地。公司已先后启动了山西平顺50万亩中药材种植基地和浑源5万亩黄芪、新疆2万亩红花、贵州5000亩白土苓建设项目，同时签订了中阳、榆社、晋城、安泽等地的大宗药材种植协议，基地的建设保证了药材基源稳定、质量可靠，并帮助农民脱贫致富，带动当地经济发展。以平顺50万亩中药材产业项目为例，该基地的建设将平顺中药材资源优势更好地转变为区域的经济优势，同时可使人均年收入增加3000元，并带动包装业、运输业、旅游业等相关产业协同发展，使2万多农户依靠产业稳步脱贫致富。

集团子公司——五和健康食品有限公司的有机产品原料种植基地位于太行山区的平顺、武乡、长治、陵川等地，面积8000余亩。有谷子、小黑豆、小红豆、小绿豆、小黄豆、苦荞、玉米等九个品种。这也是集团所确立的未来农业产业开发、造福一方百姓的基业。

2013年，国家提出"精准扶贫"的扶贫工作新思路之后，振东从2016年开始将中药材种植纳入企业"精准扶贫"工作规划，

第五章 意在天下 心系苍生——振东社会责任

并由公司中层以上管理人员担任包村责任人，深入平顺县贫困乡镇、村委以及包扶对象的家中和田间地头，进行调研对接、精准帮扶，制定了"一户一策、精准到户"帮扶措施。目前，已对平顺县12个乡镇、78个贫困村、6490户贫困户、16000多贫困人口进行了对接帮扶。

授人以鱼不如授人以渔，振东以振兴中药产业为驱动力的企业发展与帮扶贫困地区百姓勤劳致富相结合的"精准扶贫"公益计划，成为振东承担社会责任的中坚板块。随着企业大健康产业的推进，未来"精准扶贫"的规模和深度将逐步扩展。

3. 振东独创的"中华仁爱天使"基金

医和药、医和患总是紧密相连的，作为医药企业的振东一端连着医生，另一端连着病患，尤其是面对家境贫寒而又疾病缠身的人群，振东要基于自己的专业，负起责来。

"中华仁爱天使"基金就是在这一背景下筹划设立的，基金于2006年在北京注册7000万元成立，资金主要来源为公司、业务员和医生三方出资，用于对全国特困大病重症患者给予资助。

2016年之前，基金的募款与救助仪式于每年的学术研讨会期间在全国各省区同步展开，由各省区经理及其邀请的专家、医生对特困病人进行资助。十年来，基金的社会影响从无到有，从小到大，吸引并激发了社会各界爱心人士的关注与善意，有许多曾经在振东"扶贫济困日"项目中受助的已毕业大学生、当地政府工作人员、企业和学校等单位的工作人员向振东表达了他们向基金捐款的愿望。为了回应爱心人士的善意，给他们提供更便捷的途径，同时也为进一步扩大基金的影响力，从2016年开始，基

优秀企业的逻辑

金的募捐与救助仪式与公司的"扶贫济困日"活动合并举行,除了公司领导、业务员、医生与受邀专家以外,所有关注振东慈善公益事业的社会爱心人士、振东员工和新闻媒体齐聚各会场感受振东扶贫济困、救急解难的真情,并自愿向基金捐款。

目前振东已向基金捐资 2100 多万元,基金累计救助全国贫困病患 4500 多人。如图 5-2 所示为救助现场。

图 5-2 "中华仁爱天使"基金救助贫困病患现场

"中华仁爱天使"基金是振东承担社会责任的特色板块,是振东作为医药企业以治病救人为核心理念,发挥专业所长而自发创设的。作为一个对社会有担当、能负责的企业,振东在上述两个社会责任行为板块基础上,创设了与医药直接关联的天使基金,将企业经营与社会责任更加紧密地结合起来。"中华仁爱天使"基金是振东以企业资源和能力优势为基础,最具战略意义和公司特色的社会责任项目板块。今后,这一板块的社会责任行为将走向深远,将成为振东社会责任行为体系中最具成长性的部分,也是振东计划在今后深入推进、重点投资、面向全社会的标志性项目。

振东的三大社会责任板块自下而上，基础板块、中坚板块、特色板块，既互为支持，又相对独立，在企业发展的背景下，在振东的社会责任田园里如争艳的花朵，竞相开放。

（二）撑起金字塔的匠心

享誉国际的慈善家、美国钢铁大王卡内基说过：在神圣的慈善外衣下漫不经心胡乱挥霍的百万富翁比一毛不拔的守财奴对社会的危害更大，实际上是他们制造了乞丐。

事实上，怎样承担社会责任可能比是否承担社会责任更值得企业深思。可能正是百万富翁的随意挥霍助长了乞丐好逸恶劳的恶习，可能是来自企业善意的慈善捐助挫伤了一个孩子的自尊心，可能因为企业一念之间的扶持给了一个家庭希望却又因其有始无终而使家庭走上绝路，可能是企业有难必帮的习惯使企业力不从心时被千夫所指而百口莫辩⋯⋯

振东社会责任金字塔不是随意堆积的混搭小景，不是企业用财富撺掇起来的慈善筵席，金字塔牢固的结构凝聚着企业对社会责任的深刻理解，对履责绩效的深思熟虑和对履责项目的匠心独运。

1. 尽己所能，尽我所长

承担企业社会责任不是去做社会需要的所有事，而是在做好企业分内之事的基础上根据自己的资源和能力去做自己力所能及的事，去做自己最擅长的事。

比尔·盖茨创立的比尔和梅琳达·盖茨基金会是世界上最大的慈善基金会，但在慈善捐助项目的选择上也有所取舍，主要选择支持在全球医疗健康和教育领域的慈善事业，慈善活动的定位

优秀企业的逻辑

为"为官方开路,与政府互补",即不去做官方应做的事,而选择风险较大的新领域进入,在获得一定成果之后,再由官方接手或共同支持,一些需要投资较大的项目则与政府组织或官方机构如联合国儿童基金会、世界卫生组织合作。

实力雄厚的盖茨基金会尚且如此,对于一个普通企业来说,更不能将有限的资源投入到无限的社会责任领域中去。振东在多年的社会责任实践中逐渐开始有所取舍,由最初的广救宽济发展到如今的逐渐聚焦,目的是使企业有限的投入最大限度地产生社会效益。

振东针对家乡的慈善捐助项目发挥了企业的地理优势和亲情凝聚力,因而社会影响很大,在长治当地已形成了振东扶危济困的良好口碑,这一板块是振东作为家乡企业承担社会责任的基础性板块。

"精准扶贫"公益计划则是振东以企业发展带动药材种植、"授人以渔"的惠民工程,与作为基础性板块的针对家乡的慈善捐助相比,"精准扶贫"因其与企业的经营属性紧密相连,社会效益远远超越慈善捐助。任何一个富人都可以做慈善,但对一个企业来说,一项与企业属性相关的公益事业更能使社会受益深远。正如德鲁克所言:"与慈善家卡内基[1]'变得富有的唯一目的是要成为一个慈善家'的责任哲学相比,罗森沃尔德[2]的信条

---

[1] 安德鲁·卡内基(Andrew Carnegie),美国企业家,钢铁大王,慈善家。
[2] 朱利叶斯·罗森沃尔德(Julius Rosenwald),美国企业家,创立了县区农场代理制度。他深信,对于那些当时还处于极度贫困和落后状态的美国农民来说,需要提高他们的能力、生产率和收入。这是企业的责任。(引自:彼得·德鲁克,《将社会问题转化为商业机会:企业社会责任的新意义》一文)

第五章　意在天下　心系苍生——振东社会责任

'你必须能够行善，才能赚钱'更加激进和意义深远。卡内基相信财富的社会责任，而罗森沃尔德相信企业的社会责任。"振东的"精准扶贫"是企业的社会责任，振东选择适合种植药材的贫困地区，通过企业免费教授种植技术，在提供就业的基础上，提高了当地老百姓的生产力水平，这是企业对社会最重要也最务实的社会责任。因此，"精准扶贫"是振东社会责任体系的中坚。

中国传统文化一直将医药视为济世养生的仁德事业，故有知识分子"不为良相、则为良医""家无百亩不言医"等之说。振东志在振兴中华医药产业，也为现代医学发展过程中愈演愈烈的高昂医药费而忧虑，能够在医药健康产业发展的同时，去尽一份作为医者药者的仁爱责任，振东思之谋之。如何能最大限度地利用企业的专长回应那些看不起病的老百姓对健康的期望？如何能以医者仁心承担起自己最擅长的社会责任？如何能以企业的发展支撑起社会对企业持久不息的期待？振东为患者搭起了天使基金的平台。

2. 点上聚焦，精耕细作

在企业的资源和能力约束下，承担社会责任不能处处开花，均匀使劲，而是要有选择地在有限的几个点上深入持久，使之产生累积社会效益的最大化。

全球知名企业大多有自己所独有的社会责任项目，在有限的几个项目上深入持久地投资和扩容，使之渐成气候，且每个项目一般都制订有详细的项目周期内的时间表及其对应的目标任务，按照计划安排，有序推进，并根据环境变化拾遗补阙，在完成上一阶段计划目标的基础上再制订下一阶段的目标，使工作在持续改进中产生长远绩效。

如闻名全球的知名药企默克制药的艾滋病防治项目，河盲症和伊维菌素（Mectizan®）捐赠项目，针对怀孕与分娩并发症的"默克关爱母亲"行动，这些项目已成为企业的专项日常工作，因其孜孜不倦地推动、跟进和不断发展完善，已成为全球企业社会责任行为的典范；壳牌石油公司的"创业奇兵"项目，日化巨头宝洁公司的"儿童安全饮用水"项目等，都因其聚焦在具体项目上的详细且专业的计划、预算和严格管控而产生了良好的社会效益。所有这些企业都是通过选择有限的几个能够发挥企业特长或优势的项目，深入持久、认真细致地实施和推进，来实现企业承担社会责任的社会效益最大化和企业投资最优化。

振东的社会责任意识和行为正是在这一理念指导下不断发展完善成型的。目前，振东的社会责任项目主要聚焦在"三日一金一天使"和"精准扶贫"六个点上，每个点上的项目组织、实施和推动都已形成一套完整的制度和规则。

以慈善捐助中的"扶贫济困日"项目为例，该项目主要资助对象为因家庭困难而上不起学的大学生以及患急重症大病和有其他特殊困难的家庭。其中对贫困大学生资助的实施程序是：每年7月，高考分数公布之后，首先，通过当地的教育部门、民政部门向社会发出救助贫困学生的通知，接受申请；其次，按照公司制定的捐助标准对申请者进行初步筛选；再次，组织人员去做实地调查，据此选出最需要帮助的贫困学生；最后，在8月的最后一个周日，大多数高校开学之前，组织实施"扶贫济困日"现场资助活动。在活动现场，除公司总监级以上人员一定参加外，没有参加过的

第五章 意在天下 心系苍生——振东社会责任

员工和新员工也要求参加，以此塑造员工的责任意识。当受助者陈述个人情况时，公司要求参与人员严肃认真，不能有丝毫可能让受助者自尊受挫的言语和行为。经过多年实践，该项目的组织实施在不断根据出现的问题进行修正的过程中已日臻完善。比如，如何执行标准的问题，实地调查过程中发现，有些申请者家里的房子住得大，不符合公司制定的救助标准，但为了获得捐助，在公司要来实地调研的这段时间他们会暂时住在破房子里，对这样的家庭是否给予资助？按照标准，应当取消；但有时调查了解之后发现，房子住得大不一定就不是贫困家庭，而是为了儿子能找上媳妇负债盖了新房，评估之后，认为还是应当资助。正是在这样不断在调查了解中熟悉、掌握和体验贫困家庭的真实境况，才使该项计划的组织实施越来越多地受到社会各界的关注和好评，而且因为对一些贫困大学生不间断地资助，已形成毕业之后的大学生也自发前来参与并为新的大学生捐款的传递效应。

【案例】蜂蜜只卖给振东

某天，振东便装下乡调研的一行人来到一户蜂农家里，恰逢家里男主人外出，只有女主人在家，看到家里的桌子上放着振东的产品舒血宁，询问女主人后知道是她在用舒血宁治疗自己的糖尿病。聊天中，男主人回来了，得知这群人是来采购蜂蜜的，男主人说："我家蜂蜜只卖给振东，不卖给你们。"问其原因，男主人答："振东在这周边谁不知道，我外甥女今年大四了，就是振东资助的。"

从2016年开始，"扶贫济困日"活动与"中华仁爱天使"基金募捐与资助活动合并举办，2017年的第19届"仁爱天使扶贫济困日"大会上,参与者除新增了长治市委市政府、长治县委县政府、长治市工商联、长治市慈善总会、长治县总工会、民政局等部门领导外,已毕业的受助大学生、新闻媒体、集团公司总部全体员工以及当地许多群众也来到现场。为了方便到场的爱心人士为天使基金捐款,现场还专门设置了"扫一扫,献爱心"的环节。这次活动中,振东员工捐款68万余元;已毕业的大学生都捐出了自己第一个月的工资,《山西日报》摄影记者马立明,见证了振东二十多年的慈善工作历程,备受感动,现场为贫困学子捐出5000元助学金;而且,他的女儿得知爸爸要参加资助活动后,也拿着自己平日里积攒零用钱的存钱罐来到现场,把自己的积蓄全部捐了出来。"扶贫济困日"活动现场如图5-3所示。

图5-3 "扶贫济困日"活动现场

"精准扶贫"公益项目也随着药材和农作物种植基地的不断扩容,走向纵深。

振东以公司行动聚集起越来越多的振东员工、振东伙伴和与振东志同道合的人,随着这些项目一步步走向深入,随着振东年复一年的活动感召,这些项目将永远接续下去。

点上聚焦,精耕细作。目前,振东的六个项目经过多年的探索实践和持续投入，正日趋完善并不断扩大规模和范围，且已形成了良好的口碑和社会影响力，在当地和病患群众中反响强烈。

3. 与业务工作联动，有条不紊

企业毕竟有自己的本职工作，只有做好了本职工作，才能将社会责任工作保持在一个正常运作的平台上。因此，企业承担社会责任要与企业日常业务工作融合联动，才能保持持续性且不致使二者有所偏废。

振东的社会责任工作之所以成效显著，也得益于长期以来的摸索和实践所形成的使之与业务工作融为一体的联动机制。企业设有专门的社会责任归口管理部门对企业社会责任工作进行总体安排和日常管理。

六大项目中，"扶贫济困日""冬助日""敬老日"以法定日的形式融入公司业务工作中，按照法定日程序运作执行；"敬孝金"项目则每月以现金形式发放给在外地工作员工的父母，在激励员工工作积极性的同时，提醒员工关爱老人、关心社会、回报社会。

"光彩事业"和"精准扶贫"计划是以公司的大健康产业发展战略为依托，以构建绿色供应链为导向，将振东产业报国的使命——振兴中药产业、稳定和提高中药材品质、让中药产品逐步进入国际主流市场，在发展产业、零利润帮扶农户发展中药材种植业、为百姓开辟财源的过程中，落实到企业经营管理实践中。

"中华仁爱天使"基金则按照国家有关基金管理的规定投资、募款和运作，2016年之前，基金的募款和捐助仪式选择在公司一年一度的学术研讨会期间举行，将以医药健康为主题的学术研讨

优秀企业的逻辑

与以帮助困难群众纾解医药负担为主题的"天使援助"结合起来；从2016年开始，基金的募捐和资助仪式与"扶贫济困日"活动合并，极具感染力的捐助现场令参与其中的员工深受教益，尤其是新员工，在感受公司博大的社会关爱的同时，对本职工作更为珍惜，增进了员工的归属感和社会责任感。

与业务工作联动，井然有序地组织社会责任活动的开展与推进，保证了社会责任工作的长期性和累积社会效益的最大化。

【链接】振东社会责任田园的荣誉之花

- ✓ 2009年4月，振东集团荣获"2008年中国医药卫生行业社会责任孺子牛奖"
- ✓ 2010年，李安平总裁荣获全国人大会议中心"第七届感动中国十大杰出企业家"称号
- ✓ 2010年，振东荣获中共山西省委统战部、山西省工商业联合会"新晋商万企联万户感恩行动"突出贡献奖
- ✓ 2010—2012年，振东连续三年被长治市慈善总会授予"慈善情暖万家"活动特别（突出）贡献企业，荣获山西省"社会责任优秀企业贡献奖"
- ✓ 2011年7月，李安平总裁荣获中国慈善领域最高政府奖项——"中华慈善楷模"奖，成为我国医药行业和山西省唯一获此殊荣的企业家
- ✓ 2012年，振东被山西省慈善总会评为"慈善宣传"先进集体，入选参展首届中国公益慈善项目交流展示会
- ✓ 2014年4月，李安平总裁参加了国务院扶贫办举办的"中国社会扶贫政策研讨会"，是参会的唯一企业家代表

第五章　意在天下　心系苍生——振东社会责任

二、练就的功夫——责己重以周，待人轻以约

目前，社会上对企业承担社会责任最简单、最通俗的理解就是做慈善，但事实上，企业承担社会责任常常受到外界质疑的正是源于这一片面理解。比如，一个企业的产品有质量问题，却因其高调的慈善行为被标榜为承担社会责任的典范；一个企业，员工权益不保，企业却因在公共危机事件中的豪捐而被众口称颂。凡此种种，使人对企业承担社会责任产生了不过是"慈善秀"的印象，同时，更重要的是，当这种肤浅的认识也被一些企业奉为真经时，承担社会责任常常被一些企业操作为类似于广告宣传的营销手法，既无法长久，也使本应产生良好社会效益的慈善行为反遭诟病。

那么，什么才是承担社会责任的本义？

责任的本义是指分内应做的事。对企业来说，社会责任应有两层含义，一为做好企业分内的事，二是做好力所能及对社会有益的事。其中，做好本职工作是承担社会责任的基础，这是企业最根本的责任，是企业首先要完成的角色任务。正如德鲁克所说："企业首要的'社会责任'是为弥补未来的成本创造足够的利润，如果这一社会责任没有完成，那么其他的社会责任无法实现。"认真做好分内的事，需要以能力为保障，没有能力作为根基，其余所有的社会责任行为都是虚空而不能长久的。

振东之所以培育起了生机勃勃的社会责任田园，首先源于其茂盛的主业——企业长久脚踏实地、辛勤耕耘、持续积累练就的

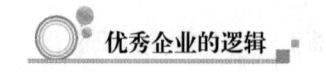

功夫和能力。

（一）责己之功

1. 兢兢业业锻造企业

从加油站到制药再到健康产业链，振东之所以能在二十几年的发展历程中保持较好的成长业绩和发展前景，根源于由始至终的责任观对企业行为的持续激励。

◆ 加油站时期的振东，踏踏实实做好企业

振东的加油站，以给顾客最好品质的石油、最令人满意的服务为第一原则。对于一个刚刚起步不久的小企业来说，振东在给顾客加错油之后没有选择很多小企业钻营取巧不负责任的做法，而是主动赔偿损失；为了打开市场，想出各种各样的营销招数。从一开始创办企业，振东就将踏踏实实办一个好企业作为行事的原则。认为无论企业规模大小，只有以负责任的心态去做好该做的事，企业才能长久，而唯有企业长久，才有可能去实现振东——振兴东方的理想和愿望。

◆ 药业时期的振东，兢兢业业锻造企业

药业时期，振东提出了"锻造精品振东，重振晋商雄风"的口号，以明清晋商为鉴，期望借公司跨行业发展的机遇，通过对振东管理模式的创新和提升使企业走上规范、严谨、制度化的大企业发展之路，成为今日晋商的典范。一系列建章立制的措施在企业产生、运行、生效。2001年8月，收购金晶制药，随之即对金晶进行GMP异地改造，并于次年通过了认证，标志着公司由商贸行业向高科技制造业转型的开始。

第五章 意在天下 心系苍生——振东社会责任

2003年5月,振东主导产品"岩舒"牌复方苦参注射液被科技部确定为非典八种治疗用药之一,并列入国家863火炬计划。岩舒注射液作为振东的独家品种,在2008年国内临床疗效相似的主要药物中,其市场占有率达15.23%,在全国中药抗肿瘤药销售排名中位居第三。振东制药销售总经理张泽峰说过:"我们把岩舒复方苦参注射液作为一个系统工程来对待,我们掌握这个系统的所有环节,每一个环节我们都认真对待。"为了把岩舒推向市场,为更多的患者解除病痛,企业从每一个细微的环节入手,每一个环节都力求精益求精,最终环环相扣,才创造了奇迹般的销售业绩。但振东深知,仅凭一个主导产品、一类抗肿瘤药品难以支撑企业的长远发展,公司开始积极培育新产品、扩充产品大类。2004年振东在北京组建了振东北京药物研究院,确立了"自主研发、合作研发、委托外包"三种形式相结合的研发模式,开始在自主研发的同时与国际国内多家科研院所合作。目前,振东已经建立起了"振东-山西中医学院-山西大学-山西医科大学"晋药研究网络,在此基础上还与中国药科大学、沈阳药科大学、上海医工院、上海第二军医大学以及北京大学药学院、天津药物研究所等科研院所建立了合作关系。在晋药研究网络基础上,完成了京津、东北、苏沪、川粤4大研发网络的建设,并加强与高校、科研院所的产学研合作,细化各项目部的工作,形成国内以上海药物研究所、北京研究院为中心,国际以美国国立肿瘤研究中心、澳大利亚阿德莱德大学为中心的两大研发合作网络。

2007年8月,振东兼并大同泰盛制药公司;2008年9月,重组开元制药公司（原长治中药厂）；2011年5月，收购山西安特生物制药有限公司；2017年，收购北京康远药业公司。一连串兼并重组使公司的产品线由原来的单一品种发展为抗肿瘤类、心脑血管类、抗感染类、消化道类、保健药品类五大类别。

目前振东在中药提取、精制、分离、药理研究领域处于国内领先水平。黄芪总皂苷氯化钠注射液、乌骨藤冻干粉针、依西美坦原料药及胶囊、注射用益心酮等正在研发过程中；岩舒注射液增加用法用量的临床实验即将开始；舒血宁注射液、冠心宁注射液、芪蛭通络胶囊等二次研究均已取得阶段性成果；振东多个自主创新项目如"复方胶体果胶铋制剂""巴柳氮钠灌肠剂及其制备方法""一种巴柳氮钠灌肠液及其制备方法""一种复方铋剂组合物及其制备方法"均已获国家发明专利，进入新药研发阶段，其中复方胶体果胶铋制剂为国家一类新药。

同时，公司在战略规划、制度创新、运营管理等方面持续不断地进行尝试和优化再优化，如健康产业链的战略规划，从石油时代一直持续下来的一年一度的主题管理模式提炼，人才培养中包括轮讲轮训制、轮讲轮评制、导师制、三三模式等的不断完善和成熟，商学院运作模式，差距量化责任制，论坛沟通制，自逼机制，员工素质革命，业务流程化，制度表格化等，不一而足。所有这些可以说是唯有振东才有的千锤百炼之举，使一个偏居山西小城的制药企业在业界独树一帜。

想方设法锻造一个过硬的公司，才是振东的首要责任，只有当企业对此能够当之无愧时，才有可能长久回报社会。

2. 精益求精培育人才

企业，不仅仅是一个生产产品和服务的地方，对于振东来

第五章 意在天下 心系苍生——振东社会责任

说,企业更是一个生产人才的地方。企业除了有责任将企业办好之外,还应当承担起为社会培养人才的责任。

一个人在进入社会之前的学习只是为将来的学有所用进行必要的基础知识储备,真正能直接自我受益和服务于社会的知识和经验是在工作和社会历练中不断累积的。李安平以自己的亲身体验深刻理解企业作为社会课堂的巨大作用。因此,振东除了将做好产品作为企业的首要责任之外,认为培养人才是企业的另一大本职工作。振东作为民营企业,对其极具特色的员工培训工作的持续程度和高投入令人惊异。振东采用一个企业两块牌子的组织建制,一块为振东集团公司,常设机构和部门按照振东组织结构设置,与其他同行企业类似;一块为振东商学院牌子,设院长副院长及各种职称的岗位职级,持续致力于将"隐性经验显性化,显性成果标准化,标准课程呈现化"的人才培养理念贯彻到商学院的运作实践中。近几年来,公司每年的培训费用都在七八百万元以上。2013年11月,振东商学院荣膺"2013年度中国企业商学院最佳成长奖"。

在独特的人才培养理念和机制下,振东不仅为公司的成长和发展培养并储备了一批批年轻、活跃、激情、稳健,有能力有思想的管理和技术人才,使之成为支撑公司长远发展的基石,同时还为社会输送着服务于各行各业的能人志士。从振东走出去的人往往成为周边企业争相聘用的对象,在振东"大学堂"严格而饱满的培养模式下锻造出来的振东人,无论他们因何原因离开振东,都会感念在振东的成长和收获。正如李安平常说的:振东不怕自己投资培养出来的人才跳槽,他们跳槽了,能到别的地方去发挥他们的能力和才智,也是振东在为社会作贡献。

3. 由内而外,内圣外王

打铁还需自身硬。一个人或一个企业,只有当自身具备了足够的资本,才有可能去做并做好自己要做的事。一个人所需要的资本是包括知识、经验、技能等在内的人力资本,一个企业所需要的则是包括硬件的装备设施、技术,软件的文化、管理、人才等在内的企业资本。正如一个人如果没有足够强大的人力资本则无法胜任社会角色一样,企业若没有能够演好社会角色的基本功和一些必要的"绝活",也无力面对社会给予的机会和挑战,因而也就无法去为社会作贡献。

"责己重以周,待人轻以约""内圣外王",这是我国传统文化流传千年的古训。振东的企业文化植根于我国传统文化的思想沃土,振东由内而外的责任观体现在企业精耕不辍积累企业资本的过程中和在企业有所收获后的社会活动中。在我们实地接触振东之前,是振东颇具特色且声名远播的扶危济困行为让我们首次认识了振东,但听多了很多企业的慈善义举,我们对振东作为一个规模不大的民营企业的内部管理并没有报以多大的期望。然而,第一次赴振东所看到的企业规范细致的基础管理,严谨有序的工作场面,积极向上、从容整肃的员工风貌和思想活跃、精力充沛的总裁李安平本人给了我们极大的震撼:一个位居山西长治县的民营制药企业,俨然一派大企业的内部管理风范!

振东无时不念企业内部管理的"经",除了一年一度的主题管理模式探索之外,公司日常工作中很少有时间是在"平静、平淡"中度过的,各种各样的"法定日""法定周""运动""革命"等几乎填满了公司例行业务工作之外的所有时间。为什么公司不为员工营造一个安静、舒适的工作环境而总要"折腾"呢？这也是很多包括振东员工在内的人常常想不通的一个问题。当我们了解了振东之后，我们给出的原因是：振东生怕企业在平静中滋生惰性，销蚀激情，振东希望企业能够始终保有精益求精的管理理念，进步再进步；振东生怕企业不进则退，没有压力就失去学习的动力，只要是有益的经验、思想或做法，振东就要拿来学习、尝试、为己所用；振东时刻铭记比尔·盖茨那句"微软离破产永远只有十八个月"，不打盹、不懈怠，始终要以饱满的热情给企业发展以强大的动力。

当企业自身不断累积起强大的资本并使这种资本积累的过程始终无停歇时，企业价值才可能随着资本的增值而不断增值，做到了"内圣"，才有"外王"的机会，才能真正为社会承担责任。

（二）修己之能

振东二十多年不松懈的严格管理和自律为企业赢得了持续发展和承担社会责任的经济实力，这种源于内在责任意识的奋发图强也使企业由内而外的社会责任行为与企业的经营管理彼此交融，修炼为企业承担社会责任的核心能力。

振东的社会责任能力来源于责任与文化、战略及创新的契合。文化，是振东社会责任能力的种子；战略，是振东社会责任能力的土壤；创新，是振东社会责任能力的给养。如图 5-4 所示。

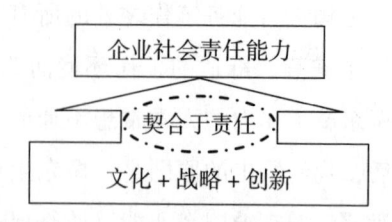

```
        ┌─────────────────┐
        │  企业社会责任能力  │
        └─────────────────┘
              ╲ 契合于责任 ╱
        ┌─────────────────┐
        │  文化+战略+创新  │
        └─────────────────┘
```

图 5-4　振东社会责任能力的形成

1. 文化——振东社会责任能力的种子

企业文化作为一种高级的管理模式，它需要企业发展到一定规模和一定阶段，才能将原始的、零散的价值观和经营管理理念整合为企业独有的经营方式和管理模式。振东自成立以来，缘于李安平朴素的理想情怀及其敏锐的商业头脑和亲力亲为的行事风格，随着企业在不断地尝试摸索总结中由小到大，企业文化也在自然演进和企业超常的学习机制下，逐渐长成，企业家个人的博爱、慈善、责任观逐渐渗透融入员工心中，潜移默化地影响着员工的行为习惯。

播下什么种，长出什么苗，结出什么果。渐趋成熟的振东文化尤其是其责任为站的文化为企业播下了责任的种子，使企业做每一件事时都能有始有终，所以振东能把一些企业认为只是在平时搞点修路办学，在有危机事件时捐点款物的社会责任事业做得专业、细致、有层次、有成效，产生了广泛的社会影响力，这是文化的种子长出的苗，结出的果。

◆ 文化萌发社会责任

振东"服务社会、奉献人民、开发产业、富强国家"的企业使命许下了社会责任的承诺，振东"与民同富、与家同兴、与国

第五章　意在天下　心系苍生——振东社会责任

同强"的价值观表达了企业对社会责任的价值追求,振东"阳光为天、诚信为地、亲和为人、简单为路、责任为站"的五大文化中,对"责任"的诠释是"不敢承担责任就是没有尽职"——对家庭负责,使员工孝敬父母、关爱子女;对企业尽职,让员工珍重事业,善待同事;对社会尽责,让员工创造效益,扶贫济困。

在李安平看来,一个成功的企业家不在于他创造了多少经济效益,而在于他为社会创造了多少财富。李安平说:"我的目标是尽最大努力发展好企业,创造更好的效益,拿出更多的钱来资助那些贫困的人。"振东经营企业的社会关照和管理企业的责任理念使之生而具有社会责任基因,由此萌发的社会责任意识在强大的内驱力作用下,积淀为企业承担社会责任的能力。

◆ 文化放大责任内涵

振东有员工感慨:在振东工作的时间越长,越有"责任即荣誉"之感。在振东,敢于承担责任是有能力的体现,赋予更多的责任是对你工作的认可,努力履行职责是你优秀品德的体现。

原属开元公司的马慧在振东重组开元而成为振东员工之后,在一篇文章中写道:"最初接触到振东价值观时,我认为与其他企业类似,只不过是个口号而已。当面对万亩苦参、连翘种植基地时,当李院长对弱势群体伸手相助时,当大灾面前兄弟姐妹争相捐助时,我一次又一次为自己的狭隘感到惭愧。企业经营的目标不仅仅是销售额要达到多少、利润要达到多少,而应该包括社会贡献目标、职工待遇福利目标、员工素质能力发展目标,其中责任二字更能够诠释企业的经营目标。"

来自振东文化的责任观,不仅仅是企业对外部社会的承诺,还有对员工责任意识和责任心的引导和强化；振东不仅要对社会负责，更要对为企业发展尽心竭力的员工负责，员工的物质回报、能力提升和精神愉悦是企业更重要的责任，但这些责任目标的实现是基于员工对本职工作和对企业的尽职尽责；只有当企业与员工形成以责任为导向的良性互动，企业才有足够的力量承担起外部社会责任的重量，才有出众的能力展现出承担社会责任的独到品位。

振东之所以能如此大力度、长时间地承担社会责任并在企业发展不算长的时间里使之渐成气候，首先来源于由文化萌生的社会责任感；其次，则是由责任感放大扩展开来而形成的员工智慧与力量，由此凝聚而成的责任担当，在栉风沐雨的实践历练中，蜕变为振东承担社会责任的能力。

2. 战略——振东社会责任能力的土壤

资源基础理论认为，企业竞争力来源于企业拥有的普通资源和战略性资源，而战略性资源因其所具有的异质性构成竞争力的基础。企业社会责任行为的特异性和长远布局，可为企业获取声誉性资源、市场关系资源、结构性资源等战略性资源，为企业赢得竞争优势，形成企业竞争力。不同的行业属性，具有不同的资源优势，在企业有限的财力和能力范围内，要使社会责任行为产生竞争环境下的战略协同效用，需将其置于市场竞争框架内，充分利用所处行业的资源优势，使之与其他企业相比凸显异质性，为企业赢得竞争优势，形成竞争力。

◆ 将社会责任嵌入企业战略

振东以"锻造精品振东，重振晋商雄风""提供精品医药，

第五章 意在天下 心系苍生——振东社会责任

造福人类健康"的使命感和经营理念,提出了企业的发展战略——"以健康为己任,以品牌为核心,以成本为优势,以国际、国内两大市场为目标,持续整合与优化医药、保健健康产业链资源,成为医药健康产业领先企业"。振东企业战略中的"健康"责任和"领先"定位有明确的对抗性和竞争性,而包括"三日一金一天使"和"精准扶贫"在内的社会责任项目大多与这个战略相契合,或者紧密嵌入到这个战略中,唯其如此,才能随着企业战略的实施持续推进并不断扩容。所以,企业的发展促进了社会责任项目的成效,社会责任项目成效的日积月累,经由社会影响力使企业脱颖而出。具有振东标签作用的社会责任项目,使企业承担社会责任也成为一种战略,嵌入企业战略,赢得竞争优势。

中药是中华民族的瑰宝,中药产品在济世养生中的功用在我国历史发展中成效卓著。推广和普及中药产品及其相关的养生保健知识是我国中药生产企业义不容辞的责任,弘扬和光大祖国七千年中医药文化,把神农"尝百草、疗民疾"的博爱精神融入振东"好人好药、好药好人"的文化血脉中,让中药产品走向世界,这将是怎样一幅诱人的蓝图。而将描绘蓝图盛景的场所选在"五谷山",是振东将社会责任嵌入企业战略的又一个具体体现。

五谷山,这个印记着神农"布五谷、尝百草"圣迹的地方,将作为振东的战略要地承载起企业的健康责任。李安平已为五谷山的建设描绘了愿景:"北有五台山,求佛祛心病;南有五谷山,名医治杂症。"随着2012年6月的投资、2013年6月启动的神农中医药文化园有限公司"文化建园"工程的开工建设,青翠艳丽的五谷山植入了文化的韵味，嵌入了振东的责任。中医药文化博览园，将高标准建设神农氏文化广场、千草园、养生堂、神农观、中医药始祖雕塑群、中药标本馆、中药炮制工艺工具馆、中药古方展示馆、国际学术交流中心等中医药文化研究景区、景点及其配套设施，形成具有鲜明特色的中医药科技园区，建成300万亩中药材种植基地。服务于企业的中药国际化战略，向社会大众传播中草药知识，扩大中医药影响，振东的企业战略与社会责任合二为一。

◆ 以战略观念布局社会责任

振东的社会责任行为是自然萌发的，在主动担当的扶弱、救助、捐赠中渐趋成熟和规范。随着企业主导产业的不断壮大，社会责任行为逐渐趋向于注重选择与行业属性相吻合的项目，使之能够充分利用行业资源，突出行业特性和企业专长，以战略观念布局社会责任，以差异性构筑竞争优势。

"精准扶贫"的战略布局。中药产业的发展离不开真材实料的药材的保障，但目前我国中药产品在药材使用中普遍存在农残超标、生长期短药效不够、规模化种植对地理环境要求的低标准等问题，如何保证药材的"真"和"精"，是构建以特色药材为基础的高品质中药产品产业链的关键。振东的制药主业在快速发展，与此同时，强烈的社会责任意识中，振东深切为药材品质的状况忧虑、困扰。如何利用地利优势，培育绿色、纯正的中药材种植基地？如何带动有品质保证的药材种植基地迅速扩张？

适宜的地势、土壤和气候条件，对于中药材的种植非常关键。振东"光彩事业"和"精准扶贫"项目所选择的地区，土壤、气温、年降水量等自然条件非常适宜中药材生长，是各种道地中药材的主产区域，且都属于贫困区，经济发展落后，因而环境清洁无污染。振东选择这些地区，一方面是从源头上为企业未来的健康中医药产业储备资源；另一方面，利用这些地区先天的地理条件发展现代种植业，可使当地人民长久获益。此外，随着现代中药制造业的发展，一些地区对野生中药材的胡挖乱采、只采不种，也使一些当地品种濒临灭绝，振东通过对中药材规范化种植的研究，一些品种的人工种植试验已获成功，因而也为国家保护中药材品种做了贡献；同时利用废弃山坡地种植，还可保持水土、美化环境，可谓经济效益与社会效益双赢。

从中药材种植到加工、生产和销售，充分利用行业资源的"精准扶贫"项目，一方面促进了区域农户生产力的提升和经济收益的增加，同时为振东绿色产业链一体化发展储备了稀缺资源。

"天使基金"的差异化战略。"中华仁爱天使"基金，是由公司、业务员和医生三方出资组建的慈善基金，这项由振东自发创设的基金项目，紧密联系行业特征，具有战略上与其他企业区分开来的差异性，目前，该项目的社会影响力日渐增强，越来越多的社会爱心人士和曾经受到振东捐助的人参与其中，振东也正在该项目上深入酝酿和完善，致力于将其打造成更为聚焦的振东社会责任标志性项目，这是振东承担社会责任的差异化战略。

战略所特有的差异性和竞争性，培育了振东区别于其他企业的社会责任能力及其竞争力。

3. 创新——振东社会责任能力的给养

求新求变的思维是社会组织生机与活力的来源，一个企业由初创时的激情澎湃发展到人到中年般的滞重怠惰，大多源于创新思维的缺失。立志进取的企业，不满足于今日的业绩，总是向往着未来的图景，总是以旁观者的冷静和虚心审视周边，心向远方；学习别人，好奇未知。振东社会责任能力的养成既有文化的种子作用，也是战略土壤培育的结果，同时，求新求变的创新思维也在不断为其添加给养，如春风化雨，滋养着企业推陈出新的能力。

◆ 技术创新为企业承担社会责任提供源源不断的能量

由内而外，"内圣"才能"外王"，没有企业发展的支撑，就没有企业承担社会责任的基础。德鲁克所说的"衰退企业不可能有好的邻里关系、好的雇主，或以任何形式对社会负责"也正是此意。而企业的长远发展，不是靠亦步亦趋的跟进，而是要以持续的创新和突破为驱动力，这是企业基业长青的源泉，也是企业承担社会责任的"加油站"。

无论世界如何变化，追求健康是人类永恒的话题，新药研发永远不会停止。虽然近二十年来人们发现新化合物的速度有所减慢，但新的研发资源也在不断产生，比如通过DDS（药物输送系统）每年都有很多的新药上市，而老药新用、药物复方、组合药物等仍然大有可为，生物技术药物、特别是我国的中草药更是有着无法估量的开发空间。振东将中草药药理药性的推广、中草药产品的研发和技术创新以及人类对于健康的永恒追求视为己任，广泛联盟、搭建平台、持续进步。在国内，振东与中国药科大学、山西中医学院、天津中医药大学、山西省中医药研究院、中药复方研究国家工程中心等有很多合作；国际上，联合澳大利亚

第五章　意在天下　心系苍生——振东社会责任

阿德莱德大学建立了振东中－澳分子医药研究中心，与美国 AG Research Co.，LTD 进行脂质体药物合作开发。广泛的国内与国际交流，开阔了技术人才的视野，搭建起了技术创新的一个又一个平台，为企业承担社会责任提供着源源不断的能量。

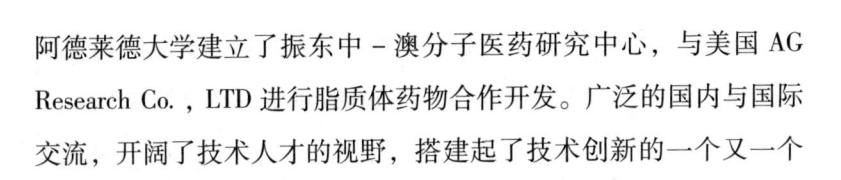

◆　管理创新为企业承担社会责任提供得心应手的工具

李安平说："创业这些年来，最让我感到骄傲的，不是我白手起家从无到有创建了一个多元发展直至上市的企业集团，而是我在工作中探索出来的振东文化和管理方法。"振东文化规定了企业经营的社会导向和企业管理的责任维度，为企业承担社会责任播下了种子，振东管理方法则为企业推进社会责任工作并使之积淀为能力提供了得心应手的工具。

从一件件零散的慈善事件起步，逐渐将慈善活动组织化、系统化。振东成立了专门的组织机构——"扶贫济困委员会"，统筹安排具体的公益慈善工作，并使之规范化和固化；先后设立的"敬老日""扶贫济困日""冬助日"等法定日，使社会责任工作有序展开；一年一度的活动日，有既定的程序、正规的仪式、严格的纪律；慈善教育已成为新员工的必修课，他们与慈善工作人员一起，拜访困难户，送去慰问金和慰问品，去实地考察困难群众的生活状态，这种身临其境的责任教育激发了新员工的爱心，增强了他们的责任心；精准扶贫，既有规模化的药材种植帮助农户劳动致富，也有一对一的建档立卡捐助贫弱一户一策。振东以自己的方式将社会责任行为纳入正式组织框架，规范为一套通用的流程，固化为例行工作，延伸为员工教育的窗口，建构为精准扶贫工程，将看似独立的慈善公益工作与业务工作有机交融，将一点点、一件件的社会责任相关工作创造性地整合起来，使之渐成体系；管理创新为企业承担社会责任提供了得心应手的工具。

三、坚定的信念——衣沾不足惜，但使愿无违

振东振东振东，我们光荣的名字，
前进前进前进，我们矫健的形象。
诚信阳光，创新日上，激情燃烧我们的理想。
与民同富，与家同兴，与国同强，我们肩负着厚望，振兴东方。
前进前进前进，兄弟姐妹，万众一心，不可阻挡，不可阻挡。

晋商晋商晋商，我们骄傲的历史，
振东振东振东，争做时代的榜样。
诚信阳光，创新日上，理想召唤我们奔向远方。
与民同富，与家同兴，与国同强，我们用荣誉责任续写华章。
前进前进前进，兄弟姐妹，团结奋斗，再造辉煌，再造辉煌。

——李安平作词的《振东之歌》歌词

企业承担社会责任，是更多地出于感性，还是理性？是受到内在激励，还是外在激励？对于这样的问题，理论上始终没有定论。但大多理论研究证实，凡是承担社会责任走在前列的企业，多数都是出于感性，是受到内在激励的召唤。卡内基在其33岁、打算进入钢铁产业之前，在日记上写下一段话："对金钱执迷的人，是品格卑贱的人。如果我一直追求能赚钱的事业，有一天自己也一定会堕落下去。假使将来我能够获得某种程度的财富，就

第五章　意在天下　心系苍生——振东社会责任

要把它用在社会福利上面。"

然而，管理大师彼得·德鲁克却说过："适当的企业社会责任是将社会问题转化为经济机会和经济利益，转化为生产能力，转化为人的能力，转化为高薪的工作岗位，转化为财富。未来，人们将越来越强调只有把社会责任转化为自我利益即商业机会，企业才可能真正履行社会责任。"

那么，如何理解振东的行为？如何更准确地解读振东超大力度的企业社会责任行为？是主动承担，还是被动接受？是"义无反顾的奉献"，还是"功利导向的营销"？

彼得·德鲁克所强调的企业社会责任应与企业自我利益高度一致的观点，是从将企业作为一个决策单位、理性看待企业的经营性本质这一视角出发的，认为只有当社会责任行为符合企业的商业利益时，企业才会有承担社会责任的主动性和积极性。但企业社会责任，从其本身的责任属性来看，无论企业如何苦心孤诣地设计和筹划，使之与企业未来的利益相联系，实则都无法完全做到以社会责任为手段的利益换取。所以，现实中的大多数企业尽管都希望承担社会责任给企业带来好的声誉，以此来为企业未来发展积累更多的人际资本，但他们在实际做这些事情时，其初衷却并不全是沽名钓誉，更多的是感性召唤使然。而且，正是因为受到自我意识中的情感召唤，才使企业在投入其中时没有太多的瞻前顾后、患得患失，也才能收获企业在这方面的丰硕成果。但凡在这些方面出类拔萃的企业，都是具有强烈社会责任感的胸襟开阔、视野开放的企业。振东，也是这样的企业。

"衣沾不足惜，但使愿无违"，振东的社会责任行为，尽管有以产生社会效益最大化为导向的审慎筹谋中的理性决策成分,但从根本上说,则是源于企业家国天下的理想情怀所培育出的企业价值观和信念,即便这些行为可能有时超越了企业经营的利润逻辑。正如《振东之歌》中唱到的:"与民同富,与家同兴,与国同强,我们肩负着厚望,振兴东方……与民同富,与家同兴,与国同强,我们用荣誉责任续写华章。"

(一)利润之上的追求

利润之上的追求是企业承担社会责任的最大动力,与未来利润关联的只是企业期望有限的资源和能力能发挥出最大的社会效益,避免随意或盲目决策而做出的以何种方式承担社会责任的理性考量。振东在社会责任工作中的卓有成效,来源于心中强烈的责任感所产生的强大动力,而不是出于对未来利润的追逐,唯其如此,才能坚持不懈,一心一意。

根源于价值观的振东责任观遵循着家、国、天下的传统文化层次,如图5-5所示。

1. 回报乡里造福桑梓

振东的责任理念首先是对"家"的责任。"家",首先是员工的小家和企业层次的家,经营管理好这个层次的"家"是振东的首要责任,也是为承担其余层次责任打好人员基础和经济基础;其次是振东生于斯长于斯的"家"——家乡、乡里,振东最期望的是有了企业这个家,就有家乡这个家,经营企业就要尽自己所能让家乡人民、父老乡亲生活安康。振东于1993年10月1日成立,当年的腊月二十三就开始了以敬老为主题的社会责任行动,

第五章　意在天下　心系苍生——振东社会责任

为家乡60岁以上老人送米送面送生活必需品，年年如此，从未间断。伴随着这项活动的法定化——"敬老日"的开始，一个个以回报乡里造福桑梓为主题的法定日和公益事业次第展开，"三日一金""光彩事业"，家乡建设，都从家这个地方起步。

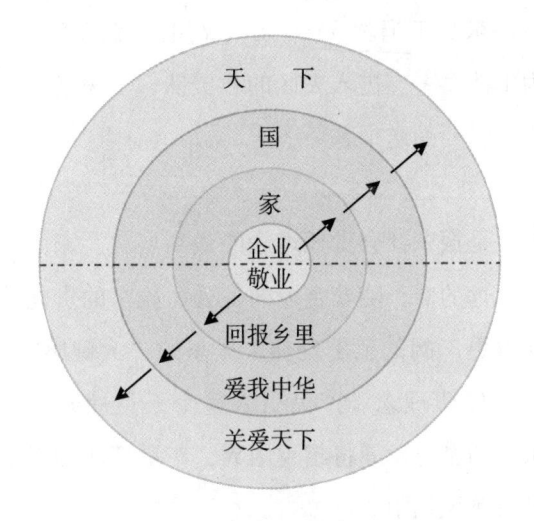

图 5-5　振东承担社会责任层次格局

2. 产业报国爱我中华

振东社会责任理念的第二个层次是"国"。"国家兴亡，匹夫有责"，振东强烈的爱国情怀使之虽身在企业却心系国家，期望通过兴办产业报效国家。选择了制药行业，就将振兴中医中药视为己任，在我国中医中药在国际竞争中处于相对劣势的大环境下，致力于通过提高中药药材的品质来提高我国中药产品的国际竞争力。

此外，每当重要的国家纪念日，如"九·一八"、国庆节（振东成立的日子就选在与国同庆的10月1日），振东都有爱国运动，激发员工的爱国热情；振东厂区内的湖景设计为中国地图的形状；振东员工的工作服为"中华立领"；所有这些细节都体现了振东作为一个企业与众不同的爱国情怀。当国家有难时，振东总是第一时间响应，尽己所能，为国分忧。2008年，我国南方遭遇雪灾，振东员工捐款53万元；汶川地震，李安平带领振东队伍，成为山西第一支进入灾区的救援队；玉树地震，振东车队千里奔赴灾区送药品送捐款……

3. 大爱无疆关爱天下

关爱天下是振东社会责任理念的最高层次。家国天下的理想追求是振东永远的梦，随着企业的发展，振东的责任关照开始逐渐由家国向着更广阔的范围延伸。振东的"大健康"产业理念，正引领企业将健康理念和产品引入整个人类社会，作为上市公司，振东未来的企业发展将超越国界，在更广阔的天下为世界人民的生命健康遮风挡雨。

随着企业社会责任项目的持续推进，振东正酝酿着逐步扩展各个项目的覆盖范围，期望伴随着未来企业的大发展，振东也能够像默克制药等国际大企业一样，将社会责任项目推广到全球，使之服务于更广阔范围内的社会福利的增进，实现振东家国天下的终极梦想。

（二）边界之外的行为

出于情感与道义的召唤，企业承担社会责任，往往带有强烈的伦理道德色彩；出于理性与职业的责任，企业承担社会责任，又往往受制于企业利润的约束。那么，二者之间的边界在哪里？

第五章 意在天下 心系苍生——振东社会责任

或者，承担社会责任的企业行为要有清晰的行为边界吗？对于这样的问题，可能人人都会有原则性的判断，却谁都无法把握好那个其中的"度"。因为，人本复杂，当人的行为受理性与感性共同支配的时候，一定无法划出二者之间清晰的边界，企业承担社会责任亦如此。即便是成熟稳健、监督机制健全、市场经验丰富的国际大企业，也可能只有一个勉强算是边界的预算约束而已。

更多源于感性召唤的振东社会责任行为，因缘何在？

振东关注人类社会普世价值，如和谐文明的社会秩序、彼此关照的人际关系，尽管在当前社会环境下可能与企业的务实性有所偏离；振东以自己的价值观为指引，有自己承担社会责任的偏好和特点，虽然其未必完全符合企业管理决策的理性。但这正是振东的价值理性，是振东承担社会责任的原始出发点。

1. 笃行正义，关注普遍价值

一个人或一个企业的本色决定了其行事的基调。笃行正义，关注人类社会普遍价值，是李安平及其所带领的振东与生俱来的本色，这种振东特有的超越了企业本质的侠义真情，决定了企业能在更高远的精神层面上兀自探索。

振东在被迫转产时，不愿涉足具有资源优势的煤炭产业，却进入并不具有明显地理优势且完全陌生的高风险制药行业，期望通过企业的勤奋钻研为山西打造一份长远的基业；振东叹惋于今日晋商与昔日晋商的商誉差距，致力于为今日晋商树立一个诚信敬业、以义制利的儒商典范；振东对耳闻目睹的小农意识、贫富差距、奢侈浪费等社会现象深恶痛绝，身体力行着优秀企业的开拓创新、扶危济困、严于律己；不纠缠于企业能赚多少钱，却常常思虑企业能有怎样的建树,企业怎样能为这个社会多做一些贡献。

2. 理想情怀,超越企业逻辑

崇高的理想往往与清高独立、视金钱如粪土的知识分子联系在一起,而在金钱的气息中运筹算计的商人却是现实世界中最务实最草根的群众,所以古有士农工商的价值序列。纯粹的知识分子可以一生穷困却坚守道义,纯粹的商人可以委曲求全抛弃原则。我们常常钦佩知识分子的铮铮铁骨,却也不时怜惜一些书生的百无一用;我们常常鄙薄商人的唯利是图,却也感谢这个世界因企业的竞争而物阜民丰。所以,当理想与企业合二为一时,在企业的世界里多了一个新的层次——他们区别于纯粹的商人,在理想信念的激励下,创造性地为社会的繁荣进步做出贡献。如福特开创的福特——让汽车成为大众交通工具,乔布斯缔造的苹果——活着就是为了改变世界,他们怀着伟大的理想或梦想,在追求梦想实现的过程中,超越了纯粹企业经营的逻辑。

振东虽是一个算不上知名更不能称之为伟大的企业,却有着与这些企业类似的理想情怀——要为这个社会做点什么,哪怕这些做法有时可能超越了企业经营的逻辑。

很少有企业在刚刚起步的当年就开始回报社会,振东却在公司成立之后的三个月就为自己定下今后年年如此的"敬老日";很少有企业愿意对可能留不住的人才过度投资,振东却投入高昂的费用运作商学院,不对跳槽员工多加苛责;很少有民营企业以如此规模连续多年持续投资社会责任项目,振东却年年月月兢兢业业,保持着六个社会责任项目的持续推进和扩容,并对各种各样的公共危机事件及时伸出援手……

3. 价值观指引，合乎振东思维

佛家云："有因必有果，有果必有因。"哲学名言有："凡存在的，就是合理的。"超越了企业经营逻辑的振东责任观却合乎振东自己的价值观——"与民同富，与家同兴，与国同强"，这是振东一切行为的初始来源。

振东质朴的价值观表达了企业浓厚的济世安民思想，正是这种根源于我国传统文化的价值观指引着企业在利润之上的追求和家国天下的责任感。源于此，才使企业行为即便逾越了企业经营的完全理性，却闪耀着人性的光辉；即便超越了企业经营的逻辑，却因其符合普世价值的逻辑，终将使企业发展与人类文明的前行脚步殊途同归。

四、沉淀的真知——博观而约取，厚积而薄发

根源于企业高远的理想和价值观，以社会绩效为目标，兼顾企业绩效，源于情感召唤，成于理性筹策的振东社会责任体系，在输出社会福祉的同时，也在培育着企业竞争力。惠普曾经的CEO约翰·杨说过："我们清楚地表明，利润虽然重要，却不是惠普存在的原因，公司是为了更基本的原因而存在的。"不以利润为目标的企业社会责任行为，却因其符合企业最基本的存在原因，而使企业基业长青。

"博观而约取，厚积而薄发"，一个欲永续成长的企业只有将企业竞争力置于责任的框架内，才可能由能够担当社会赋予其的

角色责任而积累起承担责任的能力，才可能经由角色能力的积淀而敞开胸怀，拥抱世界。登高望远，才不会迷失在利润的范围里，才能于世间万象中顿悟"只取一瓢饮"的哲理；做最好的自己，做对这个社会有价值的自己，不追求成为"大众传媒上的英雄[①]"，时时对兼济天下心有所念，才能安安静静、全力以赴成就一份事业；才能从容不迫、有理有节回应社会需求；才能二者结合，互为因果，由内而外，厚积薄发。

是否承担社会责任？能否担起社会责任？怎样才能恰当地承担社会责任？振东的故事给予我们蕴含于上述道理中的答案，如图5-6所示。

```
? 是否承担社会责任？        ⇒    使命感召唤   价值观引领

? 能否承担社会责任？        ⇒    责任心为本   能力为基

? 怎样才能恰当地承担        ⇒    价值理性第一  工具理性第二
  社会责任？
```

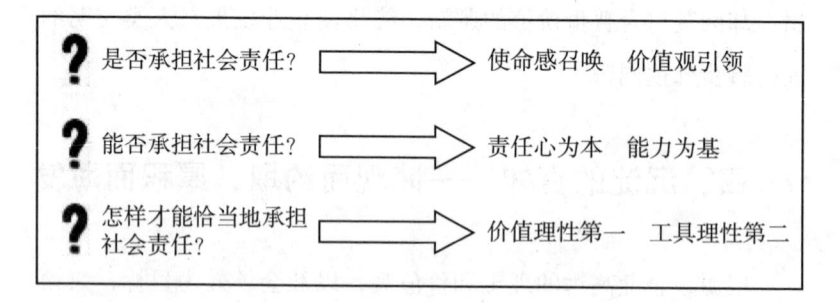

图5-6 企业承担社会责任问答图示

（一）使命感召唤，价值观引领

振东承担社会责任不是来自外在压力，不是迫于声名所累，

[①] 出自《德鲁克管理思想精要》第五章——社会影响和社会问题——"管理者，特别是社会关键组织的管理者，不能拿了工资去做大众传媒上的英雄，而要为取得杰出绩效承担起责任。"彼得·德鲁克. 德鲁克管理思想精要 [M]. 北京：机械工业出版社，2009.

不为追求衣锦还乡，不为获得营销效果，而是源自使命感的召唤。振东为自己确立的企业使命"服务社会、奉献人民、开发产业、富强国家"是其承担社会责任的初心和起点。始于这样的使命感，振东的经营与管理便有了超越于企业的社会维度，"与民同富，与家同兴，与国同强"的价值观是对企业价值与社会价值并行排列的诠释，以此作为经营管理企业的价值指引，将企业行为导向社会责任方向。因此，是否承担社会责任，从振东来看，既是初心，便不是问题。

1. 使命感召唤，为善至乐

"振东"，意为振兴李安平的家乡"东和村"，随着企业的发展壮大，"振东"被赋予"富强祖国""振兴东方"的宏愿。

振东为家乡建设默默承担，修缮马路、改造电网、完成自来水工程、投资老年活动中心、建立卫生院、兴办"振东中学"和"振东希望小学"。振东将扶困济贫常态化，"扶贫济困日""冬助日""敬老日""中华仁爱天使"一年又一年，从未间断，且持续扩容。李安平说："慈善是我放不下的，不做企业，也做慈善！2005年春节前，东和村450多个老人，打着彩旗，捧着手工做的花篮，来慰问我。我激动地告诉自己我做得值！"——为善至乐。

振东心系国家，博爱天下。南方雪灾、汶川地震、玉树灾情，振东总是冲锋在前，捐款捐药、献血送暖；健康不分国界，振东致力于中药国际化，既为振兴和光大民族产业，也为天下病患少受病痛。不为人夸好名声，只因一腔悲悯心——为善至乐。

生而确立的企业使命，使企业将社会责任感高悬于顶，将服务社会、回报社会视为己任，为善至乐！

2. 价值观引领，心系社会

从 2003 年成立道地药材公司开始，振东将决定中药产品质量的中药材种植与帮助农户脱贫致富的产业扶贫捆绑在一个战略框架下。2013 年开始，计划投资 5.5 亿元的山西平顺 50 万亩中药材种植基地项目启动建设，2016 年，8 万亩党参、柴胡、黄芪、酸枣、山桃种植基地和 42 万亩野生抚育连翘、山桃种植基地已投入使用，6 万平方米的仓储、加工车间已建成，在此基础上的"高管包片、经理包村、员工包户"的精准扶贫覆盖了平顺县 78 个贫困村。企业发展与产业扶贫相交融，李安平说："振东对这种投资的回报没多少盘算，没想能挣多少钱。"振东，经营企业，心系民众——与民同富。

振东主导成立的"中华仁爱天使"基金，将医药企业治病救人的专业能力用于帮助困难群众解除病痛、恢复健康，为因疾病走入困境的家庭送去希望；振东设立的"敬孝金"为自己的员工按月向父母尽孝，为员工送去亲情，为他们的家庭送去关爱。振东经营企业，管理员工，心系顾客家庭，顾念员工家庭——与家同兴。

振东一心推动中药国际化，持续加大研发资金的投入，致力于通过制定标准、分析药理、研究临床突破中药走向国际的障碍。李安平说："中药国际化是一条漫长的路，对单个企业来说，可能永远等不到回报，但振东一定要做！"振兴和光大民族产业，振东有责——心系国家，与国同强。

（二）责任心为本，能力为基

振东承担社会责任，来源于使命感的召唤和价值观的引领，然而，主动担当的满腔热情要以足够强大的充沛心力来支撑。心志薄弱、囊中羞涩、志大才疏，无法扛起社会责任的重担。因此，能否承担社会责任，从振东来看，责任心为本，能力为基。

1. 责任心为本，一屋不扫何以扫天下

"家庭需要责任，因为责任让家庭充满爱；企业需要责任，因为责任让企业更具有凝聚力和竞争力；社会需要责任，因为责任能够让社会平安和谐。家庭安稳，工作才能踏实；工作认真，质量才有保障；质量过硬，企业才能盈利；企业成功，对社会才能尽责。"这是振东对责任的理解。

对于家庭，振东除了独此一家的"敬孝金"外，还常常为遭遇困境的员工家庭及时送去关怀，并不断地提醒员工要常回家看看；家庭安定，工作才能踏实。

对于工作责任，我们引用振东员工自己的诠释。

只有将责任植根于内心，让责任成为我们脑海中一种强烈的意识，让责任成为我们最强大的工作动力，才能在振东制药的平台上发光发热。质监工作的责任让我们对待自己的工作多了奉献、少了索取，多了严谨、少了散漫，多了认真、少了随意，多了主动、少了推诿。让责任成为我们生命的支撑，牢记职责，敢于担当，一切将尽善尽美。在不同的人生阶段，演绎着我们生生不息的生命与责任。生活中挫折很多，我们要勇敢面对，因为每个人肩上都有太多的责任，当我们克服一切困难承担起属于自己

的责任时,不知不觉间,心灵也会因有责任心而高尚。而做好自己的本职工作,就是承担一份最重要的责任。让我们将责任融入生命,人生会因此而美好,振东也会因为有我们这些主动承担责任的员工而蒸蒸日上!

——振东慧利

由于药品不是普通商品,其质量会直接关乎人的健康与生命安危,其质量的好坏才会更加引人关注。也正是因其特殊性,普通人难以判断其质量优劣,因此,药品质量更需要制药企业与制药人的尽职尽责。保质保量地、精心地生产出每一粒、每一袋、每一支、每一盒药品,让患者用上放心药,让我们的药品成为维护健康、呵护生命的灵丹,给企业带来效益,给家庭带来幸福,给社会以安定和谐,让国家振兴昌盛,这就是我们制药人的责任。

——振东瑞珍

工作认真,质量才有保障;质量过硬,企业才能盈利;企业成功,对社会才能尽责——责任心为本,一屋不扫何以扫天下。

2. 能力为基,非学无以广才

振东将整个企业办成了大学,每个管理人员都是导师,辅导下级成长发展。"1+2"导师带培制、"2+2"全员培训制、轮讲轮训制,企业就是一个学习的场所。2013年11月,如火如荼的全员"素质革命",旨在打破个人和企业发展中的素质瓶颈,用"写"提炼智慧,用"讲"优化思维,用"算"调理思路,企业就是一个突破自我能力极限的"炼人"场。

多次来到振东,访谈间处处感受到振东年轻的管理人员和普通员工各个出口成章、应对自如、有见解、有思路。

这样的环境、这样的学习、这样的历练，振东才有了雄厚的实力，扛起从心所欲的社会责任重担。为学日益，无论是不得不学的制度要求，还是想学可学的机制安排，或是学而不觉的文化影响，振东一系列、一大堆、一箩筐的增进员工能力的管理实践与方法，培育出了腹有良谋的各类人才，奠定了企业能够承担社会责任和能够高质量承担社会责任的基础，振东承担社会责任才不会囊中羞涩、志大才疏——能力为基，非学无以广才。

（三）价值理性第一，工具理性第二

我国汉代著名大儒董仲舒说："天之生人也，使之生义与利。利以养其体，义以养其心。"人的行为既有来自利的成分，也有来自义的成分；利是为了身体的需要，义是满足心理的需要。德国著名社会学家马克斯·韦伯将人的这两种行为取向概括为人的两种理性，前者称为工具理性，后者称为价值理性。他指出，工具理性是指行动借助理性达到自己需要的预期目的，行动者纯粹从效果最大化的角度考虑，而漠视人的情感与精神价值；价值理性则相信的是一定行为的无条件的价值，强调的是动机的纯正和选择正确的手段去实现自己意欲达到的目的，而不管其结果如何。振东承担社会责任，来自内心的召唤，符合价值理性；振东作为企业，承担社会责任，也要兼顾行为结果，有绩效要求，也符合工具理性。因此，怎样才能恰当地承担社会责任，从振东来看，行为的出发点是价值理性，行为的具体实施具有工具理性，是为价值理性第一，工具理性第二。

1. 价值理性第一，我有我的偏爱

源于内心召唤的振东企业社会责任行为，不以利益的算计和权衡为出发点，所以振东才会在成立的当年、企业尚且根基不稳时就开始回馈社会，才会在二十多年回报乡里的慈善活动中从不间断且持续扩容，才会在中药材种植带动农民致富的产业扶贫中不过多计较得失，才会在中药国际化的漫漫长路中义无反顾。

位于振东社会责任金字塔底层的家乡慈善捐助项目，是所有项目中持续时间最长的项目，也是回报最小或者没有任何经济回报的项目，但振东绝不会考虑以缩减这个部分去补充其余两个层次项目，因为"振东——振兴东和、振兴家乡"的初心是企业的最高价值，无论其余的选项如何能够名利双收，振东永远把这个作为第一选项。

承担社会责任——价值理性第一，我有我的偏爱。

2. 工具理性第二，企业有企业的逻辑

承担社会责任，价值理性第一，但企业有企业的属性，企业经营有企业的逻辑。在符合价值理性的前提下，以怎样的具体行为实现社会责任行为的社会绩效与企业绩效的双赢，对企业来说，也是一个问题。

默克制药的"默克关爱艾滋病人计划""默克关爱母婴计划"，宝马"BMW 儿童交通安全训练营"项目，卡特·彼勒的"再制造"技术，戴尔的"互联课堂"，惠普"科技助力环保"，佳能的"影像公益"等这些与企业业务发展紧密关联的社会责任实践案例以及振东社会责任金字塔的建构内涵都表明，尽己所能发挥业务专长、以项目的形式点上聚焦持续深耕、与业务工作联

动组织实施的社会责任行为更有利于社会绩效与企业绩效的最大化，且不会违背企业的价值理性。在企业资源、能力和精力有限的前提下，与不经筹划、随意挥洒、有始无终、时断时续的盲目决策相比，这可能就是恰当的社会责任行为。

承担社会责任——工具理性第二，企业有企业的逻辑。

五、希望的田野——天下本无涯，苍生牵我心

振东意在天下，心系苍生的社会责任理念和行为，使企业精耕的社会责任田园既生机盎然又异彩纷呈，成为企业枝繁叶茂的背景下独特的风景。然而，任重道远，在未来希望的田野上，振东将以不变的信念，持续探索。

天下本无涯，苍生牵我心，振东以此为念，探索与前行的脚步永不停歇。

（一）逐渐显露的与人类社会可持续发展紧密相关的社会责任观

当人类社会的可持续发展正越来越受到各种各样生态环境问题的困扰而日渐显露危机时，企业社会责任正越来越凸显出对环境责任的重视和关注。国际优秀企业除了在社区或社会民生责任方面尽显关怀外，已将环境责任列入企业的责任范畴来呵护地球的未来，甚至将此作为企业创新的新领域与业务工作同步推进。

振东以标杆企业为榜样，在承担社会责任的探索之路上，也已开始逐渐显露出与生态环境相融合、为生态环境的改善负责任

的观念与行为，企业在环保方面的投资逐渐增多，与环境相关的社会问题正在列入企业的日常工作，更好地承担企业的环境责任将成为企业未来社会责任工作持续改进的重点。

（二）放眼全球、关爱天下的责任理念

国际优秀企业大多心怀天下，以全球为视野，在一个广阔的范围内将社会责任项目推向深入持久。

振东家国天下的社会责任层次虽已渐成气候，但囿于企业实力所限，目前企业的社会责任行为仍以国家为限，甚至以山西为限。2011年制药股份公司上市之后，开始逐渐扩展社会责任项目的范围，有些项目开始走出山西，有些项目将逐步走向全球，借鉴国际优秀企业的经验，通过承担更大范围的社会责任展现企业作为公众公司，服务于整个人类社会的责任理念。

还是引用德鲁克的话："未来，企业的首要社会责任，将不同于今天所讨论的社会责任，创造那种能够独自提供未来工作岗位的资本，这成为越来越重要的责任。"振东的大健康事业旨在天下苍生的健康，中药的国际化是振东最具体的事业理想，如何创造出未来中药产业的崭新天地，为未来社会提供一种孕育新的生产力的资本，将是振东未来最重要的社会责任。

"人文精神和经济效率并不是互相排斥的，从长期来看，是彼此互补的。"振东正以自己的社会责任行为实践着这一论断！

第六章　企业优秀的基因

——振东企业家

一个企业只能在企业家的思维空间之内成长，一个企业的成长被其经营者所能达到的思维空间所限制！

——彼得·德鲁克

一、优秀企业——优秀企业家的产品

经济增长是现代社会发展的主旋律，企业家在这一过程中发挥着至关重要的作用。正如熊彼特所言："企业家是经济发展的发动机，是经济发展的源泉"。企业家把各种生产要素组织起来进行生产，并通过不断创新改变其组合方式，实现国民经济的迅速增长，企业家是经济增长的国王，尤其对于发展中国家，企业家资源短缺是其经济起飞的主要瓶颈。

管理大师彼得·德鲁克曾说："一个企业只能在企业家的思维空间之内成长，一个企业的成长被其经营者所能达到的思维空间所限制！"张维迎曾说："一个优秀的企业和一个平庸的企业差距有多大？不会超过5%，我深信比这个比例还要小。这听上去有点危言耸听，其实并不奇怪，想想人类和黑猩猩基因差距也不超过2%，人类和大部分哺乳动物基因差距不超过5%。但正是这个小小的差距决定了人类是这个地球的统治者，而其他的哺乳动物不是。对于企业来讲，这种小小的差距导致有的成功、有的失败。这种差距究竟是什么？我认为最重要的就是企业家精神的差距。企业家精神是1，其他是0。没有了这个1，再多的0也没有用。"

优秀的企业家不一定能创造优秀的企业，但优秀的企业一定是优秀的企业家打造的。当微软、苹果、Facebook、联想、腾讯、阿里巴巴等优秀企业的名字映入眼帘时，我们会不假思索地联想到比尔·盖茨、乔布斯等优秀的企业家。企业家是企业的灵魂，是企业的人格体现。正是这些优秀的企业家，依靠他们的个人特质与能力，打造了我们耳熟能详的优秀企业。经由这些优秀的企业，优秀的企业家实现了他们的人生梦想，同时，也改变了我们的世界，改变了我们的生活。

乔布斯"活着就为改变世界"。他的一生至少五次改变了世界：一是通过苹果电脑Apple-I，开启了个人电脑时代；二是通过皮克斯电脑公司，改变了整个动漫产业；三是通过iPod，改变了整个音乐产业；四是通过iPhone，改变了整个通信产业；五是通过iPad，重新定义了PC，改变了PC产业。正是乔布斯几近疯狂的创新精神，才使得苹果公司在激烈的市场竞争中勇立潮头，引领着行业的发展方向，才使得苹果有了今天令万千民众敬仰的地位。

第六章 企业优秀的基因——振东企业家

IBM 从 1991—1993 年连续三年亏损，亏损额达到 150 亿美元，1993 年一年亏损 81 亿美元，时年 79 岁"高龄"的 IBM，显得老态龙钟，全然没有了昔日蓝色巨人的威风凛凛。IBM 董事会渴望找到一位出色的大企业家来重振 IBM 的雄风，这被当时的媒体戏称为"美国最艰巨的工作之一"，几乎所有美国的顶尖 CEO 都不愿意接受这个职位。此时，一个既不懂计算机技术也不懂这个行业，但却精通管理的人——郭士纳接手了 IBM，担任董事长兼 CEO。这位计算机界的外行在接管 IBM 后，做出了一系列将蓝色巨人从悬崖边上拉回的重大决策，如采用休克疗法，大幅削减成本，并成功说服董事会进行结构重组；积极废除各项陈旧僵化的制度；采用股票期权和金钱奖励相结合的办法来激励下属等。仅用两年的时间，郭士纳就摘去了 IBM 亏损的帽子，而且在随后的十年间，成功地将 IBM 从制造商改造为一家以电子商务和服务为主的技术集成商。2002 年，郭士纳从 IBM 功成身退，这时，IBM 已经从废墟上再度崛起，重现昔日辉煌。

1984 年，张瑞敏临危受命，出任海尔的前身、濒临倒闭的青岛电冰箱总厂厂长，拉开了海尔创业的序幕。在 30 多年的创业发展历程中，张瑞敏以创新的企业家精神和顺应时代潮流的超前战略决策带领海尔从一个亏空 147 万元的集体小厂发展成为营业额 1190.66 亿元（2016 年）的全球化企业。创业以来，张瑞敏始终以用户为中心推动企业持续健康发展，在每一个不同的发展阶段，都抓住时代机遇进行战略创新。20 世纪 80 年代，海尔抓住改革开放的机遇，实施名牌战略，通过"砸冰箱"砸醒员工质量意识，创出冰箱名牌；20 世纪 90 年代，海尔抓住兼并重组的机遇，实施多元化战略，从一个冰箱名牌拓展至家电领域的名牌群；进入21世纪，海尔抓住全球市场一体化的机遇，实施国际化战略，建立"本土化研发、本土化制造、本土化营销"三位一体的体系，创造海外用户价值，创出海尔的国际化名牌；互联网时代，海尔通过企业和商业模式的两个转型，即从卖产品到服务、从传统发展模式到人单合一双赢模式的转型，创造出互联网时代的全球化品牌。随着互联网的发展，张瑞敏应时而变，启动了海尔的第五个发展战略——网络化战略，通过打造网络化的企业应对网络化的市场。张瑞敏以其创造全球化海尔品牌和创新管理模式的卓著成就赢得世界性的广泛赞誉。

1987年，已入不惑之年的任正非集资21000元人民币创立华为公司，他用了近30年的时间，一手将华为打造成震惊世界的科技王国，成为中国民营企业的标杆。任正非对企业目标的界定，对企业管理的创新，对智力价值的承认，都开创了中国民营企业之先河。

可见，企业家是企业的灵魂，是优秀企业的缔造者和领路人！苹果是这样，IBM是这样，海尔是这样，华为是这样，振东也是这样！

振东自成立到现在，披荆斩棘，历尽艰辛，终于成长为享誉全国的优秀企业。振东辉煌的今天与其掌舵人——李安平的奋斗是密不可分的。熟悉振东的人，在感慨振东的成功时，更多地会感慨李安平创业的不易，钦佩李安平在振东每个关键发展时期的重要决策。李安平这位土生土长的长治县汉子，是如何成长为一个优秀的企业家呢？他的成功是否可以复制？他的成功是否可以学习？

二、优秀企业家——环境造人，南橘北枳

人非生而知之者，李安平也并非生而即是一个优秀的企业家。李安平的成长与其个人努力有很大的关系，当然也与其所处环境有很大关系。无论是历史环境对他的熏陶，还是市场环境给予他的磨砺与机遇，这些要素都在潜移默化地影响着李安平。分析李安平成长的环境，能更深刻地理解李安平在创业过程中的重要决策，进而能更透彻地理解振东集团优秀的基因。

（一）历史环境——商业底蕴是孕育优秀企业家的土壤

1962年，李安平出生于山西省长治县。长治古称上党，取其处太行山之巅，几与天为党之意。如此崇山峻岭，却未阻挡住晋商奋发图强、勤劳致富的脚步。长治人虽未能站在太行山之巅触摸浩瀚的苍穹，但是却曾站在了经商的顶峰俯瞰天下。上党地区以其独特的地理位置，在战国时期就成为韩、魏两国必走的通商之路。盛唐之时，上党因独特的煤铁优势成为北方的冶炼中心。北宋熙宁二年（公元1069年），宋神宗支持王安石变法，在河东潞州（长治）设置交子务，潞州交子是我国在北方地区发行流通的最早纸币。元朝末年，潞州荫城的铁货就由一位叫李执中的官商打入北京，初展潞铁的风采。明清两代至民国，晋商成为纵横驰骋于中国经济大舞台上执中国商业牛耳的商队；潞州商人是晋

商的重要组成部分，也是一支最早发迹的商帮劲旅。明人沈思孝在《晋录》中指出："平阳（临汾）、泽（晋城）、潞（长治），豪商大贾甲天下，非数十万不称富。"潞商以善抓商业契机、有眼光、肯吃苦、会管理在明清、民国数百年的历史中创造了辉煌，在盐、铁、丝绸等领域闻名天下。

明洪武三年（公元1370年），为安国镇邦，明王朝实行了"纳粮中盐"的开中法，晋商借此契机一跃而起。开中法即商人运输军用物资到指定边镇后，由政府给予一定数额的盐引，商人凭引支盐，再到指定区域销售获得盐利。北宋王景说："池盐之利，唐代以来，可以半天下之赋。"明清时，有一种说法："天下第一等贸易为盐商。故谚云：一品官，二品商。商者，谓盐商也，谓利可坐获，无不致富，非若他途贸易，有盈有缩也。"① 由此可见，在食盐专卖制度下，盐商有着高额的垄断利润。在利益驱动下，靠近运城盐池的平阳、泽潞商人热情最高，并最终垄断了全国的盐业，成为"蓄资以七八千万计"而富甲天下的大贾。

长治县荫城镇铁货，久负盛名。资料显示，荫城铁器制作始于春秋战国，汉时已初具规模，明、清尽显辉煌，素有"天然铁府，万里荫城"之美称。明洪武五年，政府在全国设有铁业所13处，山西有5处，荫城便是其中之一。至清乾隆年间，荫城铁业空前繁荣，荫城周围的130余个村庄，户户有铁炉，人人会打铁。时有一文人写下一副对联：炉火刺破夜幕，与星光同辉；锤

---

① 石骏. 汇通天下的晋商[M]. 杭州：浙江人民出版社，1997.

第六章 企业优秀的基因——振东企业家

声惊动人眠，与鸡鸣互闻。当时的情景可想而知。以荫城为品牌的上党铁货广销于全国各地，甚至销往朝鲜、不丹、尼泊尔、波斯、俄国等10多个国家①。民谚"千里荫城，日进斗金"，行销海内外的铁货为荫城带来了丰厚的收益，年交易额可达一千万两白银。清朝咸丰末年，长治县经坊村的陈家发展成为铁货商人里的龙头老大，在京城开有四处铁货门面，另在天津还开有两处。民国时从京师到潞州沿路都有陈家的铁货买卖。据说铁货巨商陈慎德的资产经过三四代人的积累，达到了上亿两白银。

朱元璋第21个儿子沈王就藩潞安府后组织机户生产绸缎，由于生产出的潞绸精美，被列为宫廷贡品，与苏杭丝绸齐名。明朝最盛时，潞安府有机织1.3万多张，除朝廷派造的3000匹外，还有相当一部分潞绸进入市场，当时百姓人家、达官贵族，甚至皇帝赏赐都以潞绸为稀贵之物，潞安府也因此成为北方最大的织造中心。明人郭子章曾说："潞城机杼斗巧，织作纯丽，衣被天下。"

沧海桑田，时过境迁，至民国时期，由于多年的战乱，封建社会的重利盘剥，官吏的巧取豪夺，潞商整体出现衰微迹象，铁业凋零，潞绸几近绝迹，明清时叱咤商场的风光已然无存。20世纪50年代，山西的综合经济水平在全国各省区排第七、八位，到了20世纪六七十年代，仍然保持着一个中上游的水平，差距拉得并不大。但是，进入改革开放以后，这个差距越拉越大，1990—1994年，在直接反映人民生活水平的人均收入指标上与全

---

① 宋丽莉，张正明. 浅谈明清潞商与区域环境的相互影响 [J]. 山西大学学报（哲学社会科学版），2008（01）：134-137.

国平均水平的差距由242元扩大到934元，占全国平均水平的比重由82.6%下降到70.6%，排名跌至倒数第一位。山西是资源大省，改革开放后被确定为能源重化工基地，但是山西并没能很好地利用自身的资源优势，反而受资源所困，形成了"贡献多、牺牲大、收入少"的发展模式。1994年，长治市国内生产总值绝对值为781697万元，在全省6个省辖市中虽然排名第三，但是人均国内生产总值却是2620.95元，排名倒数第一，分别比太原市低4335元，比大同市低1505元，比阳泉市低1506元，比朔州市低1093元，比晋城市低1134元。城镇居民人均可支配收入绝对值在六个省辖市中，排名倒数第二，分别比太原市低830元，比大同市低474元，比阳泉市低605元，比晋城市低381元。比周边相邻的新乡市低810元，比邢台市低934元，比邯郸市低759元，比沿海发达的温州市低3068元。

长治，曾孕育出无数的商业精英，积累了富可敌国的财富，培育了诚信、进取、敬业、团结的晋商精神，在悠悠的历史长河中已进化出了奋进的商业基因。虽然改革开放后长治市的经济发展不如人意，但知耻而后勇，新潞商的征程已悄然起步，新的商业宏伟篇章也正在慢慢铺开。

（二）现实环境——民营企业家"生"易"存"难

改革开放后，百废待兴，神州大地到处蕴藏着巨大的商机，企业家们犹如破土的嫩芽，急切地吸收着阳光与雨露，蓬勃地生长着，尤其是邓小平1992年南方谈话以后，市场经济的步伐迈得更快，更多的人步入了创业大军成为企业家。

转型经济中,市场环境的优劣在很大程度上决定了企业家施展能力的机会和意愿,并最终表现为一定的企业绩效[1]。中国各个地区由于地理位置、改革开放的先后、经济发展水平等原因,不同地区的市场环境相差甚大,呈现东部好于中部,中部好于西部的状况。樊纲、王小鲁和朱恒鹏将市场化进程分为5个方面,分别是政府与市场的关系、非国有经济的发展、产品市场的发育程度、要素市场的发育程度以及市场中介和法律制度环境,他们的研究对我国省、自治区、直辖市的市场化相对进程做出了一个基本判断。从樊纲等人的研究中可以发现,山西省的市场环境并不容乐观。

如图6-1所示,山西省市场化指数逐年递增,但历年都低于全国市场化指数平均值。其中1998年左右差距相对较小,2001年

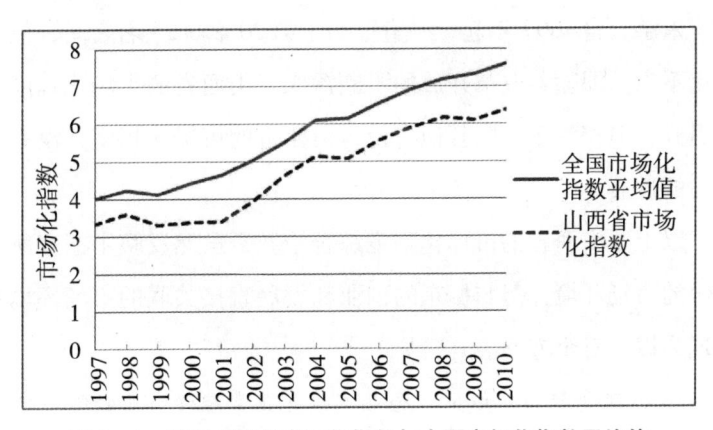

图6-1 历年山西省市场化指数与全国市场化指数平均值

---

[1] 孙早,刘庆岩.市场环境、企业家能力与企业的绩效表现——转型期中国民营企业绩效表现影响因素的实证研究[J].南开经济研究,2006(02):92-104.

左右以及 2009 年左右差距较大。这是从总量上的一个比较，从名次上进行比较，山西的市场化程度也不乐观，如图 6-2 所示。

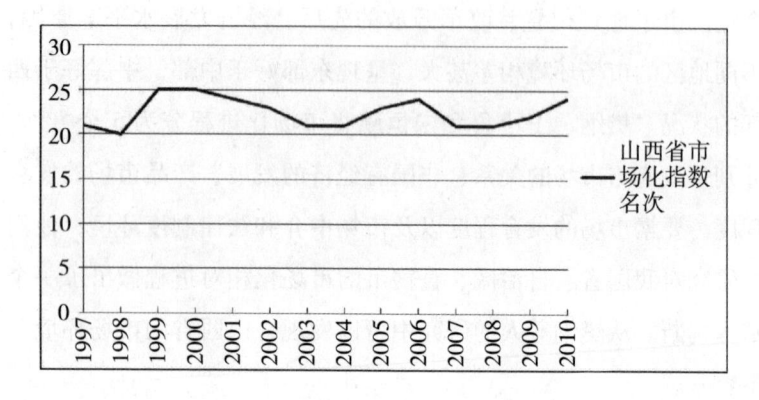

图 6-2　历年山西省市场化指数名次

在 31 个省、自治区和直辖市中，山西省的市场化程度一直处于末游。自 1997 年起，一直徘徊于第 20 名~25 名之间，位置变化不大。即随着改革开放的不断深入，山西省的市场化程度不断提升，但相对于全国其他省份，山西省的市场化程度并没有突破性的进展。

以上是山西省的市场化程度综合指数，虽然反映了振东所处省份的市场环境，但与振东的创业和发展直接关联的市场环境却表现为以下三个方面。

1. 行贿受贿蔚然成风，企业家缺乏正常经营企业的市场环境

一个廉洁、高效、运作透明的政府是市场正常运转的必要条件。如果政府机关办事效率低、规章制度和手续繁杂、政策和操作不透明，甚至某些政府工作人员滥用职权向企业和居民寻租乃至敲诈，都会给企业造成额外的负担，导致市场的扭曲。企业主

第六章 企业优秀的基因——振东企业家

要管理人员不得不在企业管理和市场活动之外花费大量时间、精力和财力与政府部门及其人员打交道，这成为企业的一项沉重负担。也有少数不法企业通过拉拢收买政府工作人员，扰乱正常的市场竞争，谋取额外的利益。樊纲等人的研究，使用企业主要管理者在与政府部门和人员打交道的时间占其工作时间的比重这一企业抽样调查数据，来近似地度量政府对企业的干预程度，山西的情况如图6-3所示。

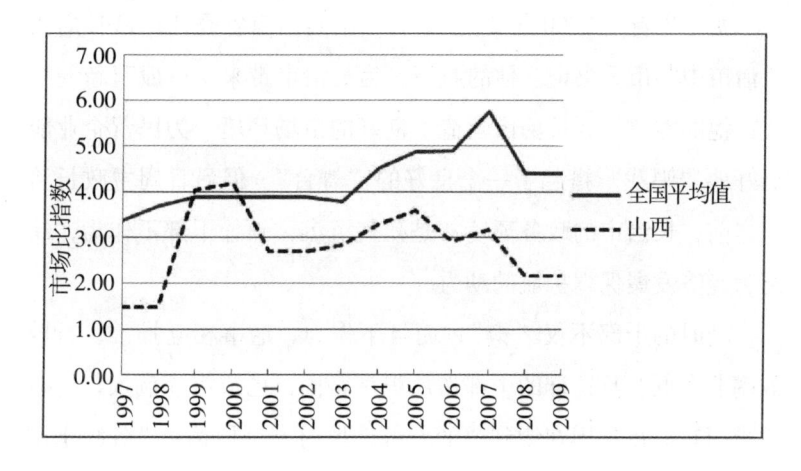

图6-3 减少政府对企业的干预程度指数

由图6-3可以看出，山西省在减少政府对企业干预程度上的表现远低于全国平均水平，仅仅在1999年及2000年时略高于全国平均水平，说明政府严重干预了企业的经营，使得企业无法按照市场规律来经营企业，企业领导者将花费很多的时间与精力来经营与政府的关系，如此，企业家不仅要承担企业内部的"大内总管"角色，同时还要承担"外交家"的角色。虽然樊纲等人的研究未能精确到市一级层面，因此无法看出振东所处的长治市其政府对企业经营的干预程度,但首先长治市身处山西省,其表现应该不会偏离省情太远;其次,从相关的文献中也可以看出长治市当时的政企关系,如"20世纪90年代,每逢过年过节,常委领导住的0号院路灯就自动熄灭了。路灯就像信号一样,灯一灭,送礼的人就开始忙碌起来。你来我往,有进有出,谁也看不清谁,谁也不盘问谁,大家心照不宣,各行其是"①。

2. 政务环境死气沉沉,缺乏为经济发展保驾护航的动力

龙年岁首的2000年2月12日,中共山西省委任命吕日周为长治市中共市委书记。他的履新,为长治市带来了一股清新的空气;他的施政,为长治市营造了良好的市场环境,为民营企业能更好地"唱戏"搭起了一个良好的"舞台"。但吕日周主政长治市之前,长治市的政务环境却是死气沉沉,领导干部不作为,缺乏为经济发展保驾护航的动力。

彼时的干部不仅"懒",而且不作为,遇事相互推诿,行政效率非常低,且这样的干部作风根深蒂固,已成沉疴痼疾,一时很难扭转。吕日周在谈到改变干部作风时有一段话:"各级干部都要带。带不动也要带,哪怕拉车的绳子勒到肉里,也要拼命地往前带。"由此可见长治市当时改变干部作风有多难。下面这个案例更可作为佐证。

【案例】一个茶商引出的"如何创造环境"?

2000年2月,河南信阳一个茶商投宿在长治市九州宾馆(一个民营企业),早晨起床,发现手机不见了。在与宾馆服务员及

---

① 吕日周. 长治,长治,一个市委书记的自述 [M]. 北京:工人出版社,2003.

第六章 企业优秀的基因——振东企业家

经理交涉未果后向辖区派出所报案，派出所民警既不登记，也不受理，冷冰冰的面孔让这个外地人不知所措。迫于无奈，3月初，该客商2天之内向吕日周书记连写三封信，批评吕日周书记"在创造环境"中不敢动真，不敢抓具体问题①。为此，吕日周决意把这件事在媒体上公开曝光，让全市人民以此为鉴，都来关心环境、创造环境，并且亲自向长治日报社总编辑批注了对此事的处理意见，要求将稿件发表于第二天长治日报的头版头条位置。但市委办公厅认为这样做不妥，理由是："服务行业不容易，一曝光就伤了元气。九州宾馆是一个民营企业，这几年才在长治有了点名气，要是见了报，不仅会对这家企业产生副作用，还会影响全市民营企业的发展。"吕日周反驳说："你这是强词夺理，是典型的官僚习气作怪！我们天天说'政府创造环境，人民创造财富'。什么是环境？人人是环境，处处是环境，点点滴滴都是环境！连一个外地人都容不下，连一个客商反映的问题都不敢去碰，还创什么环境？还讲什么创造财富？长治的企业是企业，难道外地来的企业不是企业吗？难道把来长治投资做生意的人吓跑了，都赶走了，这就叫环境吗？"

最终，吕日周还是"妥协了"，做出了在长治的第一次让步。同时，九州宾馆也妥善处理了此事。从这件事，吕日周感到"长治改变环境之难，不在环境本身，而在根深蒂固的干部作风。打不破这个壁垒，就无环境可言，更无发展可言"。

---

① 吕日周书记在2000年2月召开的全市经济工作会上，提出了"政府创造环境，人民创造财富"的口号。并且把2000年定为长治市的创造环境年。

3. 金融环境恶化，企业缺乏"生"与"长"的良好环境

1988年9月26日，十三届三中全会确立了实行紧缩计划的经济政策，为的是解决自1984年开始的通货膨胀。为此，政府降低了增长目标和支出，减少了货币供应，收紧和强化了财政控制。结果是国民生产总值的增长率从1988年的11.2%降至1989年的3.9%。为此，邓小平在1992年以87岁的高龄进行了南方谈话，先去武汉，然后是深圳、珠海和上海，在这些地方成功点燃了扩大市场开放和加快发展的大火。此后，更多的地方投资和建设项目得到了批准，中国取得了世界上史无前例的增长率。

南方谈话所吹出的改革春风，让中华大地上的万物重新复苏，李安平正是抓住了这个历史机遇创立了他的振东加油站。但同时由于多种原因，山西并未能很好地抓住这个历史机遇，为民营企业的发展创建良好的生存发展环境，尤其是金融环境，如图6-4所示。

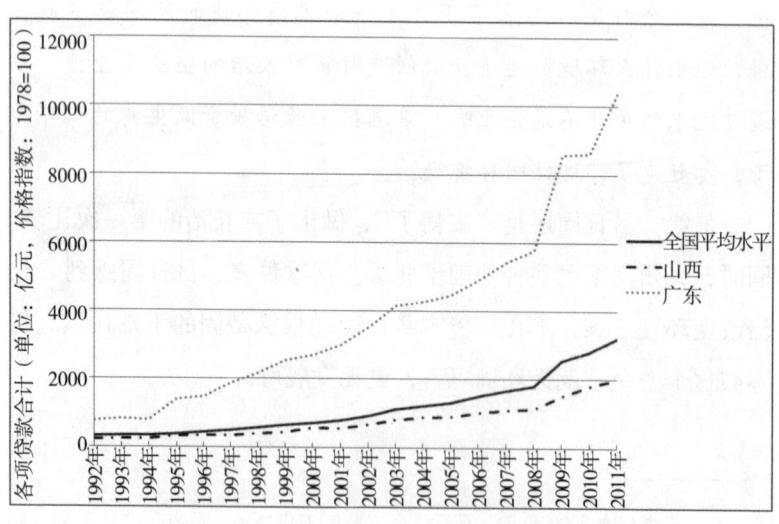

图6-4 1992—2011年山西、广东及全国平均各项贷款水平

第六章　企业优秀的基因——振东企业家

由图 6-4 可以看出，山西省各项贷款合计自 1992—2000 年与全国平均水平相当，但 2000 年之后与全国平均水平的差距开始拉大，且有逐年增加的趋势。与改革开放最早的广东省相比，山西省各项贷款合计历年都低于广东省，且差距逐年增加。

山西省银行贷款这块蛋糕本就不大，落在非国有企业口袋中的就更是少得可怜。长期以来，非国有企业和国有企业面临明显差异的银行贷款条件，致使非国有企业在银行贷款中占有的份额明显低于它们在产出中的份额，国有企业却使用了较大比例的银行贷款，并积累了大量呆账坏账。这一状况与通过市场调节合理分配金融资源的目标很不相称，而且不利于未来的经济发展。长治市 20 世纪 90 年代初的银行贷款数据无法获得，但通过下面这件事可以看出当时贷款之难。

吕日周在长子县邹村调研时，看到一个大棚简陋得一场大风就可能刮倒。女主人说："我们刚刚结婚，家里欠下不少债，小额贷款又贷不到，只能凑合弄吧。"吕日周说："你去找农业银行，争取来一亿元小额低息贷款。"但老百姓说："吕书记，我们找信用社好话说了几箩筐，人家就是不理睬。那些人手里有点权，就变着法子刁难人，跑上十回八回都没个准信，我们也就不去求他们了。"最后，还是吕日周千方百计和金融部门多次联系沟通，市里活动请他们参加，重要事情让他们参与，这才感动了金融系统的领导。随后，金融系统才深入各个县调研，筛选重点项目给予贷款。

长治，曾有过辉煌的商业文明，孕育出无数的商业精英，沉淀了厚重的商业文明，为企业家李安平的"生"提供了肥沃的土壤。但改革开放以后，长治并未抓住时代的脉搏，跟上时代的潮流，不仅未能利用这肥沃的商业土壤去培育经济发展的企业森林，反而像是"污染"了的土壤，抑制或阻碍了万物的茁壮成长，为李安平的"存"与"长"设置了诸多障碍与藩篱。但凡事都是两面的，这是一个最好的时代，也是一个最坏的时代。良好的外部市场环境尽管有利于公司业绩的提高，但企业创始人个人对公司管理的正向影响却会随着外部市场环境的改善而逐渐减少。反之，在不利的市场环境中，创始人个人能力的重要性将更加凸显，企业的绩效将更加依赖于创始人的能力、声誉、关系等[1]。并且，"天将降大任于斯人也，必先苦其心志，劳其筋骨，饿其体肤"，在不利的市场环境中，企业家不抛弃不放弃，奋力拼搏，通过克服一个又一个困难，其"存"与"长"的能力也将不断提升，从而"增益其所不能"。

"橘生淮南则为橘，生于淮北则为枳"，什么样的环境，就会孕育和塑造出什么样的人。李安平生长于长治这样一个人杰地灵、商业底蕴深厚的地方，天然具有对商业的敏锐洞察力；李安平的事业生长于长治这样一个积弊深重的"逆境"，也造就了他所开创的振东事业甫一展开，就必须奋发图强、励精图治，形成了"争、拼、闯"的企业精神。振东能够做到全国民营企业500强，成为行业排名领先的优秀企业，与环境的潜移默化有关。

然而，固然人人都说逆境易成才、乱世出英雄，但现实往往是"好风凭借力、送我上青天"。恶劣的后天环境可能还是会扼

---

[1] 夏立军，郭建展，陆铭. 企业家的"政由己出"——民营IPO公司创始人管理、市场环境与公司业绩［J］. 管理世界，2012.

杀很多人的聪明才智，消解甚至浇灭大多数人的激情和自信，羁绊住绝大多数人前行的脚步，让原本可能出众的人泯然于众人。因此，同样的环境，为什么李安平能够坚韧不拔、脱颖而出？

三、企业家特质——勤勉尽责，多能善断

同样的环境下为什么是李安平打造了优秀的振东而不是别人？同样的环境下，企业家的个体因素起着至关重要的作用。

改革开放初，百废待兴。思想禁锢的人们面对敞开的市场大门，有的人思想抵触，有的人手足无措，而有的人却大胆出手，抓住了改革开放的大好机会，艰苦奋斗，创造了一个个经营神话。李安平就是最后一类人中的一员，他趁着改革开放的东风，带领振东历经风雨，成长为今天的国内知名企业。同样地处上党老区，同样面对改革开放，为什么是李安平创立了振东，而不是其他人？同样是创业，为什么很多民营企业不到三年便夭折，而李安平却带领振东一直走到了今天，而且振东越做越大，越做越强呢？这其中，除了环境因素，还与李安平个性特征与个人能力有着密不可分的关系，正是他的这些个性特征与能力，使其成了一名优秀的企业家，进而打造了优秀的振东集团。

（一）李安平的个性特征

1. 艰苦奋斗

1993年，李安平向90多位亲朋好友借债30万元，同时，历经常人无法想象的困难，在传统思想根深蒂固的情况下迁坟113

座，在政务环境相对恶劣的情况下办完 21 道手续，终于赶在 10 月 1 日，成立了长治县振东实业公司，建立了长治地区第一座个体加油站。这是一个举国同庆的日子，全国人民在为经过艰辛与磨难而终于缔造出的中华人民共和国欢呼时，似乎也在为呱呱坠地的长治县振东实业公司欢呼。

开加油站，就得有油。为了找油源，他孤身一人，下洛阳、跑广州、进燕山，困了在车站打个盹，饿了啃袋方便面，渴了就喝口自来水，多少次心力交瘁彻夜不眠，多少次失望愤懑粒米不进，但精诚所至，金石为开，他的真诚和千辛万苦终于打动了新疆吐哈油田老总，这位老总做出决定，与振东合作建造一座年吞吐量 6 万吨的油库。

为了企业的快速扩张，李安平将第二个加油站称作"第五加油站"，把第六加油站称作"第十加油站"。随后再将第二、第三、第四等中间加油站补齐。正是通过这种倒逼机制，跳跃式发展的策略，振东的加油站如雨后春笋般迅速成长起来。5 年后，李安平就组建了 30 个加油站，销售额达到 2.64 亿元，振东石油一跃成为华北地区最大的民营石油经营企业。

2001 年 8 月，李安平斥资 2000 万元收购了濒临倒闭的金晶制药厂，义无反顾地踏上了二次创业之路。药厂买下了，但面临的困难是：如何让药厂尽快通过 GMP（药品生产质量管理规范）认证。咨询专家、制订方案后，为了通过认证，早日投产，李安平带领员工日以继夜地忙碌，甚至冬季也反季节施工。终于在 2002 年 12 月 26 日，一次性顺利通过 GMP 认证。实现了当年开工，当年通过国家认证投入运营，创造了中国制药行业的奇迹。

第六章 企业优秀的基因——振东企业家

2003年,非典肆虐。一般人都是躲在家里不敢出来,惶惶不安。李安平却带领一支业务小分队,从山西出发,在全国进行市场开发,而且还是专跑别人避之不及的医院。那段日子里,李安平虽然没有任何非典症状(如发烧),但却4次被各地检疫机构扣了起来①,但他都想法子脱困了。最终,李安平在"非典"最为肆虐的3个月里,冒着生命危险在全国各地建立起2000多个药品销售点,让振东药业生产的复方苦参注射液在全国范围内得到认可。

绩以勤勉,振东的发展史,就是李安平的艰苦奋斗史。正是靠着这种艰苦奋斗的精神,李安平才能处困境而勃发,处弱势而兴盛,处卑微而富贵。

2. 诚信经营

Kouzes和Posner(1990)对美国私营及公共组织7000名管理者的调研发现:87%的被调查对象认为"诚实"是企业家的重要特征,"诚信"被看成是最重要的领导特质,它的重要性甚至超过胜任能力②。组织成员总是通过企业家表现出的行为来判断其是否符合伦理,言而无信、文过饰非、见义忘利等都是缺乏诚信和伦理的标志。企业家的非伦理决策和行为会造成组织成员在企业价值观和行为规范等方面的困惑,导致内心冲突;而组织成员心目中的伦理型领导往往被看作更有能力,也更可信赖。因此,

---

① 非典期间,山西是重灾区。疫情严重的时候检查人员为了安全起见,只要是重灾区来的,遇见就会被隔离起来。
② Kouzes, J M and B Z Posner. The Credibility Factor: What Followers Expect from Their Leaders [J]. Management Review, 1990, 79: 29-33.

企业家的伦理决策行为会在组织内部起到重要的示范作用，从功利型企业家向责任型企业家、从利益驱动向伦理行为的转型是组织健康成长的内在要求①。

李安平是一个非常讲诚信的人，人缘非常好，朋友特别多。创立振东的30万元钱就是从90多位亲朋好友那里东拼西凑借到的，平均每人要借3000元左右。山西省1993年城镇居民人均收入为1958元，即平均每人要拿出自己近2年的收入借给李安平。如果李安平不够诚信，要想让90多位这样一大批亲朋好友都拿出这样大一笔钱借给他，几乎是不可想象的。

1998年，国际成品油市场价格非常低，洛阳石化炼油厂的成品油卖不出去。洛阳石化就把成品油交给振东石油代销，卖完再付款。年底结算的时候，洛阳石化的21家合作单位中，唯振东石油一家一次性结清货款1.8亿元。更让洛阳石化老总惊讶的是，不仅如此，李安平还将盈余出来的1000多吨成品油价值268万元也进行了结算。洛阳石化老总被这位山西民营老板的诚信守诺所折服。李安平的诚信故事迅速在石化领域传为佳话，很多石化企业主动找上门来，要与振东合作。在1999年石油经营资源非常紧俏的年代，振东的信誉可以先取货后付款。因为大家记住了"一握振东手，永远是朋友"的铿锵承诺。

振东因诚信而立，因诚信而昌。李安平深深地体会到诚信是一种无形资产，是个人和企业宝贵的财富，因此，李安平在振东打造了一系列的"诚信文化"。他指出，振东的诚信理念是：一

---

① 金杨华."浙商"从个人偏好到组织公正的转型 [J]. 浙江社会科学，2007，(03)：53-56.

握振东手，永远是朋友。并要求员工待亲朋同事——以诚相待、以心换心、互进共勉。待合作伙伴——利以义制、以诚相交、和谐共赢。待消费者——换位思考、以诚相对、信赖恒久。

3. 关注细节

天下大事必作于易；天下小事必作于细。2004年，汪中求推出管理新论《细节决定成败》，李安平读后说："应该由我来写这本书。"早在几年前，李安平就提出细节管理概念，亲自制订企业的管理规范章程。并把2003年定为企业的管理细节年，给每个部门制订了工作指导性理念，要求管理者不断梳理各个管理环节。李安平指出：梳不通、理不顺的地方，往往就是症结所在，要对症下药，才能找到解决办法。

管得细，必然严。做药不严细不行，要是不认真，后果可能不堪设想。2003年，振东制药刚刚通过GMP认证，由于员工素质参差不齐，李安平亲抓质量管理。正是那天，李安平在跟员工不经意的聊天中，捕捉到几批颜色不一样但产品检验指标均符合规定的产品，了解了具体过程后，他意识到大家对于药品生产存在"差不多"思想，他坚定地认为："药品质量连着两条命，一是患者，二是企业。我们既然做药，药品生产必须做到零缺陷。"为使员工树立从严从细的药品生产质量观，他毅然在全体员工面前销毁了这些"差不多"的合格药品。说起此事，一些公司的元老仍心疼不已，但那把大火将"质量""精品"的理念深深地烙在了振东人心上。

4. 具有社会责任感

随着经济全球化的进一步推进，企业面临着前所未有的激烈竞争，社会责任正与产品质量、服务、价格等一起成为企业的核心竞争力。在这种试图通过塑造企业形象、获得社会资本而提升企业竞争优势的实践中，作为企业社会责任的重要表现形式——企业慈善捐赠行为开始迅速成长，尤其是民营企业。根据《公益时报》编制发布的《2011中国慈善排行榜》和中国社科院发布的2011年慈善蓝皮书《中国慈善发展报告（2011）》，民营企业不仅在捐赠总额上比国有企业高，而且在过亿的巨额捐赠中，民营企业的数量也占到了企业总数的一半，与国有企业平分秋色。

振东成立之初，就以回报社会为企业发展的最终目标。取名"振东"，既有"振兴家乡东和村"之意，也寓意着"振兴东方"。在公司大会议室、股东会会议室和董事会会议室内，都悬挂着一条醒目的标语"与民同富，与家同兴，与国同强"，这是振东的核心价值观和义利观，代表着振东人的理想信念，是振东人为之奋斗的精神源泉。多年来，振东热衷于社会公益事业，对关系国家前途名誉的事件积极声援，对全国各地发生的自然灾害和危机事件解囊相助，截至2016年，企业已累计投入超2.7亿元，资助上万人次。

李安平把慈善当作一项常规工作，不但在公司内部设立了专门的机构"公益慈善委员会"负责这项工作，还以公司规范的形式固定下每年常规的慈善活动，使慈善在振东成为一种习惯和文化："扶贫济困日""冬助日""敬老日"等活动自开展以来从未间断，帮助数千困难家庭重新燃起对生活的希望。这是中国企业的首创，更是李安平多年来奉献爱心的真实体现。

授人以鱼不如授人以渔，振东积极投身以扶贫为主的光彩事业,将建设中药材种植基地和精准扶贫结合起来,采取"公司+合作社+农户"的经营模式,免费提供种子、免费技术指导、免费技术培训、承诺价格保护,先后启动了平顺50万亩中药材种植基地、浑源5万亩黄芪、新疆2万亩红花、贵州0.5万亩白土苓建设项目,既保证了原材料来源,又促进了基地所在区域经济发展和群众脱贫致富。如平顺50万亩中药材种植项目,能实现人均增收3000元,使2万多农户稳步脱贫。

国若有难,挺身分忧;民若有急,倾力帮扶。拥有家国情怀的李安平是真心做慈善,在能力所及范围内必不会将其怜悯之心仅加诸长治县或山西省,而是心系苍生、大爱无疆。汶川、玉树、芦山地震等,李安平都是第一时间组织振东员工队伍前赴慰问、送温暖、献爱心、捐药品、送物资。

2006年,振东集团面向全国发起了由公司、遍布全国的业务员和医生三方出资组成的"中华仁爱天使"活动,并在京成立专项基金,注册7000万元。这项活动对特困病人及特困家庭进行资助,将振东人的关爱和医生的真情传递到每一个需要帮助的人心中!

振东一次又一次地以实际行动诠释着"与民同富,与家同兴,与国同强"的核心价值观。2011年7月15日,在人民大会堂的颁奖台上,李安平被授予了我国慈善领域最高规格的政府奖项——中华慈善奖,时任国务院副总理回良玉为李安平颁奖。在20位获得"最具爱心行为楷模"表彰的人士中,李安平是唯一一位来自医药行业的楷模。

李安平在做慈善方面有很多可圈可点的地方,有许多做法值得推广。如在2014年由国务院扶贫办举办的"中国社会扶贫政策研讨会"会议中，李安平是参会的唯一企业家代表。研讨会上，李安平向与会者介绍了振东的扶贫模式和管理模式以及多年在公益扶贫活动中的感受，得到了大家的一致赞誉。但是，学其形，更要学其神，一个值得深思的问题就是李安平为什么要做慈善？他做慈善的动机是什么？

大量学者曾经对企业慈善捐赠的动机做了深入细致的研究，总结起来大致有以下四种动机。第一，政治动机，企业可能通过慈善捐赠来获取政府的好感和信任，建立或维持政治关系（贾明、张喆，2010）[1]，并应对利益相关者给企业施加的压力。第二，利他动机，慈善捐赠是企业不求回报的、体现良好公民行为的利他行为（Campbell et al.，1999）。第三，战略动机，战略性慈善行为认为企业捐赠有助于提升企业的战略地位，获取诸如声誉资本等战略性资源，这些战略资源增强并扩展了企业与外部环境之间的交往和联系，从而使之可以获得有效信息、技术和知识，捕捉市场机遇，获取竞争优势所需的更多的稀缺资源，并最终提升企业绩效（Godfrey，2005）。第四，管理层自利动机，即企业的高管意图通过慈善捐赠来提升自身的社会形象和地位等（Galaskiewicz，1997）。

李安平慈善捐赠的动机是什么呢？李安平常说："有钱、官大不一定幸福，但资助别人，被别人打心眼里感激，我认为这就是最大的快乐和幸福。我平生最大的尴尬是别人拒绝我的帮助；

---

[1] 贾明，张喆. 高管的政治关联影响公司慈善行为吗？[J]. 管理世界，2010.

第六章 企业优秀的基因——振东企业家

人生最大的目标是身后有很多人说我是一个好人。"显然，李安平慈善捐赠的直接动机是利他动机，是一种朴实的不求回报的简单想法。正是这样简单的想法，才让他有着常人无法想象的激情去做慈善，才能让他心无旁骛地去做慈善，从而也才能"无心插柳柳成荫"式地收获了很多人可望而不可即的众多荣誉。

正是这些荣誉，在李安平与政府建立及维持良好政治关系方面发挥了重要作用。如 2012 年"扶贫济困日"捐助大会，长治市副市长马四清及市县相关部门领导出席活动，2014 年"扶贫济困日"捐助大会，长治市人大常委会副主任、市工会主席张书庆及市县相关部门领导出席活动。近年来，每年的这个日子，政府部门都会有领导光临。

正是这些荣誉，让振东在面对一些突发事件时，多了被公众理解，至少是不太多地被苛责的机会。振东制药上市后，由于认识不到位，出现了关联方资金占用问题，2012 年 5 月 27 日深交所认定公司关联交易存在严重违规，对公司和其控制人进行了公开谴责，也正因如此振东制药成为创业板退市制度推出后第一家受到公开谴责的公司。央视财经频道《交易时间》在对此事件进行报道时说："我是认真地翻阅了我能找到的所有有关振东集团、振东制药以及李安平个人的全部资料。坦率地讲，李安平的两次创业的确不容易，他在慈善方面的诸多善举，也是值得肯定的。""但是，这样一个业绩稳定、发展良好的企业，这样一位梦想成为管理大师的企业家，又是怎么和公开谴责联系在一起的呢？"这些话，表达了其对振东制药违规的惋惜，唤起了观众对振东的怜悯之情。这一效果，与李安平"在慈善方面的诸多善举"显然是分不开的。

由此可以看出,虽然李安平是出于利他动机而做慈善捐赠,但却也达到了在政治动机、战略动机及管理层自利动机下的慈善捐赠效果。很难讲哪种动机对于提升企业绩效、增强企业竞争力更优,但是对于李安平来讲,能够在自己本真愿望的驱使下,通过朴实的利他精神而获得其他动机所能获得的一切,何尝不是一件幸福的事情。这是李安平的成功之道,也是值得其他企业家学习的道。

(二) 李安平的个人能力

1. 机会发现能力

创业过程开始于商业机会的发现,如何从繁杂多变的市场环境中找到富有潜在价值的商业机会,在别人看不到机会的地方捕捉到机会,进而开发并最终转化为新创企业,是创业企业家面临的首要问题,也是最重要的问题之一,这是企业家与管理者的重要区别。Kirzner(1997)认为有两条途径可以发现创业机会,一是通过纯粹的偶然机会获得新信息,从而意外收获;二是通过系统有目的的搜寻来发现市场中所隐含的内在信息,即创业者发现的机会不只是指发现纯粹偶然的机会,而且指在特定的时间内通过警觉地搜寻来发现别人发现不了的信息,并且对发现对象的内在信息进行外在化,最终发现创业机会[1]。不管是通过哪条途径

---

[1] Kirzner Israel M. Entrepreneurial Discovery and the Competitive Market Process: an Austrian Approach [J]. Journal of Economic Literature, 1997, 35 (1): 60-85.

第六章 企业优秀的基因——振东企业家

发现创业机会,其有一个共同的过程:①感知到市场需求或未被充分利用的资源;②认出或发现一个在特定市场需求和特定资源之间的匹配;③创造一个自此之前相互分离的需求和资源间的匹配,并形成一个商业概念。即感知、发现和创造①。李安平创立振东加油站及其二次创业的实践,对上述理论进行了很好的诠释。

邓小平南方谈话以后,神州大地万物复苏,南方沿海城市率先发展,束缚已久的生产力像脱缰的野马趁着改革的春风在市场经济的草原上纵横驰骋。看到南方沿海城市取得了巨大的成绩,内陆城市纷纷奔赴学习。其中既有政府组织的考察团,也有希望摆脱贫穷、踏上致富之路的个人。

1990年前,跑长途的车辆必须在车厢内放几个油桶,一辆载重10吨的车,通常只能拉6吨货,其他的位置要让给装满柴油的油桶。这是因为,当时路边的加油站数量非常少,晚上更是没人值班,跑长途的司机师傅不得不自备柴油。1992年石油市场改革开放,党中央、国务院号召民间资本进入石油市场。许多民营企业积极响应号召,自筹资金投入到石油市场。在当时的宽松政策下,民营石油流通企业如雨后春笋般快速崛起,使全国石油市场迅速发展并形成规模。当时流行一句话叫"办个小站,日进万贯",可见加油站的利润何等可观。在广东等一些地方,一些"油老板"赚得更是轻松,一位广东的老板回忆道:"只要拿到了

---

① Ardichvili A, Cardozo R, Ray S. A Theory of Entrepreneurial Opportunity Identification and Development [J]. Journal of Business Venturing, 2003 (18): 105 – 123.

323

成品油的批发权，我们做'抄单'，就是将炼油厂的提货单倒手卖掉，每吨油就有近千元的利润"。

正是这一年，李安平与几位好朋友一起赴温州"游玩"，沿途看到很多私人加油站，这在地处内陆、消息相对闭塞的山西省是不可想象的，李安平敏锐地觉察到这是一个机会。他看到了一种"大势"，他觉得自己必须抓住这个"大势"。虽然李安平当时对加油站一窍不通，连汽油的型号都不知道，但是李安平不耻下问，每次加油李安平都会留意加油站的每个细节，都会非常谦虚地向工作人员询问开加油站的一些关键环节，尤其关注从哪里进油。就这样一路走、一路问，等回到长治，建加油站的想法也就在李安平的脑子里成型了。彼时，长晋二级路刚刚开通，滚滚车流更是坚定了李安平开加油站的决心。1993年10月1日，在未能向银行贷到一分钱的情况下，李安平经过多方努力自筹30万元资金，建立了长治地区的第一座个体加油站。李安平抓住这一重大商机，迅速成长，到1999年，振东拥有油库2座，加油站47座，销售额达到6.64亿元，一跃成为华北地区最大的民营石油经营企业。

随后的事实表明，李安平眼中的"大势"确实是大势。20世纪90年代中后期，一大批民间资金进入了石油市场。一度，全国拥有成品油批发资格的民营企业多达8500家，而民营的"社会加油站"也占到了全国的60%，每年民营油企给国家纳税高达1000亿元之多。

然而，好景不长，1999年，民营油企的"流金岁月"宣告结束。这一年，国务院办公厅转发原国家经贸委《关于清理整顿小

第六章 企业优秀的基因——振东企业家

炼油厂和规范原油成品油流通秩序的意见》（简称38号文）。该文件规定，国内各炼油厂生产的成品油，要全部交由中石油、中石化的批发企业经营，其他企业不得批发经营，各炼厂一律不得自销。这从根本上切断了民营油企的油源。"在1999年之前，我们拿到的批发价最高才2700元/吨，38号文出台之后，一下子涨到了3400元/吨，而且供油量不足，我们只能通过关系拿到一些油。后来我们就从油贩子手中进油，但是每吨要被油贩子扣去50元~300元不等的差价。"一位黑龙江民营加油站企业主如是说。在这样的经营环境下，很多民营加油站不得不被中石油与中石化收购、兼并或直接划转。李安平与其他民营加油站的企业主一样，再一次看到了民营油企的"大势"，不得已，于2000年将29个加油站、两座油库近亿元的资产转让给了中石化。手握一个亿的资金，如何再次创业，成为摆在李安平面前的一个大难题。山西是煤炭大省，因煤而富的企业家不在少数。2000年的李安平能投身煤炭行业吗？

在计划经济转向社会主义市场经济的过程中，山西煤炭行业面对煤炭需求不旺，库存加大，煤价下滑，货款拖欠加剧的严峻市场形势。1999年以来，省委、省政府提出"控制总量、优化布局、调整结构、提高效益、扩大出口"的煤炭工业发展战略并付诸实施，淘汰了一大批落后的生产能力，国有大型煤炭企业组建大集团快速推进。显然，此时的李安平如果投身煤炭行业，将不是一个明智的选择。

振东的二次创业已不像第一次创业那样误打误撞，而是更具科学性与系统性。振东公司管理层分为三个组，赴全国各地根据

"适合本地资源、本地人才"的原则考察项目,并走访了全国几十家科研机构,筛选适合的项目。在寻找二次创业机会的过程中,振东并非一帆风顺,其间也走过很多弯路,比如2002年5月,与深圳企业合资成立精诚铸业有限公司。正如前文所述,长治铁货久负盛名,曾广销全国乃至世界各地,因此成立铸造企业是匹配当地"资源"的一个很好选择,振东遂与南方某企业合作成立了一家铸造企业。百密一疏,振东虽然考虑了"物"的匹配,在人的匹配上却欠考虑。南方企业管理严格、工作强度大,而晋东南本地人却相对比较"懒散",很多人已习惯"三个月耕田,一个月过年,八个月坐闲"的悠闲生活,面对南方企业高强度的工作压力,很多员工都说"顶不住",最终,铸造企业不得已关停。

选择朝阳产业——制药业也是经过筛选与慎重考虑的。2000年全球中药销售收入是120亿美金。其中,80%的中药是日本生产制造的,10%是韩国的,而那时中国只占有3%的市场份额。中药是中国的国粹,是中国的传统产业,有很大的发展潜力。长治有着历史悠久的医药文化,据《太平寰宇记》记载:"百谷山与太行、王屋皆连,风洞泉谷,崖壑幽邃,最称佳境,昔神农尝百草得五谷于此,因名山建庙。"长治长子县鲍店镇的药材会兴起于明嘉靖年间,每年的九月十三至腊月二十三,100天内,四川、云南、西藏、青海、贵州、安徽、广州、福建、北京、天津、山西各地的药商蜂拥而至。全国各地的珍稀药材在会上应有尽有。清朝中叶,鲍店药材会极盛时期,全国24个省份都有药材在会上交易,每年仅官税一项就达万两白银。长治有着很多名贵的中

第六章 企业优秀的基因——振东企业家

药材：如以补中益气的特有药用价值闻名于世的党参，不仅全国销量很大，而且在亚洲各国也享有很高的声誉。长治有着很多知名药企：如康宝生物制品股份有限公司是国家卫生部批准的生物制品定点企业，是国家科委认定的全国重点高新技术企业。太行制药厂 2000 年左右的清开灵系列产品占据国内市场的 1/3，是该类产品国内最大的生产厂家。在多方论证后，李安平最终于 2001 年 8 月斥资 2000 万元，收购了濒临破产的金晶制药，拉开了从商贸流通转身进入制药高科技领域的帷幕。

2. 关系能力

企业家是成功地领导企业并带来优异经营效果的人。芸芸众生中，什么样的人得以成为企业家？石秀印（1998）认为，企业家之所以成为企业家，是因为其较他人有更好的先赋性社会关系，或者借助于各方面条件构建起了良好的获致性社会关系。他的社会关系接点的特殊性质保证了其经营的成功[1]。在中国的法律和市场机制相对不太完善的环境中，非正式制度（如声誉、关系、权威）能够在一定程度上缓解正式制度的缺陷，促进企业发展和经济增长（Allen, Qian and Qian, 2005）。

有关企业管理层的调查发现，成功的企业管理者花在与利益相关者打交道上的时间更多；一些企业家也坦承其 30%~50% 的时间用于处理与政府及其他利益相关者有关的事项，可见企业家社会资本对于企业的发展依然具有重要作用[2]。其作用具体体现

---

[1] 石秀印. 中国企业家成功的社会网络基础 [J]. 管理世界, 1998.
[2] 贺远琼, 田志龙, 陈昀. 企业高管社会资本与企业经济绩效关系的实证研究 [J]. 管理评论, 2007.

在以下几点。第一,获取信息。中国正处于转型期,存在着政府对信息控制极不透明的操作。中国企业家积累社会资本的动因之一在于弥补转型期的"制度空白"及信息缺乏的不足。第二,促进创新。企业间可以在此基础上促进知识的分享与合作,产生新的主意,从而促进企业创新。第三,识别机会、发现机遇。社会资本可以帮助企业获得所需的各种市场资源,如从网络伙伴那里得到有价值的市场信息,或者建立重要的联系等。

企业家的关系网络有很多种,不同学者对关系网络的分类不同。Granovertter(1985)依据网络节点联系的强弱将关系网络分为强关系与弱关系,并且指出弱联系(Weak Tie)往往连接着不同群体中的个体,所传递的信息具有较高的异质性,因此发挥着信息桥的作用。拥有较多弱关系的个体能够从网络中获得充分异质的信息。Birley(1985)根据网络联系对象将企业家社会关系网络分为正式网络(大学、政府、专业支持机构、资本来源)和非正式网络(朋友、家庭、同事、与相似的企业的非正式关系)两类。Westlund and Bolton(2003)根据对企业家的有效性将企业家的社会关系网络分为促进性的社会资本、约束性的社会资本以及不直接与企业家精神相联系的社会资本三类。杨鹏鹏(2005)依据企业家接触网络关系对象的性质将企业家社会网络分为四类:与政府的网络、与企业技术相关的网络、与金融部门的网络、市场社会网络[1]。周小虎(2002)将企业家的网络划分为:企业家与顾客、供应商、销售商等构成的市场型网络;与股东、

---

[1] 杨鹏鹏,万迪昉,王廷丽. 企业家社会资本及其与企业绩效的关系——研究综述与理论分析框架[J]. 当代经济科学,2005.

第六章 企业优秀的基因——振东企业家

员工、合作伙伴等构成的内组织网络；企业家个人的血缘网络、地缘网络、学缘网络组成的个人网络[①]。虽然企业家的网络类型有很多，但本篇将重点分析政府网络与专家型网络在李安平创业及经营企业中的重要作用。

（1）政府网络

党的十八届三中全会指出：经济体制改革是全面深化改革的重点，核心问题是处理好政府和市场的关系，使市场在资源配置中起决定性作用和更好地发挥政府作用。着力解决市场体系不完善、政府干预过多和监管不到位问题。事实上，改革开放以来，我国一直存在着一个既不同于计划体制，又不同于规范化市场的资源配置系统。中国的经济体制改革虽然进行了 30 多年，但国家仍然在很大程度上控制着企业生存与发展的一些重要社会资源和机会，不同层级的政府官员仍然有相当大的权力去审批项目和拨派资源，企业依然处于正式制度约束较弱的环境中。例如，在经营开发土地、业务项目、向银行借贷资金等方面的机会受到种种限制。在这种状况下，代表非正式制度约束且嵌入在人们之间的关系文化将扮演一个相当重要的角色。民营企业家通过政治关系资本形成的关系网络，采用非制度化的手段，来获得企业的发展资源和获利机会。中国经济转型期，民营企业家的社会关系资本是民营企业家对市场、政府法律失效的一种积极反应。

身处中国转型期的李安平，与其他企业家一样，在经营自己企业的同时，也不断积极地、创新地经营着自己的政府关系网

---

① 周小虎. 企业家社会资本及其对企业绩效的作用 [J]. 安徽师范大学学报（人文社会科学版），2002（01）：1-6.

络，以期为企业的发展争取更多的资源与机会。通过以下新闻报道，可见李安平在构建与维持政府关系网络方面的努力及成果。

2011年，时任山西省委书记袁纯清将长治市砖壁村选定为下乡驻村联系点，自称是砖壁村的第431位村民。第二次到砖壁村时，袁纯清带着山西省规划部门和旅游部门的负责人，负责"一村一山一沟"的总体规划，并提出重点发展"三大产业"，即立足砖壁村优势，发展特色农产品；以农家乐为主体发展餐饮住宿业；以展现八路军文化为主题发展文化产业。除了高层次的规划，袁纯清还带来了山西的三大集团：振东集团、潞宝集团和金岩集团，砖壁村迎来了一轮密集的投资。其中，振东集团投资了大棚和农业观光园等项目。2014年4月15日，袁纯清参加振东武乡绿色食品基地义务劳动，并就该扶贫项目基本情况进行沟通。振东集团李安平总裁向袁纯清详细汇报了项目运行情况以及在带动当地农民增收致富方面取得的效益。袁纯清书记对振东绿色食品基地工作给予充分肯定和赞扬，希望振东集团继续发挥扶贫带头作用，积极探索以工补农、以企帮村的新模式，与农民结成利益共同体，加速农业现代化，实现企农双赢。

通过当时大量的相关报道可知，李安平与一些国家级、省级、地方级的相关领导具有融洽的关系。当然，能够建立起这样融洽的关系，一个重要的原因是振东已经在区域内、业界具有了一定的知名度，在区域内是经济发展的重要组成部分，在业界是具有一定影响力的著名药企。如此，相关机构的领导才会纷至沓来。无论是参观访问，还是探讨政企合作，一定程度上都是因为振东的"强大"。

第六章 企业优秀的基因——振东企业家

而在振东集团呱呱坠地，尚在襁褓之时，李安平却无法像现在这样如鱼得水般地处理与政府的关系。而能够一路磕磕绊绊走过来，达到今天这样的局面，一方面得益于地方运营商环境的一步步改善，更主要的还在于李安平能够正视并且巧妙化解了遇到的种种难题。在那个年代，对李安平的"关系能力"也是一种淬炼。

（2）专家型网络

李安平二次创业进军医药行业时，医药知识非常匮乏。企业家虽然不需要一定是一位技术专家，但他一定需要懂技术的专家，尤其是知识含量异常丰富的医药行业。为此，李安平积极组建专家网络，咨询专家意见，借智慧发展，并逐渐使专家网络发展成为集科研、经营、营销等人员组成的针对公司科技开发、战略发展、营销策略的专家顾问团。

科技开发方面，李安平礼贤下士，积极努力与医药行业翘楚建立联系，为振东集团引进"外脑"。2004年1月，李安平在多方努力与沟通的情况下，联合中国工程院院士、中国中医科学院名誉院长王永炎，中国工程院院士、天津中医药大学校长张伯礼，中国工程院院士、国家药品（抗肿瘤）临床研究中心主任孙燕，以及多名国家药学专家学者团队组建了"振东北京药物研究院"，制定了"创新、抢仿、弱仿"相结合的研发道路。该研究院与中国中医科学院联合进行科研，致力于打造中国抗肿瘤药物技术创新平台和中国苦参研究中心，形成了集产学研于一体，着力攻克产业核心关键技术的长效合作机制，实现了高端人才与项目建设的有效对接，为振东制药发展注入强劲动力。

战略发展方面，李安平虚心听取本领域专家意见，以求越做越大的振东集团不至于偏离航线。如2012年5月，振东制药在长治召开了抗肿瘤新药研发战略研讨会，三院院士刘新垣、中医科学院资深教授叶祖光、美籍博士李文保等十余位在抗肿瘤治疗及新药研发领域有突出成就的专家参加了会议。这些重量级的专家对目前全球抗肿瘤新药的研发形势和应用前景进行了深刻的探讨和论证。为振东制药抗肿瘤新药研发拓宽了思路，明确了方向。使振东制药在科技创新上目标准确地加大投入，为提前实现百亿、做强振东制药品牌奠定了基础。

上面仅仅是李安平在建立各种网络关系方面的部分案例，但从这些案例方面也可以看出，李安平有着较强的网络关系建立能力，能够与各方影响振东发展的专业人士建立良好密切的关系。那么，李安平为什么能建立这样庞大的社会关系网络呢？为什么其他人就愿意与其建立"关系"呢？这可以从两方面来说：一是寻找识别出对企业发展有利的人；二是与他们建立良好的合作关系。关于前者，在采访振东的过程中，公司高管普遍认为李安平"识人"能力非常强，他只要简单的交谈就能辨别出这个人是否有"本事"，是否对公司有用。这一能力有天赋的成分，也是多年经营企业历练的结果。至于如何建立良好合作关系，李安平是这样总结自己的交友经验的："人品好、有能力，这样就能交到朋友，就能学到东西。"李安平有着良好的个人品质：诚信、简单。因为诚信，别人才敢于、才愿意与他交往，合作起来能避免心存芥蒂。如果相互猜忌，合作显然无法顺畅开展，也将无法持久。向朋友举债30万元、与洛阳石化国有公司合作、与院士级别的专家建立合作关系等案例中，无不体现着李安平诚信简单的性格。当然，仅凭诚信是不够的，既然建立关系是为了合作，那么合作双方必然应该是匹配的。因为李安平的朋友相信他有这个能力建好以及经营好加油站，并从中盈利，所以李安平才能筹集到30万元的启动资金；因为洛阳石化看到了振东集团销售网络的实力，才会与李安平合作；因为院士级别的专家看到了振东集团抗肿瘤药物的效果以及市场前景，才会与李安平合作。因此，合作是强强联合，只有自身过硬，别人才会重视你，才会愿意与你合作，如果自身能力不强，那么花再多的时间、再多的精力在公关以及应酬上，都将是事倍功半。

3. 战略管理能力

战略层面的缺失，为很多企业决策失误埋下伏笔。没有战略层面的累积，一个企业很难走得长远，现在在市场上所取得的成绩，都将只是暂时的机会主义胜利。然而，机会永远是公平的，机会窗不会永远为你一家企业敞开。因此，要获得持续增长与发展，企业就必须在战略层面下功夫。

企业家的战略管理能力是指根据市场环境与企业内部条件的变化，确定经营目标、经营边界，并及时地做出战略反应的综合能力。企业所面临的市场总是处于不断变化之中，有时甚至是革命性的变化。正如德鲁克所说："明天总会到来，又总会与今天不同，如果不着眼于未来，最强有力的公司也会遇到麻烦。"如何在变革之前就未雨绸缪、在变革中把握方向是企业家需认真考虑的问题。决策不正确，轻则给企业造成较大损失，重则有可能给企业带来灭顶之灾。因此，一个优秀的企业家，必定是一个有着很强战略管理能力的人。在振东高管层的眼里，李安平就是这样一位富有战略管理能力的人，"他是很有战略思维的人，有事业心，有抱负，想得比较多、比较远，很有悟性，执行力特别强"。振东加油站成立之日，李安平的战略管理能力就初露端倪。当天，他就将四位创业元老聚到一起开会，给他们看自己做的五年规划图，包括固定资产、销售收入、上缴税收、员工工资待遇、员工人数的五年规划目标，在场的四位创业元老都善意地嘲笑李安平："弄个加油站就加油吧，还弄个五年计划。"而没过几年，李安平的创业团队就意识到，李安平的思维太超前，视野太深远，他总是远远地走在大家的前头。

振东集团发展史上的多次关键变革，也证明了李安平高超的战略管理能力，尤其是从经营加油站转型到制药行业的重要变革，更是凸显了李安平力挽狂澜的战略管理能力。

1992年石油市场改革开放，党中央、国务院号召民间资本进入石油市场。许多民营企业积极响应号召，自筹资金投入到石油市场。在当时的宽松政策下，民营石油流通企业如雨后春笋般快速崛起，1998年迅速达到3340家。但好景不长，1998年中石油、中石化在国务院主导下完成企业重组，成为国内最大的石油公司。凭借系列政策，中石化、中石油两大集团不但获得了从原油勘探开采、石油炼制到成品油存储、批发、零售各个环节的垄断性地位，而且获得了在全球市场调整和波动时得以主导国内市场的关键性优势，民营石油流通企业面临巨大挑战。对此，一些企业经过深思熟虑，转产其他行业，也有一些企业继续坚持于加油站，期待能有转机。李安平当时也面临着这样的抉择，毕竟当时

第六章　企业优秀的基因——振东企业家

振东做得已经风生水起，到1999年，振东拥有油库2座，加油站47座，销售额达到6.64亿元，成为华北地区最大的民营石油经营企业。更难能可贵的是，李安平对于如何经营加油站已有非常成熟的管理理论与实践，假以时日，李安平将振东做成全国最大的民营石油经营企业也不是没有可能。但面对环境的巨大变化，李安平高瞻远瞩，清醒地认识到不能再"纠缠"于石油行业，应抓住此次"危"所带来的"机"，即刻转型，开始振东的二次创业，做到不在乎一城一池的得失，力求舍小得大，实现振东的再次腾飞。2000年，李安平和公司其他领导几经斟酌、多方研讨，毅然决定资产重组，果断将振东集团的29个加油站、两座油库出价1亿元转卖给了中石化。

这一战略决策是否正确？时间给出了检验结果。截至2006年年底，中国93879座加油站中，中石化与中石油两大国有公司所属加油站47008座，占50.1%；其他国有、民营、外资加油站共计46871座，占49.9%，其中民营加油站近45000座，虽是仅次于国有加油站的第二大主体，但相比1998年的80%，民营加油站的占比已有大幅缩减。同时，民营加油站的日子也不好过，2004年全国出现了石油短缺，个别地区还出现了"油荒"，民营企业更是无油可卖。而后随着国际油价的大幅攀升，国内的成品油批发和零售价出现倒挂，成品油销售开始亏损。盈利水平低和油源短缺成为民营加油站生存艰难的两大原因，为此中国商业联合会石油流通委员会于2007年代表会员单位三次上书国家相关职能部门，要求国家为解决民营加油站运营问题应制订计划，保证民营加油站的成品油供给。但结果并不理想，截至2008年年初,全国民营批发企业还剩663家,其中倒闭和关门歇业的占了三分之二。而4.5万座民营加油站也有五分之二濒临死亡的边缘。

与之形成鲜明对比的是,成功转型制药行业的振东集团在经过二次创业的阵痛后,经营绩效蒸蒸日上,光复方苦参注射液一个产品,2005年收入就达2.5亿元,2010年达到4.6亿元。振东集团的元老们每当回想起这次惊心动魄的转型时,无不钦佩李安平当时的决断。如果没有李安平当时的战略决策,也就不会有今天豪气十足的振东集团。

到2017年,虽然振东进入制药领域仅有14载,时间还非常短,但李安平却早已将视野投向了国际化,他认为"中药国际化之路是振东人的使命,振东肩负着振兴中国传统医药的责任和使命",这是何等的雄心与胸怀!

一直以来,我国都在努力促进中医药国际化发展,召开中医药国际化论坛,在国外建立中医院,互换人才交流等,但中医药的国际化道路却荆棘丛生。在美国、加拿大、澳大利亚、德国等国家,虽然有中医诊所,但以针灸、推拿、按摩理疗等为主,并且接受者大部分为华裔人群,西方人较少,中成药只能作为膳食补充剂进入美国。日韩、东南亚等国家都会从我国进口相关药材,但与本土医药产业相比,占比不大。在FDA注册的中药,进展周期长,费用高,至今中药没有一个以药品的身份被认可。望闻问切、辨证施治等中国传统的诊疗方法未被接受,中成药没有以药品的身份被主流国家认可。

纵然中医药国际化道路举步维艰,但并非无路可走,在李安平的带领下，振东制药逐渐摸索出一条"中药国际化需科研先行"的道路，即让西方的医药科学家去研究、理解、认同、接受、喜欢中医药。通过企业合作国际项目、医疗专家互相合作、共同进行人才交流培养、科研机构相关合作等方式，把中医理念逐步宣传出国门。2012年5月，振东制药与澳大利亚阿德莱德大学联合建立"振东中—澳分子中医学研究中心"，开展复方苦参注射液诱导肿瘤细胞凋亡的药理机制研究，取得了一批重要研究成果。如2016年9月22日在厦门召开的CSCO会议上，澳大利亚阿德莱德大学David教授和中国中医科学院广安门医院林洪生教授在主题演讲中共同分享了中药注射液抗癌机制的最新研究成果，这是中药注射液在肿瘤治疗领域的重大突破，这项成果刊登在国际肿瘤研究领域的著名学术期刊《肿瘤标靶》上，诺贝尔医学奖得主Harald zur Hausen在看到这个伟大的研究成果后，也发表声明称中医在治愈癌症上会有显著的效果。此外，振东制药还与美国国家癌症研究中心（NCI）合作开展复方苦参注射液抗癌、镇痛作用机制研究；与中国中医科学院、美国国立卫生研究院（NIH）等多个国家机构联合成立国际中医药治疗肿瘤联盟等。中国中医科学院院长张伯礼院士对振东为中医药国际化之路所做的贡献给予了高度评价："为我国传统医药的国际化搭建了一个平台，为中医药企业走向国际化提供了成功的范例。"相信在不久的将来，中医药国际化会离我们越来越近。

李安平为什么具有较强的战略管理能力呢？除了具有丰富的创业经历、较强的学习能力外，更重要的是其拥有丰富的社会资本以及果断的决策能力。战略决策过程是一个包含多种活动的、动态的、循环的和复杂的过程，通常包括机会或问题识别、信息收集、信息整理、信息分析、备择方案获取、评价和选择等活动。信息收集活动几乎贯穿决策过程的始终，尤其某些关键和必需的战略性环境信息必须得到确认，这类信息通常涉及决策的前提和方向，错误的信息会导致整个决策失败。当决策所必需的战略性信息欠缺时，企业家会尽力去收集其所欠缺的信息，而社会资本可以加快此类信息的收集。同时，拥有较高社会资本的企业家更有可能获取更好的信息、建议甚至资源支持，促使企业家对自己的想法进行更好的判断、确认或修改，更好地建立决策的信心和做出抉择。李安平在做决策的时候，事前总会做很长时间的调研，无论是政府官员、专家学者、抑或是像牛根生及史玉柱这样的知心老友，都是其咨询的对象。他对自己的"决策拖拉"有很高的容忍度，但正是这样的"决策拖拉"，让他掌握了丰富的有价值的信息，为其科学决策奠定了基础。当然，为了不让机会稍纵即逝，李安平对下属的"决策执行"几乎是零容忍，振东的企业文化有一条是：决心+速度=成功。

4. 学习能力

当前，是一个变革的时代，企业所面临的市场环境竞争日趋激烈。企业唯有积极学习，时时用心，事事求知，不断创新，引领或紧跟时代潮流，才会在竞争中生存下来。如果墨守成规，不思进取，则很快就会被市场所淘汰。优秀的企业只有成长，没有成功。优秀的企业只会将成功当作序曲而非结果，只会将成功当作成长的基石而非炫耀的资本。企业的学习，不是某个人的事情，也不仅仅是研发部门的事情，它是整个企业的事情。它需要

第六章 企业优秀的基因——振东企业家

企业是一个学习型的组织，是一个不断更新的和共享的知识系统，具有学习知识与创新知识的功能。火车跑得快，全靠车头带，企业家是否热爱学习、会学习，直接影响着组织的学习能力。李安平有一个观点："企业家的学习能力必须超越企业发展的步伐。只有通过不断的学习，企业的发展才不会有错误，负责人的知识和能力才会随着企业的发展不断上升提高；负责人不爱学习，因循守旧，企业就会存在很大的危机。"

企业家不仅要热爱学习，更要会学习，要善于利用各种途径进行学习。调查表明，中国企业家获得管理知识的途径按人数比例依次为：亲身实践（69.9%）、总结反思（47.1%）、与人交流（30.2%）、参加培训（25.5%）[1]。即企业家的学习途径主要包括：经验学习、教育培训和通过社会关系网络的学习。

经验学习是大部分企业家的主要学习途径，国外的调查表明，95%的企业家认为个人发展主要得益于经验学习[2]。经验学习可使企业家更有效地搜索、评价和利用外部信息，发现新机会[3]，加深对组织、财务管理等与企业发展相关因素的理解，增

---

[1] 中国企业家调查系统. 经济快速增长中的民营企业：现状、问题及期望——2005·千户民营企业问卷调查报告 [A]. 企业家学习、组织与企业创新 [C]. 北京：机械工业出版社，2006.

[2] R Sullivan. Entrepreneurial Learning and Mentoring [J]. International Journal of Entrepreneurial Behavior & Research, 2000, 6 (3): 160 – 175.

[3] S A Zahara, G George. Absorptive Capacity: a Review, Reconceptualization, and Extension [J]. Academy of Management Review, 2002, 27 (2): 185 – 192.

强运营管理能力①。李安平创立振东加油站之前,于1981年11月至1986年5月间在长治县商业局工作,1986年5月至1993年9月间任东和乡综合厂副厂长、厂长。5年的从政经历以及7年的企业管理经历,让李安平积累了一定的管理经验,结识了各个领域的各类人才,搭建了丰富的信息渠道,为日后李安平创立振东加油站奠定了基础。而经营振东加油站的9年是李安平大展身手的日子,他大胆尝试、积极创新,在企业管理的管理模式、文化建设等方面都有很多创新性的举措,一举成为华北地区最大的民营石油经营企业。很多企业纷纷到振东参观学习,无不为振东精细化的管理以及独特的企业文化所折服,李安平甚至被中石化请去做管理经验介绍。每个企业家都有经历,但如何将经历转变为对企业发展有用的经验,则需要企业家反思、总结、提升。李安平就是这样一个善于反思、善于总结的人。他不怕出错,倡导"干中错,错中学,学中干";他每项工作结束后,都要做工作总结,突出差距,淡化成绩。他认为"差距是前进的潜力,只有找出差距、承认失误,才能不断完善、不断进步"。李安平在公司发展突飞猛进时,有意地进二停一,保持"稳中求快、快中求稳"的发展态势。因为公司发展越快,管理中的很多问题就越容易被掩盖。放慢发展速度,冷静总结,才不会被假象所迷惑,问题也才不会被掩盖。

企业管理知识大部分具有可描述性,可以通过教育培训的方

---

① D A Shepherd, E Douglas. New Venture Survival: Ignorance, External Shocks, and Risk Reduction Strategies [J]. Journal of Business Venturing, 2000, 15 (5): 393-410.

第六章　企业优秀的基因——振东企业家

式获得①。通过教育培训可以获得很强的结构性知识，从而对管理产生系统性的支持作用，使企业家决策更加科学化②。虽然很多知识可以通过经验学习而获得，但无论是时间成本，还是试错成本，往往都比较大，而且缺乏系统性，因此，教育培训是必须的。张维迎教授在北京大学国家发展研究院的 EMBA 开学典礼上曾说："我必须坦率地承认，学校能教给你们的主要是硬知识，是可以形式化的知识，而不是决定企业家命运的软知识。但硬知识也非常重要，没有一个企业能只靠那5%的软知识活着，5%发挥得怎么样，还要看那95%的基础好不好。这有两个原因，第一个原因是，企业家也得承担一些管理职能。现实中没有一个企业家只履行纯企业家职能，尽管许多管理职能可以代理出去，但还是有一些管理职能需要企业家自己承担，何况寻找到合适的代理人并监督他们的行为也需要一些企业家素质。第二个原因是，知识在水涨船高，一些软知识随着时间推移慢慢变成硬知识，原来只可意会不可言传的东西后来可以模型化，人人都能很快学会。有这些知识，你不一定成功，但没这些知识，你将很难成功。特别是在今天这个知识经济的时代，如果别人有的知识你都没有，你不可能成为真正成功的企业家。并且，硬知识积累多了，如果能融会贯通，也有助于提高你的软知识，使你的企业家能力提

---

① S A Shane. General Theory of Entrepreneurship: the Individual – opportunity Nexus (New Horizons in Entrepreneurship series) [M]. Edward Elgar Publishing, 2003.
② 哈格斯, 吉纳特. 领导学——在经验积累中提升领导力 [M]. 北京: 清华大学出版社, 2004.

高。"李安平深知企业管理需要的不仅仅是个人魅力，而且需要一整套专业翔实且具有国际战略发展眼光的管理理念与知识。2003年他选择了北大的EMBA进行深度研修，系统地学习企业管理知识。

三人行必有我师，通过社会关系网络学习，是企业家学习的重要途径。李安平有着丰富的社会关系网络，加之他虚心好学，领悟能力强，所以在常年的企业经营过程中，不仅结识了大量社会精英，而且自身的经营管理能力也得到了不断提升，品格境界也得到了升华。

在与政府工作人员的交往中，李安平熟悉了国家宏观经济环境，地方发展政策，这是科学制定企业发展战略的重要基础。而且，在政府的带领下，李安平也有了更多走出去学习的机会。如2013年3月21日至22日，长治市委统战部组织长治市部分民营企业家奔赴杭州，深入世界500强企业吉利控股集团和中控科技集团参观学习。短短一天的学习考察，让"新潞商"近距离、多角度地感受到了浙商的魅力，接受了大量新视点、新思路，浙商强企过程中解放思想、人才创新和融资上市等经验引起了"新潞商"的关注，激发起"新潞商"们强企圆梦的豪情壮志。李安平感触地说道："现在我们有自己的中国梦，要想圆梦，就必须站在一个最高端的平台上，向世界高端企业看齐，这样才能把企业做得更好，才能带动家乡经济跨越发展。"[1]

在与其他企业家的交往中，李安平学到了很多企业经营之

---

[1] 郭思嘉，陈潇光."潞商"南行取经记［N］，长治日报，2013.

第六章 企业优秀的基因——振东企业家

道，其中多数东西都是自己独自苦思冥想永远也无法悟透的。如他在北大 EMBA 学习时，结交了很多诸如牛根生之类的叱咤商海的领军人物，这些人背后都有着自己的成功之道，有时可能正好是李安平自己的短板。为此，李安平不耻下问，经常向他们请教企业管理的知识与技能，在李安平眼里，他们既是同学，也是老师，当然更是朋友。每年，李安平都会抽出一段时间去牛根生、史玉柱等老朋友那里彻夜长谈，去他们那里充电。

在与专家学者的交往中，李安平更是学到了很多制药行业的专业知识，为从更宏观的角度审视振东的发展奠定了基础。如向三院院士刘新垣、中医科学院资深教授叶祖光等虚心学习请教，让李安平认清了目前全球抗肿瘤新药的研发形势和应用前景，为振东制药抗肿瘤新药研发拓宽了思路，明确了方向。

李安平在自身知识水平、经营能力不断提升的同时，也非常注重员工素质的提高。他认为：企业竞争越来越表现为员工素质的竞争，从某种意义上说，能否拥有一支数量充足、结构合理、素质优良的员工队伍，将成为企业生存与发展的最终决定因素。为此，企业家应建设一个学习型组织，促进企业知识的共享、运用与创新。

振东集团坐落于山西长治市，当地流传着这样一句顺口溜：潞宝炼焦、常平炼铁、振东炼人[①]。即振东是锻炼人、出人才的地方。李安平说："其实我更愿意把公司当商学院，这样的话就把培训和工作联系在一起，培训时学理论，工作时在实操，大概

---

① 潞宝、常平、振东是当地的三大民营企业。

就做到了陶行知先生所提倡的'知行合一'。我就是院长，管理层是老师，员工是学生。根据职能分工，划分出不同的系（如行政系、财务系、营销系等），并分设教研室、成立课题小组，就技术瓶颈、业务难题研究、讨论。"在振东，最具特色的要算员工们对李安平的称呼，不是老板、不是董事长，而是"李院长"。李安平要求全员每日都要认真填写工作日志，详细记录当天工作及落实情况，并撰写感想及体会。从而使员工做到"每日有目标、每周有主题、每月有总结、每季有成果、每年都成功"。此外，每周三为振东全员学习日。采用看光碟、互动交流、轮讲轮训的形式，通过讨论、考试，强化学习效果，提高员工的操作技能和业务水平，增强员工学习的主动性。每月第一个周六是公司的"经营管理和培训月会"。通过专家讲座、观看光碟等形式，对全体管理人员进行"观念、社会、技能"等方面的培训。同时对本月工作进行详细总结，对下月工作做出全面安排部署，是管理人员重要的学习平台。每月第三个周日，是振东的"经理论坛日"，论坛中大家畅所欲言，相互分享管理经验，讨论并解决当前管理中的热点问题。每季度公司还组织管理人员"走出去"与兄弟单位沟通交流、学习取经，定期选派管理人员到著名院校学习深造。此外，与知名院校联合举办 MBA 培训班，并邀请同行前来指导，互勉共进。总之，李安平为打造高效的学习型组织真是煞费苦心，想出了很多有新意的点子，制定了很多行之有效的制度。在他看来，"为工作进步，为进步学习，是人生真谛。要把学习当作工作，把工作当作学习，才能得到工作的收获，享受学习的愉悦，拥有生活的幸福"。在他的带领下，企业员工整体素质得到大幅提高，企业的凝聚力也得到大幅提升。

5. 创新能力

历史从来没有像今天这样捉摸不定，多变性、不确定性、复杂性以及含糊性已经成为这个时代的代名词，唯有不断创新，才能立足于这个时代，"我变故我痛，我痛故我在"。

经济发展的根本动力来源于创新，而企业家的职能就是创新，对生产要素进行新的组合①。一个不能向世界奉献创新成就和管理思想的企业，是永远无法成为具有世界影响力的优秀企业的，更谈不上从优秀走向卓越。同样，一个缺乏思维远见、没有创新意识、局限于思维幽闭的企业家，也是永远无法把企业从中小企业一步步带向优秀乃至卓越企业的，创新能力可谓是企业家的生命线。企业家通过革新可以获取后来者无法获取的垄断利润，直到竞争者模仿其新产品或发现替代品时才会消失。李安平是一个富有创新思想的人，特别喜欢"琢磨"问题。他觉得管理就是面对形形色色的问题，创造性地找到解决问题的最好方法。1993年，那个时候的上党老区观念还比较落后，很少有人发名片，觉得发名片是一件很害羞的事情。但李安平为了推广自己的加油站，向每位过往的司机发放振东名片，上面印有振东理念："一握振东手，永远是朋友"。这是一个大胆的创新举措，从未有人这样做，甚至可能没有人想过，但李安平做到了，而且起到了很好的企业宣传效果。一下子，其他加油站都效仿振东，也开始印自己企业的名片，并印上"一握××手，永远是朋友"。之后

---

① 熊彼特. 经济发展理论［M］. 北京：商务印书馆，1990.

优秀企业的逻辑

振东开始做塑封的广告牌"振东祝您一路平安",插在汽车的挡风玻璃前面。其他公司的加油站又仿效振东:××祝您一路平安。由于很多加油站都在发,所以司机比较烦,有时就把广告牌随手扔掉了。李安平发现后,就开始琢磨如何能让司机把印有振东的广告牌留下呢?经过苦思冥想,李安平想到了在广告牌上印上到全国各地的里程表,司机只要一看这个里程表,就知道离目的地还有多远。一段时间内,司机扔振东的广告牌少了,但时间久了,加上同行的模仿,又有司机开始扔振东的广告牌。依然是苦思冥想,最后,李安平琢磨出一个好办法,在广告牌上又加入了一个佛像,寓意佛祖保佑您一路平安。佛在中国人的心中是很神圣的,没有人敢把佛像随便扔掉,所以司机也就不会再扔振东的广告牌了。诸如此类的宣传创新之举不胜枚举,就这样,李安平与司机较上了劲,让更多的司机在较短的时间内认识了振东,知道了振东加油站。振东一直在引领全国加油站的营销创新,虽然一直被模仿,但从未被超越。

李安平不仅有灵光一现式的创新点子,更能系统性地构建企业的创新体系,促使企业管理的各模块协同创新,实现企业快速稳健地发展。在李安平的带领下,振东集团着力于科技创新、文化创新及管理创新。其成果得到了业界的普遍认可,很多政府领导、企业家、专家学者都纷纷来振东参观学习,为振东集团所取得的成绩所折服。

科技创新,一直以来都为振东的发展提供着强劲的内动力,因此也是振东最为重视的一个方面。相对于立马出成效的项目,李安平更愿意企业的研发从最简单、最基础的研究项目做起。

第六章 企业优秀的基因——振东企业家

"创新也要基础的积累。现在很多企业急功近利，不注重基础研究。在与科研机构合作中，振东大部分项目研发是在其他企业不愿意介入的时候介入的。通过参与基础研究，不仅花费小，同时可以提高企业自身的科研水平"。振东一是联合开发：与中国药科大学、山西省中医药研究院、中药复方研究国家工程中心等单位联合，承担国家"十一五"重大科技专项"超5亿元岩舒大品种技术改造"。二是组建研发联盟，与中国医学科学院药用植物研究所、天津中医药大学等机构共同承担了国家科技支撑计划项目"道地药材苦参规范化种植基地优化升级及系列产品研究开发项目"。三是组建研发平台，与山西省中医中药研究所联合组建"振东中药现代化研究中心"技术平台，开展注射用乌骨藤冻干粉等中药新药的研制工作；与军事医学科学院毒物药物研究所共同研究建立了创新制剂—缓控释制剂开发技术平台；与国际合作伙伴建立合作点，如在澳大利亚阿德莱德大学联合建立的振东中—澳分子医药研究中心；与美国 AG Research Co. LTD 进行脂质体制剂平台的研究开发。四是建立研发网络：2011年振东在国内医药界独创研发网络建设工作，目前，已经建立起了"振东—山西中医学院—山西大学—山西医科大学"晋药研究网络，在此基础上还与中国药科大学、沈阳药科大学、上海医工院、上海第二军医大学以及北京大学药学院、天津药物研究所等科研院所建立了合作关系。长期的合作与投入产生了丰厚的回报。2013年，振东集团共申报新药6个，取得新药生产批件2个，临床批件1个，专利申请60项，新授权专利45项。同时，公司还承担了多项国家重大专项科技项目。其中"黄芪总皂苷临床研究及产业化"项目、"解郁安神颗粒"项目获得了科技部十二·五重大专项支持,"健骨颗粒"项目获得了北京市"十病十药"项目支持,这对全国中药注射剂安全性评价起到了积极的引领作用。

　　文化创新方面,更是李安平所津津乐道的。李安平特别喜欢研究晋商,他所研读的关于晋商的著作不下二十部。在晋商传统文化基础上,结合企业的实践,振东提出了"名以清修,利以义制,绩以勤勉,汇通天下"的经营理念,形成了"阳光、诚信、亲和、简单、责任"五大体系为核心的特色文化,成为凝聚全体员工思想形成公司上下合力的有力武器,成为撑起振东辉煌大业的擎天巨臂。

　　很多企业家因企业管理混乱而焦头烂额、夜不能寐,但李安平却对企业管理游刃有余,如鱼得水,他觉得"管理是一件很好玩的事情"。在他的带领下,振东逐渐构建了一整套自己的管理体系,保证了每个人进入岗位后都能很快适应工作,也使每个员工在做事思路和方法上有大幅度的提升。李安平自信地说:"在振东工作过的人,即使到了大企业、大城市,工作能力、素质也毫不逊色。"振东管理体系中的"个人工作程序化、岗位管理流程化"两大管理工程还被列入北大管理学院案例库。振东的管理创新总结起来主要有以下几大方面。一是用总结模式指导工作。1996年开始,振东根据企业状况,每年设立一个主题,围绕主题开展工作,步步总结,年底即成模式。目前已创建出独有特色的梳理、差距、教练、理管、互动、向下等管理模式。二是依"七化八控"完善管理。"七化"即"净化思想,纯洁灵魂,全员素质全面提升;感化人才,真情融合,和谐共勉共谋发展;优化文化，创新观念，意识行为更加规范；深化管理，解放身心，效能得到进一步提高；细化成本，人人参与，市场竞争力得到增强；量化责任，清晰职责，兄弟姐妹共同担责；硬化考核，薪酬挂钩，激发全员创造潜力"。"八控"为"从科技开发中控时间，从人资评估中控失误，从原料采购中控价格，从生产环节中控损耗，从产品检验中控质量，从管理细节中控浪费，从市场销售中控费用，从财务预算中控成本"。

纵观李安平的所有创新，可谓"五花八门"，但仔细推敲，却也有其核心的"窍门"。李安平面临变化时，不是被动接受，而是利用变化，将变化为己所用。在此过程中，固然考虑了盈利，但根本地是为客户创造价值，进而为社会创造价值。心系顾客与社会为有品者，而唯有有品者才能制造出有品质的产品，才能为顾客与社会所接受与认可。创新是永恒的，不变的是为顾客创造价值，这是企业家创新的初心，唯有不忘初心，方得始终，方能引领企业在今天这样一个充满多变性、不确定性、复杂性以及含糊性的时代中勇立潮头，成为时代的弄潮儿。

四、结语

泱泱历史长河，煌煌中华晋商，驰骋中国商界五百年，谱写了一段段商业传奇，涌现出了一批批商业精英。时代变迁，晋商逐渐衰落，湮没于历史的长河中，但古老的晋商精神与可贵的晋商品质却沉淀于三晋大地，哺育着一代又一代的山西人。改革开放唤醒了沉睡于太行山厚重土壤下的商业种子，新一代晋商秉承

优秀企业的逻辑

晋商文化精髓，发扬晋商精神，传承创新，培育和打造了一批"闻名三晋，驰名全国，享誉世界"的好企业、好品牌、好产品。探索其发展之路、总结其成功经验、挖掘其成功根源，对于弘扬晋商精神、传承晋商文化、铸造新晋商品牌意义可谓重大。

作为新晋商典范的李安平，艰苦创业，奋勇拼搏，锻造了驰名全国的振东集团，他就是振东集团优秀的基因。分析李安平，可知其成功的个性特征有：艰苦奋斗、诚信经营、关注细节、具有社会责任感；其成功的个人能力有：机会发现能力、关系能力、战略管理能力、学习能力、创新能力。但这些个人特质与能力并不是相互割裂，而是相互关联的，如图6-5所示。

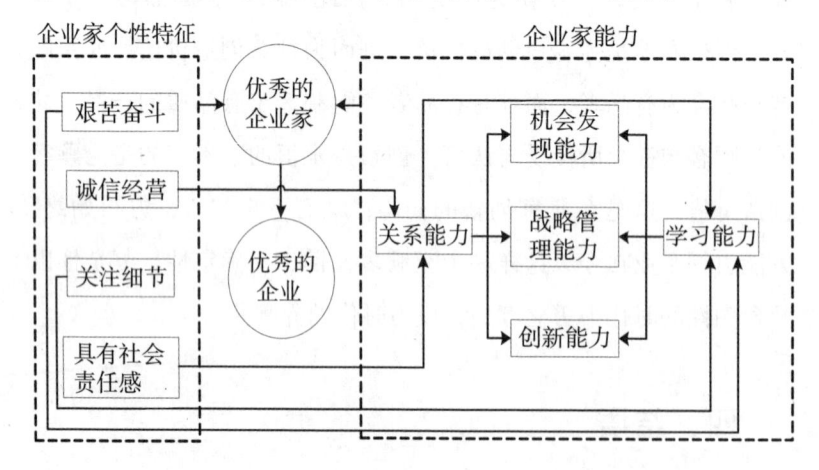

图6-5 企业家个性特征、企业家能力关系

由图6-5可知，优秀企业家是优秀企业的基因，而拥有优良的企业家个性特征以及良好的企业家能力是成为优秀企业家的根本。在企业家能力中，关系能力是所需要的最基本的能力，它会直接影响企业家的机会发现能力、战略管理能力以及创新能

力，但在这一影响过程中，还有一个重要的中间影响因素，即学习能力。如果学习能力很强，则企业家能更好地吸收利用关系网络中的资源，从而发现有利机会、制定正确战略以及实现企业创新。同时，学习能力也受到关系能力的影响，即关系网络越丰富，企业家学习的机会及知识也就越丰富，学习能力也就会不断增强。

由上述分析可知，企业家能力有两个基础性的要素：关系能力与学习能力。这两个基础性的能力与企业家个性特征有一定的关系。诚信经营与具有社会责任感对于企业家构建关系网络具有重要作用；艰苦奋斗意味着"干中错，错中学，学中干"，显然对于提升企业家的学习是大有裨益的；而关注细节是学习的基本要求，在梳理管理的各个细微环节，寻找解决办法的同时，也是学习能力提升的过程。

总之，优秀企业家是优秀企业的基因，而要成为优秀企业家，则需要有优良的企业家个性与良好的企业家能力，且个性与能力是一个复杂的系统，相互之间存在着复杂的相互影响关系，但总体来讲，企业家特质影响着企业家能力。因此，要想成为优秀的企业家，首先要做一个品德高尚的人。

参考文献

[1] 吉姆·柯思林，杰里·波勒斯. 基业长青[M]. 真如，译. 北京：中信出版社，2002.

[2] 陈立云，金国华. 跟我们做流程管理[M]. 北京：北京大学出版社，2010.

[3] 彼得·德鲁克. 德鲁克管理思想精要[M]. 李维安，等译. 北京：机械工业出版社，2009.

[4] 李伟阳，肖红军，郑若娟. 企业社会责任经典文献导读[M]. 北京：经济管理出版社，2011.

[5] 魏尔汉. 企业家的经济作用和社会责任[M]. 雷立柏，等译. 上海：华东师范大学出版社，2011.

[6] 郭士纳. 谁说大象不能跳舞[M]. 张秀琴，音正权，译. 北京：中信出版社，2003.

[7] 杨宗华. 责任胜于能力[M]. 北京：石油工业出版社，2009.

[8] 张志勇. 中国往事30年：揭幕民营经济的中国式进程[M]. 北京：经济日报出版社，2009.

［9］王俭平．当代山西产业发展研究［M］．北京：中国经济出版社，2007．

［10］冯振堂．凝望太行：一个记者笔下的长治十年［M］．太原：山西人民出版社，2009．

［11］王丹．中国石油产业发展路径：寡占竞争与规制［M］．北京：中国社会科学出版社，2007．

［12］施建勇．中药产业经济与发展［M］．上海：上海科学技术出版社，2002．

［13］张俊祥．我国健康产业发展面临态势和需求分析［J］．中国科技论坛，2011．

［14］孙早，刘庆岩．市场环境、企业家能力与企业的绩效表现——转型期中国民营企业绩效表现影响因素的实证研究［J］．南开经济研究，2006．

［15］吕日周．长治，一个市委书记的自述［M］．北京：工人出版社，2003．

［16］夏立军，郭建展，陆铭．企业家的"政由己出"——民营IPO公司创始人管理、市场环境与公司业绩［J］．管理世界，2012．

［17］金杨华．"浙商"从个人偏好到组织公正的转型［J］．浙江社会科学，2007．

［18］吕福新．再创浙商新优势：制度和管理创新［J］．管理世界，2004．

［19］贾明，张喆．高管的政治关联影响公司慈善行为吗［J］．管理世界，2010．

[20] 杨鹏鹏,万迪昉,王廷丽.企业家社会资本及其与企业绩效的关系——研究综述与理论分析框架[J].当代经济科学,2005.

[21] 周小虎.企业家社会资本及其对企业绩效的作用[J].安徽师范大学学报,2002.

[22] 中国企业家调查系统.经济快速增长中的民营企业:现状、问题及期望——2005·千户民营企业问卷调查报告[A].企业家学习、组织与企业创新[C].北京:机械工业出版社,2006.

[23] 哈格斯,吉纳特.领导学——在经验积累中提升领导力[M].北京:清华大学出版社,2004.

[24] Kouzes J M, B Z Posner. The Credibility Factor: What Followers Expect From Their Leaders [J]. Management review, 1990.

[25] Campbell L, Gulas C S, T S Gruca. Corporate Giving Behavior and Decision-Maker Social Consciousness [J]. Journal of Business Ethics, 1999.

[26] Godfrey P C. The Relationship Between Corporate Philanthropy and Shareholder Wealth: A Risk Management Perspective [J]. Academy of Management Review, 2005.

[27] Westlund H, Bolton R. Local Social Capital and Entrepreneurship [J]. Small Business Economics, 2003.

[28] S A Zahara, G George. Absorptive Capacity: A Review, Reconceptualization and Extension [J]. Academy of management review, 2002.

[29] D A Shepherd, E Douglas. New Venture Survival: Ignorance, External Shocks and Risk Reduction Strategies [J]. Journal of business venturing, 2000.

[30] S A Shane. A General Theory of Entrepreneurship: The Individual – opportunity Nexus (New Horizons in Entrepreneurship Series) [M]. Cheltenham: Edward Elgar Publishing, 2003.